# 全球科技社团发展
# 蓝皮书

BLUE BOOK ON GLOBAL SCIENCE AND TECHNOLOGY ASSOCIATION

中国科协科学技术创新部
中国科学学与科技政策研究会　主编

科学出版社

·北　京·

# 内 容 简 介

《全球科技社团发展蓝皮书》以第三方视角,梳理总结了全球科技社团的发展历程、发展现状等,展示主要国家科技社团的学科分布、管理机制、典型案例等,总结全球科技社团发展规律,可为科技社团从业人员、政府管理人员、研究学者等提供参考借鉴。

**图书在版编目(CIP)数据**

全球科技社团发展蓝皮书 / 中国科协科学技术创新部, 中国科学学与科技政策研究会主编. -- 北京: 科学出版社, 2022.12
  ISBN 978-7-03-074221-6

Ⅰ. ①全… Ⅱ. ①中… ②中… Ⅲ. ①科学研究组织机构–社会团体–发展–研究报告–世界 Ⅳ. ①G321

中国版本图书馆 CIP 数据核字(2022)第 235646 号

责任编辑:王 治 祁 媛 / 责任校对:孙 青
责任印制:关山飞 / 封面设计:科爱公司

科 学 出 版 社 出版
北京东黄城根北街 16 号
邮政编码:100717
http://www.sciencep.com

**北京科信印刷有限公司** 印刷
科学出版社发行  各地新华书店经销
*
2023 年 10 月第 一 版  开本:720×1000 1/16
2023 年 10 月第一次印刷  印张:17 1/2
字数:233 000
**定价:158.00 元**
(如有印装质量问题, 我社负责调换)

# 《全球科技社团发展蓝皮书》编委会

# 序

科技社团是科技活动社会化、组织化、制度化的产物,是科技人才和创新资源的集聚地,承载着繁荣学术交流、培育科技人才、促进国际合作、推动产学融合等重要使命。近代科学的孕育、起源和发展都与科技社团密切相关,世界科学中心的产生与转移也无不以出现影响力强、活跃度高、具有一定规模的科技社团集群作为重要标志。16世纪,意大利文艺复兴率先开启近代科学之路,1603年林琴学院成立。17世纪,英国"光荣革命"倡导自然科学,为近代科学发展扫除封建思想障碍,英国皇家学会等一批科技社团在引领科学建制化和第一次工业革命中发挥中坚作用。18世纪,启蒙运动的浪潮推动法国科技快速发展,法兰西学会、巴黎地理学会等科技社团集聚大量科技人才,引领法国科技发展潮流。19世纪,德国快速发展成为世界工业强国,德国物理学会、德国化学学会、德国数学学会、威廉皇帝科学促进学会(马普学会的前身)等大批科技社团蓬勃兴起。20世纪,美国科技突飞猛进,科技社团数量急剧增加,以电气和电子工程师学会为代表的科技社团集群在全球科技创新中心向美国转移、确立美国的全球科技创新中心地位方面发挥重要作用。

当前,科技革命与产业变革深入互动演进,科技与经济社会相互渗透,科技和人才资源不断向发展势头好、创新生态优的社群和空间集聚,科学范式革命正在涌现、学科交叉加速融合、国际科技竞争日趋激烈,跨越组织、边界、领域的科技创新不断推动知识的传递、共享、融合与更新,深刻影响全球政治、经济与社会的发展进程,进而催生全球科技治理的现实需求。随着科学技术的进步、科学与社会关系的演变,科技社团的内涵、外延和功能作用也不断深化与拓展。科技社团正在跨越国家和学科领域成为无边界的创新组织，学科领域从传统学科向前沿、新兴和交叉学科拓展，服务对象从专业人士向社会公众拓展，组织形态从互益性组织向兼具互益性和公益性组织转变，数量规模迅速增长，体系功能日益完善，在推动完善全球科技治理和营造开放创新生态等方面发挥着无可取代的作用。

党的二十大报告强调，必须坚持科技是第一生产力、人才是第一资源、创新是第一动力，深入实施科教兴国战略、人才强国战略、创新驱动发展战略，开辟发展新领域新赛道，不断塑造发展新动能新优势。科教兴国、人才强国、创新驱动发展三大战略并提，是对现代化建设规律性认识的深化，进一步彰显了国家对战略科技支撑的需求比以往任何时期都更加迫切。科技支撑中国式现代化、服务中国之治，科技社团应奋勇当先、走在前列。加快建设中国特色一流科技社团，已经成为建设世界科技强国的必然要求和全面提升国家实力的战略需求。

面对复杂、深刻而宏阔的世界之变、时代之变、历史之变、科技之变，全球科技社团发展迎来新机遇新挑战。为准确把握我国科技社团所处的历史方位与世界坐标，积极探寻百年未有之大变局中的中国科技社团发展道路，中国科协科学技术创新部协同中国科学学与科技政策研究会联合推出《全球科技社团发展蓝皮书》。蓝皮书梳理总结了全球科技社团的发展历程、学科布局、管理机制、发展态势等，分为综合篇、国别篇、展望篇共三篇十六章，对美国、英国、德国、日本等9个国家的科技社团进行全景分析，对全球一流科技社团的共性特征和发展经验进行总结梳理。他山之石，可以攻玉。希望本书能为更好地谋划和推动面向世界、面向未来的中国特色一流科技社团建设提供参考借鉴。

作为第一本聚焦全球科技社团发展的蓝皮书，本书是在大量借鉴和引用前人研究成果基础上完成的。由于编者能力所限，且全球科技社团始终处于动态变化之中，难免挂一漏万，疏漏和不足之处欢迎广大读者批评指正。

编写组

2023 年 9 月

# 目 录

综合篇

# 第一章　科技社团的使命与功能

人类社会的发展史是一部"组织化"的历史。从狩猎采集的远古时代，到定居耕种的农业文明，到机械化大生产的工业文明，乃至全球化的互联网时代，人类借助于组织以社会化的方式生存发展、文明演进。当今所有的人类活动都与组织息息相关，即使是最简单的个体活动，也需要经济组织提供生活资料或社会组织提供支持帮助。整个社会越来越倚重组织来开展各项活动，离开了组织，个体很可能一事无成，甚至连衣食住行都会丧失现实性[1]。

科学技术活动也是如此，科技社团是集聚科技工作者的重要组织形式。德国物理学家沃纳·海森堡（Werner Heisenberg）认为，科学扎根于交流，起源于讨论。科学技术活动的特殊性，需要科技工作者从个人研究思考走向同行交流，相互启迪、共同提高，以实现科学技术的更快发展，并使之更好地服务于社会。因此，学术交流及其载体——科技社团应运而生[2]。近代科学的孕育、起源和发展都与科技社团密切相关。

## 一、科技社团的内涵与外延

"科技社团"是科技类社会团体的简称，一般以促进科学技术发展和普及为宗旨，往往以学会、协会、研究会命名[3]。科技社团是科学技术组织化、

① 张康之. 走向合作制组织：组织模式的重构 [J]. 中国社会科学，2020(1): 47-63.
② 杨文志. 科技社团——学术交流的意义和作用 [J]. 科协论坛，2006(9): 8-11.
③ 刘兴平. 学会工作百问 [M]. 北京：科学出版社，2019.

制度化、职业化的必然结果，是社会发展过程中重要的社会现象与文化现象，是人类文明进步的客观反映。科技社团既体现了科学组织相关的特点和内涵，形成了科学共同体，塑造了科学文化，推动了科学的体制化和职业化发展；科技社团还具有一般社会组织的属性，包括自治性、非营利性、公益性等特征。

## （一）作为科学共同体的主要建制形式

科学的建制化经历了从无形学院（invisible college）到科技社团的过程，科学共同体由此形成。科学共同体是科学建制的核心，由探索目标大体相同的、某一研究领域的科学家群体组成，其主要作用包括促进科学进步、对科学成果进行同行评议、为科学家提供交流机会等。近代科学发端于1543年开启的第一次科学革命，以哥白尼的《天球运行论》、伽利略的《关于托勒密和哥白尼两大世界体系的对话》、牛顿的《自然哲学的数学原理》等为代表。这场革命确立了科学的自然观和方法论，科学研究活动由此成为一种独立的社会实践。科学家在科学共同体中通过学术交流激发新的科学思想，通过学术评价产生新的科学成果。同时，塑造形成科学的价值观和行为规范。科学共同体可以是一个有形或无形的组织[1]，如无形学院、科技社团。"无形学院"一词产生于17世纪，指当时科学家的非正式集会。无形学院成员之间交流频繁、联系密切，成员的研究成果经常得到其他研究人员的参考和关注。科技社团相对来说更为正式，各类专业学会是科学共同体中最重要的、有形的组织建制形式。从某种意义上说，科技社团在相当长的时期，乃至当前都具有一定的科学组织管理功能，这也是科技社团区别于一般社会组织的地方。

---

① 托马斯·库恩. 科学革命的结构 [M]. 金吾伦，胡新和，译. 北京：北京大学出版社，2003.

科学共同体为科学家群体提供了具有共识性的技术规范和社会规范。美国社会学家默顿（Robert Merton）认为，科学家作为一种职业群体，从事的是一类特殊的生产活动，研究对象是自然世界的现象和规律，科学共同体的目标是"扩展准确无误的知识"。要实现这个目标，必须遵守相应的技术规范和社会规范。技术规范是指研究方法要基于经验证据的充分性、可靠性以及逻辑上的一致性。社会规范是指约束和协调科学家行为的规范，1942 年默顿提出了普遍主义、公有主义、无私利性和有条理的怀疑主义四个方面的规范，1957 年他在《科学发现的优先权》中又进一步提出了独创性规范[①]。由于存在默顿规范，科学共同体能够自组织形成明显区别于其他组织的社会建制，使得科技社团呈现出丰富的内涵。

美国科学史家库恩（Thomas Kuhn）认为科学增长是一个革命的过程，其变化结构是："常规科学—危机—科学革命—新的常规科学"。库恩把科学共同体共同承认的科学成就看作"范式"，正是这些成就作为范例（exemplars），告诉科学家该怎么做，提出什么样的问题，如何进行观察和实验，也就是科学共同体所共同接受的一组假说、理论、准则和方法的总和。库恩指出，科学共同体遵从同一范式的指导，范式确保科学共同体有共同的语言交流、共同的探索目标，这是科学在常规时期能够迅速取得进展的重要因素。在科学革命时期，科学共同体的成员会对危机做出各种不同的认识和反映，提出种种不同的理论、假说作为新范式的候补者，开展互相竞争，最后仲裁这场胜负的裁判就是科学共同体[②]。

随着科学共同体的功能和组织模式不断演化，科技社团的内涵和外延不断分化。在近代科学发轫之始，科技社团是科学共同体的主要建制形式。

---

①　默顿 R K. 科学社会学 —— 理论与经验研究（下册）[M]. 鲁旭东，林聚任，译. 北京：商务印书馆，2010.

②　托马斯·库恩. 科学革命的结构 [M]. 金吾伦，胡新和，译. 北京：北京大学出版社，2003.

19世纪在德国大学制度改革背景下，基于教授教席的研究组织逐步演变成与教学相联系的研究所，同时，政府实验室和工业实验室相继出现，德国的科技社团逐步分化出马普学会（MPG）、弗朗霍夫学会（FHG）、莱布尼茨学会（LG）、亥姆霍兹联合会（Helmholtz）等具有研究属性和功能的组织。第一次世界大战之后，科技社团日趋活跃，国际科技交流与合作频繁，具有国际性或联合会属性的科技社团日益增多，如1931年成立的国际研究理事会（IRC），1946年成立的世界科学工作者联合会（WFSW），1966年成立的韩国科学技术团体总联合会（KOFST）等。部分科技社团是具有综合性、俱乐部性质的荣誉组织，如英国皇家学会（The Royal Society）等，更多的科技社团面向普通会员开放，同时选出会士（fellow）作为荣誉头衔，如美国科学促进会（AAAS）等。

除了分化为不同的科学组织之外，具有新功能的科技社团不断出现。工业革命时期，科学技术与社会的关系日趋紧密，大量以促进科学教育、科学普及为使命的科技社团成立。随着学科体系的逐渐形成，大量以促进学科发展为使命的专业学会纷纷涌现。随着科学职业化的不断推进，还出现了很多职业科学技术团体，如建筑师学会、工程师学会等。从现代科学技术发展态势来看，科学技术活动日趋复杂，科学共同体的组织形态更加丰富，使得科技社团的发展也不断呈现组织边界的开放性、组织方式的多样性、组织活动的全球性、组织影响的社会性等特点，科技社团在各国国家创新体系中乃至全球的政治、经济、文化舞台上发挥着越来越重要的作用。

总体来说，科技社团作为科学共同体，主要具有以下三个方面的内涵。

第一，成员以会员为主，兼具互益性和公益性。科技社团一般实行会员制，会员服务是科技社团的基本职责。随着科学职业化的不断深入，科学逐渐成为社会乃至国家公共事业，科技社团也成为社会公共管理的重要组成部分，具有公益属性。

第二，具备非营利性组织性质。科技社团通过提供社会服务提高市场配置资源效率，但在本质上并不是企业行为，是通过提供各种非营利公共服务来获得生存和发展的空间。

第三，以服务科学事业发展为目标。科技社团所从事的工作，无论是学术交流、科技期刊出版、科学研究、技术开发、科学普及活动，还是科技评价、人才评价等活动，本身就是科技工作的重要组成部分，推动着科技事业的发展。

### （二）作为公共事务治理的社会组织

社会组织有着悠久的历史，意大利、德国、新加坡的社会组织历史甚至比国家的历史还要长。社会组织在不同的国家有不同的称谓，如非营利组织、非政府组织、第三部门、独立部门、志愿者组织、免税组织、慈善组织、民间组织、公民社会等。国际上对社会组织的认识主要有三个视角：一是政府和企业之外的组织；二是公益性组织；三是志愿性组织。16 世纪英国政府提供的公共物品和服务非常不足，在此情况下，私人慈善机构、社会组织提供了大量属于政府职责的公共物品，如学校、医院、免费道路、图书馆、码头等[1]；11 世纪西欧出现的城市行会也发挥了行业协会的作用。

20 世纪 80 年代前后，世界范围内涌现出了一大批社会组织[2]，他们纷纷开始出现在学界、政府、社会公众的视野之中，被称为"全球结社革命"。"全球结社革命"既与发达国家的现代福利国家危机、发展中国家发展模式危机、强调国家责任的社会保险制度危机以及世界性的环境危机有关，也与 20 世

---

① 杨和焰. 全球结社革命的现实背景分析及其对发展中国家的启示 [J]. 理论与改革，2004(3): 29-32.

② Salamon L M. The Rise of the Nonprofit Sector[J]. Foreign Affairs, 1994, 73(4): 109-122.

纪六七十年代全球经济快速增长及其带来的社会结构变化和信息通信革命及其形成的信息全球化趋势有关①。"全球结社革命"是社会发展到一定阶段的产物，是社会现代化的结果，具有共同志趣、利益和要求的人们自愿组织起来满足自己的要求，维护自己的利益②。

在现代社会，科技社团已经成为公共事务治理的重要主体之一，在维护公共秩序、促进社会发展等方面发挥着重要作用。其内涵主要体现在以下三个方面③。

第一，立足会员群体。建立行业自律，引领会员行为规范。科技社团作为会员制组织，在为会员提供服务、代表会员利益、表达会员价值观的同时，也按照章程规定以及科学共同体的自律标准来规范和约束会员行为，在一定程度上对群体社会行为起到监督和规范作用。

第二，立足社会公众。科技社团通过提供科技公共服务，促进社会资源的整合配置，具有联系广泛、智力密集等优势，同时具有非营利性、公益性等属性和跨部门、跨行业、跨地区的特点。科技社团通过组织动员广大会员、科研机构和社会力量广泛参与社会活动，发挥着服务公众、增进福利以及协调社会矛盾、解决社会问题等功能作用。

第三，立足政府部门。科技社团通过政策咨询与沟通对话，参与公共决策，成为政府决策体系和社会公众之间的沟通渠道。一方面，科技社团植根科技工作者，了解公众需求，能有效提升公众参与度；另一方面，科技社团掌握更多科技前沿动态，有助于提升科技决策的质量和效果，发挥着协调利益关系、参与公共决策等功能，与政府之间形成优势互补的合作关系。

① 何增科. 公民社会与第三部门 [M]. 北京：社会科学文献出版社，2000: 246-252.
② 史柏年. "全球性结社革命"及其启示 [J]. 中国青年政治学院学报，2006(3): 55-60.
③ 王秋波. 发挥社会组织在社会管理中的作用 [N]. 学习时报，2011-04-06.

## 二、科技社团的功能作用

科技社团与科学技术同步发展。随着科学技术的进步以及科学与社会关系的演变，科技社团的功能作用也在不断演变，从松散的、少数学者聚集的"无形学院"演变成为广大科学技术专业人才聚集的"社区"[①]，为科学技术和经济社会发展作出了重要贡献。

### （一）推动科学的建制化和规范化发展

在近代科学诞生初期，科技社团的功能主要体现在推动科学成为一种社会建制，同时作为科学的组织形式，还承担着科学研究等功能。西芒托学院是意大利早期的代表性科技社团，奥恩斯坦（Ornstein）在《17世纪科学社团的作用》（*The Role of Scientific Societies in the Seventeenth Century*）一书中指出，"在这里，九个科学家，被提供相应的科研手段，进行了10多年的联合努力苦心经营制造仪器，获得实验技能和决定基本原理。所以，他们的努力完全是结合在一起，在这个世界上他们的工作就像一个人的……他们的工作和方法等是其他学术团体的典范和灵感来源"[②]。同时，科技社团还发挥着传播科学思想、普及科学知识等功能。例如，在英国皇家学会成立初期，进行公众实验是每周例会的一项重要内容。著名科学家罗伯特·胡克（Robert Hooke）曾经担任专门的实验师，被誉为是英国皇家学会的"双眼和双手"。

早期的科技社团并不是完全由科学家组成，贵族、政客以及对科学感兴趣的人士往往都是科技社团的成员。英国皇家学会创立之后的两百年里，

---

① 孙纬业. 当代发达国家科技社团社会功能研究 [J]. 学会, 2018(2): 5-13.

② Ornstein M. The Role of Scientific Societies in the Seventeenth Century[M]. Chicago: University of Chicago Press, 1913.

理事会成员中非科学家成员一直占据半数以上，直到 1820 年，理事会中才第一次实现科学家理事超过半数[1]。路易十四曾亲自为巴黎皇家科学院设名并提供资助，巴黎皇家科学院也因此获得了更多的政治资源和社会资源，并有了系统化的组织。

### （二）推动科学的职业化和专业化运行

17 世纪以后，科学的价值不断彰显，科学活动的资源更加丰富，科技社团的一个重要功能是促进学科领域的专业化发展。贝尔纳（J.D. Bernal）在《科学的社会功能》一书中，以英国为例，对学会的规模、角色及作用进行了分析。到 20 世纪中期，英国已经发展到了几乎每一个学科都有一个专业学会的程度。根据《大不列颠和爱尔兰的科学和学术学会正式年鉴》的记载，英国当时有 60 个全国学会和 15 个医科学会，以及大批地方学会；除了专业学会之外，还有两个促进科学事业全面发展的科技社团，即英国皇家学会和英国科学促进协会[2]。

关于学会的角色及作用，贝尔纳指出，"虽然大部分基本科研工作实际上是在大学里进行的，可是基本科研工作的协调却完全要依靠自愿结合的学会，即由科学家自己管理并主要由他们出钱维持的学会。几乎每一学科都有一个专门学会，除了极穷的研究人员外，几乎所有的科研工作者都是会员。这些学会最重要的职能是发表论文，同时还举行非正式的讨论会，而且在这一范围内，以纯咨询的方式来影响该学科的发展方向。每一个工作者都略知国内各实验室在自己领域中正在做什么，因而他能够使自己的研究方向同他所了解的情况相适应，虽然他们所知道的情况往往是极其粗

---

① 徐飞，邵月娥. 现代科学体制化进程的案例研究——1660~1940 年英国皇家学会发展规律及其启示 [J]. 自然辩证法通讯，2012(3): 70-77.

② 贝尔纳 J D. 科学的社会功能 [M]. 陈体芳，译. 北京：商务印书馆，1982.

略的"[1]。由此可见，科技社团作为科学家的自主性组织，其主要功能从诞生之初的科学研究工作本身逐渐转变为对科学研究工作的协调，推动科学及相关学科领域的发展[2]。科学研究已成为社会分工中的重要一环，如同企业组织生产产品一样，科学也通过组织方式生产知识产品。

在科学共同体中，科学家尽管处于不同的国家、地区、机构，但都使用同行所认可的相同或相近的研究程序和手段，关注同行所重视的科学问题，在同行生产的知识基础上生产知识，而且必须说服同行认可、使用其成果。出于同行之间相互依赖的需求，所有专业同行聚集在一起组成了专业学会，开展学术交流，实现自我管理。通过同行的集体行动，寻求一定程度的共识，专业学会能够很好地评价、筛选、传播新知识。这种科学研究的特质使得科学具有行会式管理的特征[3]。学会通过会员来影响学科发展方向，对专业领域的科学家给予科学共同体的职业认同和学术声誉。

## （三）推动科技为经济社会发展服务

20 世纪 80 年代以来，科学研究更具实用性趋向，科学知识逐渐被定位为带来创新和经济利益增值的关键资源。这也对科技社团提出了新的要求。科技社团不仅要满足会员和科技工作者的需要，而且要满足经济社会发展的要求，发挥跨部门、跨行业的优势以及智力资源的优势，为社会提供优质的科技公共服务，以更有效地产生社会价值，对人的全面发展以及科学文化、社会经济发展等起到重要的推动作用[4]。近 40 年来，各国政府将基础研究与国家战略、产业发展密切结合起来，科学知识生产方式发生转变，

[1] 贝尔纳 J D. 科学的社会功能 [M]. 陈体芳，译. 北京：商务印书馆，1982.

[2] 杜鹏. 21 世纪的中国学会与科学共同体的重构 [M]. 北京：科学出版社，2017: 161-163.

[3] 理查德·惠特利. 科学的智力组织和社会组织（第二版）[M]. 赵万里，陈玉林，薛晓斌，译. 北京：北京大学出版社，2011.

[4] 杜鹏. 21 世纪的中国学会与科学共同体的重构 [M]. 北京：科学出版社，2017: 168-177.

如由迈克尔·吉本斯（M. Gibbons）等提出的"模式2"。吉本斯等认为，模式1是指"学术语境"研究，如经典科学的牛顿模型，模式2是"应用语境"的研究，知识是在更广的跨学科和社会经济语境中创造，是应用推动的知识生产机制[①]。模式2的特点主要表现为实用化、网络化、公开化、非组织化等，这种研究往往是在应用语境中实施、由实践中凝练的科学问题所推动，科学问题的选择和解决围绕应用背景展开，科学知识生产不仅要生产知识，更要解决具有明确经济社会目标的科学问题。换句话说，模式2更强调科学知识的多重实效，根据经济社会用途的需要所决定，知识只有在满足各种相关者的利益、偏好时才能组织生产，这种知识对政府、产业和社会是有用的，有用性要求从问题的凝练到问题的解决全过程中都发挥着重要的作用。因此，科学研究的"目标取向"要求科学家必须把解决当前经济社会存在的种种问题当作是义不容辞的责任，科学不仅仅是满足好奇心的工作。

### （四）推动各类创新主体之间开放合作

科技社团是无边界组织，与企业、高校、科研院所、政府部门等均有交集，成员可同时分属于不同的组织。在国家创新体系中，企业、高等院校、科研院所、政府机构及社会公众作为不同的创新主体，在促进科技知识的生产、扩散和应用中发挥不同的功能作用。这些创新主体具有相对明确的组织边界和任务边界，知识的生产、流动、扩散与共享在组织间并不是自动自发实现的。不同创新主体之间的组织边界有其深层次的隐性的社会、文化、心理等因素，对知识流动的影响更为复杂。在国家创新体系内，创新主体之间缺乏相互作用，不但可能对一个国家的创新绩效产生不良影响，而且

---

① 迈克尔·吉本斯，卡米耶·利摩日，黑尔佳·诺沃提尼，等. 知识生产的新模式：当今社会科学与研究的动力学 [M]. 陈洪捷，沈文钦，等译. 北京：北京大学出版社，2011.

同样阻碍了产业界的创新绩效[①]。科技社团作为科技中介组织，对于促进科技知识在全社会的循环流转和有效应用尤为重要。科技社团发挥中介和协调的功能，促进创新主体之间的知识流动、人才流动和有机互动，引导技术、人才、数据等创新要素流向企业和生产一线，实现人才聚合、技术集成和服务聚力，促进科技向现实生产力转化。

从动态来看，科技社团开放性平台服务功能大体可分为三个方面：一是由科技社团自身属性所决定的内生性科技服务；二是面对外部环境要求形成的外予类科技服务；三是科技社团应时代要求而不断扩展的科技服务。从静态来看，科技社团是广泛联络的中介组织，既有针对政府部门需求的政策咨询、科学论证，也有针对企业的技术咨询和技术服务，还有针对社会提供的展览会、宣讲会等科普服务活动[②]，以及针对会员的维权服务、信息服务和交流服务等。

### （五）推动国家创新体系提升整体效能

科技社团是国家创新体系的"四螺旋"之一。1987 年，英国学者弗里曼（C. Freeman）提出"国家创新体系"概念，并据此分析日本战后经济发展成功的原因[③]。1997 年，经济合作与发展组织（OECD）提出"国家创新体系"的定义，即"国家创新系统是由公共部门和私营部门的各种机构组成的网络，这些机构的活动和相互作用决定了一个国家扩散知识和技术的能力，并影响国家的创新表现"[④]。OECD 认为，国家创新系统的核心问题

---

① 崔永华，李正风，尹雪慧，等. 跨边界组织在国家创新体系中的作用及路径选择：以学会为例 [J]. 中国科技论坛，2011(6): 101-106.

② 潘建红，张怀艺. 国家治理现代化与科技社团服务供给 [J]. 长沙理工大学学报 ( 社会科版 )，2017, 32(3): 12-17.

③ Freeman C. Technology Policy and Economic Performance: Lessons from Japan[M]. London: Pinter, 1987.

④ 冯之浚. 国家创新系统的理论与政策 [M]. 北京 : 经济科学出版社，1999.

（之一）是科学（基础研究）、产业和政府三个领域的关系问题，政府、产业和大学这三个制度领域在创新过程的不同阶段交织在一起发挥作用，呈现所谓"三螺旋"式的互动模式。随着知识生产模式的发展演变，组织边界的日趋开放使知识密集型产业加大了对多元、异质性知识资源的需求，以科技社团等社会组织为代表的第四螺旋逐渐成为创新生态系统的重要组成部分。科技社团作为科技同行在相同或相近的专业背景下运用同一种话语体系交流和分享知识生产、流动、扩散和应用经验的社会组织，显然是"公私部门的机构组成的网络"的有机组成部分，是"促成、引进、修改和扩散了各种新技术"的活动主体之一①。

此外，弗里曼通过分析欧美经济增长的五个康德拉季耶夫长周期（Kondratieff's long cycles）提到了社会组织和国家创新体系的关系②。例如，在18世纪七八十年代至19世纪三四十年代的第一个康德拉季耶夫周期中，"通过国立研究院、英国皇家学会及相关组织等对科学研究进行鼓励""英国土木工程师学会（ICE）"的创立以及发挥的作用等是此阶段国家创新体系的主要特征；在19世纪三四十年代至19世纪七八十年代的第二个康德拉季耶夫周期中，"英国机械工程师学会（IMechE）的创立以及英国机械研究相关机构的发展""学科分化和专业性增强"等是此阶段国家创新体系的主要特征；而在19世纪七八十年代至20世纪三四十年代的第三个康德拉季耶夫周期中，"国家标准学会"创立以及标准的作用和"国家实验室"建立等被视为此阶段国家创新体系的主要特征；在20世纪三四十年代至20世纪八九十年代的第四个康德拉季耶夫周期中，"中等教育和高等教育以及产业培训的迅速扩张"和人力资本的作用等被视为

①　周大亚. 科技社团在国家创新体系中的地位与作用研究述评 [J]. 社会科学管理与评论，2013(4): 69-84.

②　弗里曼. 技术政策与经济绩效：日本国家创新系统的经验 [M]. 南京：东南大学出版社，2008.

此阶段国家创新体系的主要特征；在 20 世纪八九十年代至今的第五个康德拉季耶夫周期中，"研发、设计生产和流程、营销活动的水平一体化""流程设计与各项技术培训的一体化""计算机网络和合作研究""国家对通用技术以及大学企业合作的支持"等被视为此阶段国家创新体系的主要特征[①]。对照上述 5 个时期技术创新的不同特点与科技社团的功能作用可以看出，弗里曼把科技社团视为国家创新体系中重要的"国家专有因素"，科技社团已成为影响国家创新体系运转效能与经济绩效的重要因素之一。

总体来看，学者提出科技社团可以在四个方面提升国家创新体系的整体效能[②]：一是促进公共知识生产，科技社团通过学术交流启迪创新思维，激发创新灵感，作为促进公共知识生产的重要力量，对于解决国家创新体系中的知识私有化缺陷具有一定的补偿效果和"制度设置"意义[③]；二是加强技术信息分享，科技社团通过组织开展学术研讨会议、主办专业期刊杂志等方式，形成规模庞大的科学技术信息流动网络，可以最大限度地强化国家创新体系中不同行为主体之间的沟通联络，提升知识的内化以及生产、传播效率；三是推动技术标准的制定，科技社团可以整合产业链上下游的多个主体，具有相对超脱的立场和利益诉求，能够在制定和形成统一的产业技术标准方面发挥积极作用，促进各创新主体之间的相融性与和谐性；四是在技术预见方面具有组织优势。弗里曼在对日本国家创新体系深入考察后认为，除了科技社团等社会组织，没有机构会对未来技术和社会变化的方向倾注如此的重视[④]。

①　弗里曼. 技术政策与经济绩效：日本国家创新系统的经验 [M]. 南京：东南大学出版社, 2008.
②　周大亚. 科技社团在国家创新体系中的地位与作用研究述评 [J]. 社会科学管理与评论, 2013(4): 69-84.
③　理查德•R. 纳尔逊. 美国支持技术进步的制度 [C]// 多西 G, 等. 技术进步与经济理论. 北京：经济科学出版社, 1992.
④　弗里曼. 技术政策与经济绩效：日本国家创新系统的经验 [M]. 南京：东南大学出版社, 2008.

# 第二章　全球科技社团发展历程

科技社团源于学术交流的需要，并在发展过程中有力促进了科学家职业的形成和科学的繁荣发展。同时，科学的发展也重塑了科技社团，使得科技社团在不同时期呈现不同的社会功能，以多种形式参与到科技系统乃至整个人类社会的治理之中。

## 一、孕育和形成期（17 世纪及以前）

科技社团的古老原型是柏拉图学院。公元前 387 年，柏拉图在雅典西北郊办起了一所学校进行教学、研究和学术探讨活动。为纪念当地一名叫 Akademos 的英雄，学校命名为"Akademeia"，英语单词"academy"即来源于此。该词原本专指柏拉图学院，但后来词义进一步扩充，泛指各种学术研究机构。文艺复兴早期，意大利博物学家马西尔·菲辛（Marsile Ficin）创建了著名的佛罗伦萨柏拉图学院，这是由博学者组成的文化和友谊圈子，致力于研究历史和哲学问题。他们定期聚会，依照柏拉图学派的对话、大学授课以及评注经典著作的方式进行讨论。柏拉图学院的组织形式直接影响了之后科技社团的形成和发展。

目前有史可考的最早科技社团是 1505 年成立的爱丁堡皇家外科医师学会（The Royal College of Surgeons of Edinburgh），同期的科技社团还有 1518 年成立的伦敦皇家内科医师学会（Royal College of Physicians of London）、1540 年成立的伦敦理发师和外科医师协会（The Company of the

Barber-Surgeons of London）等。这些科技社团大都以提高医学理论和教育水平为宗旨，承担医师培训及颁发行医执照等职能。16世纪欧洲医学摆脱了古代权威的束缚，开始独立发展，但当时的医学还没有进入科学的轨道，这些科技社团主要发挥同业公会的作用。中国最早的科技社团与欧洲类似，都是医学社团，成立时间、功能也很相近。1568年，徐春甫在顺天府（今北京）创立了中国历史上第一个有据可考的科技社团——一体堂宅仁医会。据记载，该会成员46人，创立宗旨包括探讨医药学术、交流医疗技能、促进成员之间"善相助、过相规，患难相济"等。同时，注重医德修养，要求会员"深戒徇私谋利之弊""克己行仁"等。

意大利作为文艺复兴的发源地，是近代科学的摇篮。17世纪，意大利已有170多个学会。当时经济与商业的蓬勃发展、世俗权力的扩大和倡导理性的古希腊自然哲学思想的传播，为自然科学社团的诞生提供了土壤。1603年，在意大利罗马创建的林琴学院（Accademia dei Lincei），又称"猞猁学社"，被誉为世界上第一个现代意义的科技社团。其成员有伽利略（Galilei Galileo）、德拉波特（Della Porta）等欧洲著名博物学家，他们不定期地举办会议讨论科学问题或评价科学著作。之后，学会在欧洲大陆乃至世界不断生根、发展、壮大，促进了科学知识的生产、交流。

英国皇家学会是世界上历史最长而又从未中断过的科技社团，目前在英国发挥着国家科学院的作用。"英国皇家学会的故事就是现代科学的故事。"[1] 14~17世纪，文艺复兴运动从意大利蔓延到英国并蓬勃开展起来。这一时期涌现了一大批优秀的自然哲学家和实验家，这些学者的成果和思想，开创了经验哲学的新时代，成为皇家学会兴起的重要思想基础[2]。17世

---

[1]　劳伦斯·普林西比. 科学革命 [M]. 张卜天，译. 南京：译林出版社，2013.

[2]　徐飞，邵月娥. 现代科学体制化进程的案例研究——1660~1940年英国皇家学会发展规律及其启示 [J]. 自然辩证法通讯，2012(3): 70-77.

纪的宗教改革运动使教会专属的对自然的研究向世俗开放，贵族和王室成员们开始大力赞助各种科学实验，希望以此来获得社会名誉。商人阶层出重金奖励那些能帮他们解决航行过程中各种问题的数学和天文学学者。教士、贵族、官员、商人、学者出于各自利益和兴趣的需求，共同加速了自然科学发展的步伐[①]，英国皇家学会兴起所需的社会条件开始逐步形成。在各种因素的推动下，科学成为 17 世纪英国的一种时尚，在伦敦和牛津经常有以自然问题和实验知识为主要议题的各种聚会，其中比较活跃的成员有约翰·威尔金斯（John Wilkins）、乔纳森·戈达德（Jonathan Goddard）、罗伯特·胡克、克里斯多佛·雷恩（Christopher Wren）、威廉·配第（William Petty）、罗伯特·波义耳（Robert Boyle）等。这就是波义耳（Robert Boyle）所说的无形学院，即由具有共同研究兴趣的科学家自发形成的非正式团体。无形学院的形成为英国皇家学会的成立做好了最后的准备。1660 年英国皇家学会宣布成立，并确认第一批会员；1662 年英王查理二世向皇家学会颁发特许状；1663 年英国皇家学会公布章程。英国皇家学会的成立标志着科学体制化进程的正式开启，在科学史上具有里程碑地位和意义。

## 二、发展和成长期（18~19 世纪）

18 世纪是启蒙运动的时代，科学有了更为广泛的社会基础。公众对科学技术兴趣浓厚，科技爱好者自发形成的组织逐渐发展成为科技社团。科技社团随之呈现出蓬勃发展的态势，以月光社（Lunar Society of Birmingham）和曼彻斯特文哲学会（Manchester Literary and Philosophical Society）等为代表的科技社团充当了科学与工业界的桥梁，科技社团成员

---

① 冉奥博，王蒲生. 英国皇家学会早期历史及其传统形成 [J]. 自然辩证法研究，2018, 34(6): 75-79.

的研究以及组织开展的交流活动有力地推动了科技进步和工业革命的发展。工业革命时期，纺织、采矿、交通运输和冶金等产业的发展与科技社团的支持密不可分。这一时期，英国的科技社团尤为活跃，其突出特征是作为国内外科学界交流合作的平台，积极与法国、德国和荷兰的科学家建立联系以获得先进的科技知识。18世纪英国皇家学会与国外科学界交流频繁，其成员有一半是外国人。与此同时，科技社团的出现使英国国内科学界的联系更加紧密，苏格兰成立了苏格兰皇家学会，爱尔兰成立了都柏林哲学协会，英格兰的首都伦敦汇聚了很多规模较大、影响辐射全国的科技社团，如英国皇家学会、皇家研究所和英国地理协会等。在北部工业郡县，科技社团更为活跃，曼彻斯特、伯明翰和纽卡斯尔等城镇都建立了地方性科技社团。

　　19世纪，科技社团在英国、德国、美国等国快速发展。英国的资产阶级通过工业革命获得了巨大的财富而实现政治地位的提升，从而激发更多的资产阶级希望通过科技社团的活动提升生产效率。英国科技社团迎来发展高峰时期，无论是科技社团的数量还是会员数量均大幅增加。这一时期，英国皇家学会的两个事件对后来科技社团的发展影响深远：一是英国皇家学会1847年决定会员遴选标准由他们的科学成就来决定，这意味着英国皇家学会从一个由科学爱好者、科学资助者、科学家等共同组成的团体转变为纯粹的科学家组织；二是英国政府在1850年资助学会1000英镑，以支持科学家进行研究和购置必要的科研设施，这意味着政府资助制度由此确立，学会与政府的新关系正式开启。与此同时，随着世界科学中心转移至德国，大量学者云集德国，德国科技社团发展迅速并有力促进了德国工业化进程。从18世纪末19世纪初开始，美国开始摆脱欧洲的影响进入自主发展时期，美国政府通过资金支持的方式，鼓励科技社团在制造业、采矿、探险、博物学等方面发展，大量科技社团相继创立。到 19 世纪末，美国已有 400 多个科技社团。尽管数量不多，但是奠定了美国现代科技社团发展的基础，如成立于 1848 年的美国科学促进会和成立于 1876 年的美国化学学会至今在世界范围都有巨大影响力[①]。

这一时期，科技社团逐渐从综合性的学术社团，分化发展出专业学会。随着自然科学的分化，热力学、光学、电磁学、化学、地质学、生物学等诸多学科在 19 世纪都取得了重大的突破，以学科分化为基础的科技社团类型和数量迅速扩张。科技社团之间、科技社团与社会之间、科技社团与政府之间、科技社团与产业之间等都建立起有效的互动交流，现代科学发展所需要的内部规范与管理、社会需求与认同逐步形成，以科技社团为代表的科学共同体走向成熟，逐渐成为现代意义的科技社团。

## 三、兴盛和拓展期（20 世纪以来）

20 世纪以来，以相对论、量子力学等为标志的重大科学突破使物理学理论和整个自然科学体系以及自然观、世界观都发生了重大变革，科学发展进入了现代时期。科学开始与国家需求紧密结合，进入了大科学时代，科学也相应地承担了国家、公众所赋予的责任。科学技术发展呈现出以下特征：①学科分化与学科融合并存，新兴学科不断涌现；②科学与技术的界限日益模糊，科研成果转化为现实生产力的周期越来越短；③科技发展呈现出群体突破的态势，相关学科的内在联系更加紧密；④科技与经济、社会、教育、文化之间互相渗透、日趋紧密；⑤国际科技交流与合作日益广泛。科技社团的发展也呈现出如下新特点新趋势。

第一，国际科技社团和地区性科技社团数量日趋增多。当前的国际科

---

① 中国科协学会学术部 . 世界一流科技社团研究 [M]. 北京 : 中国科学技术出版社 , 2020: 15-25.

技组织和地区性科技组织大多成立于第二次世界大战之后，在 20 世纪 80 年代之后的 20 年里进入高速增长期，平均每年创建国际科技组织约 320 个。进入 21 世纪后，国际科技社团发展进入成熟期，每年新成立国际科技社团数量呈下降趋势。根据国际协会联盟（UIA）的统计数据，截至 2017 年，国际科技社团数量 18 000 余个[①]。

第二，新兴和交叉学科领域科技社团不断涌现。21 世纪以来，科学技术在广度、深度、速度、精度等各个维度加速演进，科技前沿不断拓展，交叉学科不断涌现，新兴交叉学科领域已经成为国际科技竞争关注的焦点，科技社团的学科边界也不断拓展。例如，美国现有全国性和地区性科技社团约 3100 个，覆盖了绝大多数学科领域，但在学科前沿仍然不断成立新的科技社团。

第三，科技社团的服务对象从专业人士向全社会公众拓展。随着科学技术的发展以及科学技术与社会的互动日益加深，一方面政府和社会更加注重科研活动的社会价值，更需要公众对科学的理解和支持；另一方面，相当多的公共服务供给体现了一定的技术性或专业性要求，在此背景下，科技社团服务的对象得到延伸和拓展，从互益性组织向兼具互益性和公益性的组织转变。

---

① 中国科协学会学术部 . 世界一流科技社团研究 [M]. 北京：中国科学技术出版社，2020: 16-19.

# 第三章　全球科技社团发展现状

　　为反映全球科技社团的总体发展概况,编写组通过专家推荐、网络搜索、新闻报道、查阅文献等渠道收集整理了 73 个国家(地区)10 481 个科技社团的基本信息,对其宗旨使命、活动开展情况、区域分布、成立时间、学科分布、业务开展等信息进行了挖掘分析。这些科技社团均具备一定组织规模且发展稳定连续,一定程度上能够反映全球科技社团的整体发展情况。以美国为例,编写组先以美国税务部门登记的非营利组织名录为基础,再利用北美产业分类体系(NAICS)、非营利组织税收标准和国家免税组织分类核心编码(NTEE-CC)制定的分类标准进行筛选,最终遴选出 2911 家科技社团作为分析样本。日本则通过日本学术会议下属社团筛选出 1316 个全国性科技社团作为分析样本。德国科技社团信息通过德国协会管理协会(DGVM)官方网站进行查询,并结合《世界科技组织与学者社团指南》、德国非营利组织管理机构的介绍,确定具有一定影响力和组织规模的 626 个全国性科技社团作为分析样本。其他国家也以类似方法收集。

　　专项分析主要选取信息充分且可靠的科技社团,由于各国科技社团信息公开的程度不同,因此各部分分析样本量有一定差异。

## 一、成立时间

　　1660 年以来,以英国皇家学会(The Royal Society)为代表的一批学会相继成立,推动了近现代科学技术的发展。这一时期是科学发展的黄金时期，自然科学领域出现了许多重大发现，欧美科技社团发展速度加快。到 19 世纪末，英国有 100 多个学会，美国有 400 多个学会。随着资本主义在世界范围的扩张，科技社团在全球各个国家和地区逐渐兴起，集中在欧美少数国家的格局开始改变，跨国性科技组织相继出现并带有组织社会化、领域专业性、交流国际化等特点。第二次世界大战之后，世界经济发展极大促进了全球科技的发展，新技术革命以前所未有的速度和规模迅猛发展，科技社团数量也开始快速增长，这一增长过程持续了大约 50 年。近年来，科学技术快速发展导致学科进一步分化，科技社团发展呈现出学科边界交叉融合、组织活动跨国开放等特点。由于自然科学发展呈现出综合性、联系性、整体性等特征，科技社团日益走向综合化、国际化和开放性[①]。

全球科技社团的生发勃兴与科技发展和社会变迁密切相关（全球主要科技社团成立时间分布见图 3-1）。第一次工业革命期间，随着以蒸汽机为标志的动力机开始广泛应用，科学和技术日趋加速融合，催生了一批科技社团的成立，如英国土木工程师协会（ICE，1818 年成立）、英国皇家建筑师学会（RIBA，1837 年成立）、意大利科学促进会（SIPS，1839 年成立）、英国机械工程师学会（IMechE，1847 年成立）、荷兰皇家工程师学会（KIVI，1847 年成立）、法国工程师和科学家协会（IESF，1848 年成立）、美国土木工程师协会（ASCE，1852 年成立）等。19 世纪中叶以后，物理、化学、生物等领域的新技术、新发明层出不穷，人类社会进入第二次工业革命的电气时代。这样的时代背景下呼唤着一批科技社团的生发，从 1860 年至 1940 年期间新增科技社团 1500 余家，绝大多数"百年老店"科技社团都是在这一期间成立的，如瑞典工程师协会（Swedish Association of Graduate Engineers，1861 年成立）、德国信息学会（GI，1871 年成立）、

---

① 杨文志. 解析科技社团的发展历程 [J]. 学会, 2005(3): 14-16.

美国公共卫生协会（APHA，1872 年成立）、俄罗斯物理化学学会（RFKhO，1878 年成立）、法国科学促进会（AFAS，1872 年成立）、美国化学学会（ACS，1876 年成立）等。第二次世界大战以后，以原子能、电子计算机、空间技术和生物工程的发明和应用为主要标志掀起了全球第三次科技革命，科技社团也迎来了快速发展。1940~2000 年，全球新增科技社团 5800 余家，几乎每年都会新增上百家，如国际自动化学会（ISA，1945 年成立）、美国计算机学会（ACM，1947 年成立）、德国马克斯·普朗克学会（MPG，1948 年成立）、美国电气和电子工程师学会（IEEE，1963 年成立）等。21 世纪以来，随着科学技术的快速发展，学科进一步分化，科技社团发展呈现出学科交叉融合等特点。例如，2017 年成立的日本核酸化学学会（JSNAC）超越传统的生物学框架，向世界传播优秀核酸化学研究成果。2019 年成立的英国研究软件工程师协会（RSE），首次将注册结构工程师聚集在一起。2020 年成立的数字瑞士联盟（Digitalswitzerland），致力于解决数字化转型带来的问题和挑战，吸引了 240 多个来自商界、政界、学术界以及民间组织的成员。

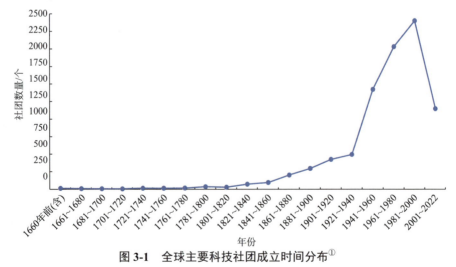

图 3-1　全球主要科技社团成立时间分布①

① 数据来源：本书编写组收集.

## 二、区域分布

科技社团的发展水平与所在国家或地区的科技实力息息相关，二者相互促进。从区域分布来看，北美洲地区科技社团的数量略高于亚洲，之后是欧洲，其他各洲的科技社团数量虽少但仍具有一定代表性，这与当今世界科学活动的多中心特点相吻合。

本书编写组收集整理了 10 305 家科技社团的国家分布情况（前 19 个国家见图 3-2），这些科技社团一定程度上能够反映出一国科技社团的整体实力。从规模看，美国科技社团数量遥遥领先于其他国家，这与美国在全球科技体系中的领先地位相对应。第二次世界大战后，日本、加拿大等国家科学技术水平迅速提升，跻身科技强国之列[1]，科技社团日渐繁荣。英国、德国虽在第二次世界大战后失去了全球领先的地位，但其深厚的底蕴吸引了众多杰出科学家，仍然是科技社团的聚集地。以中国为代表的发展中国家科技社团数量相对较少，有较大发展空间。

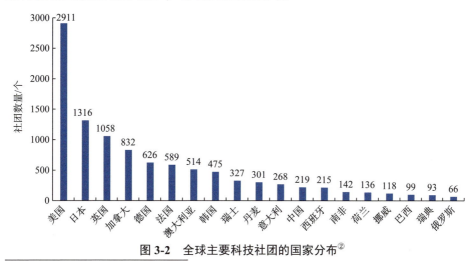

图 3-2　全球主要科技社团的国家分布[2]

① 许向阳. 我国科技社团国际战略初探 [J]. 中国科技产业 , 2004(7): 52-55.
② 中国全国性科技社团数量约 300 个，此处选取其中 219 个具有一定影响力和组织规模且数据可获取的科技社团。

## 三、学科分布

从学科分布来看，医科类科技社团的数量最多，占 44.25%；其次是理科，占 21.81%；然后依次是工科占 15.85%，交叉学科占 12.22%，农科占 5.86%（图 3-3）。

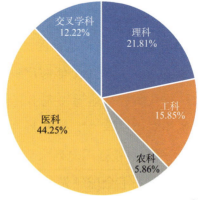

图 3-3　全球主要科技社团学科分布[①]

1840 年以后，医学领域科技社团的成立数量稳居第一（图 3-4），这与人们对健康日益重视有直接关联。理科是各学科发展的基础，理科类科技社团数量始终保持在第二。进入 20 世纪，工程技术快速发展，工程类科技社团也随之进入快速发展期。80 年代以来，科学技术交叉融合趋势明显，交叉学科科技社团随之不断涌现。农科类科技社团数量一直相对较少，但其发展与民生问题密切相关，每个阶段都有新兴科技社团成立。

不同国家科技社团的学科分布存在明显差异，这一差异基本反映了不同国家对科技社团的需求。美国、英国、日本医科类科技社团占比最大，分别占该国科技社团总量的 46.18%、55.22%、44.39%，均高于 38.31% 的全球平均值，这与发达国家社会公众对医药健康的强烈需求一致。美国、英国、日本理科类科技社团分别占该国科技社团总量的 28.69%、23.04%、24.2%，均远高于

① 注：图中数据经四舍五入处理，存在修约误差，余同。

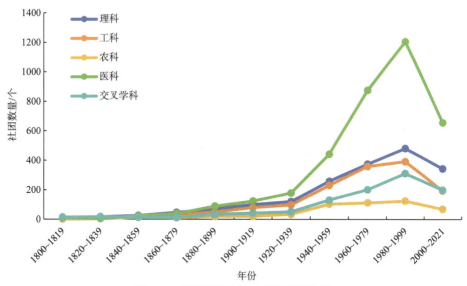

**图 3-4　各学科科技社团成立时间比较**

20.36% 的全球平均值，体现出发达国家对基础研究和基础学科的重视。中国工科类科技社团占比最大，约占科技社团总量的 37.14%，远高于 18.24% 的全球平均值，这与我国重视工程技术应用的政策和社会环境高度相关（图 3-5）。

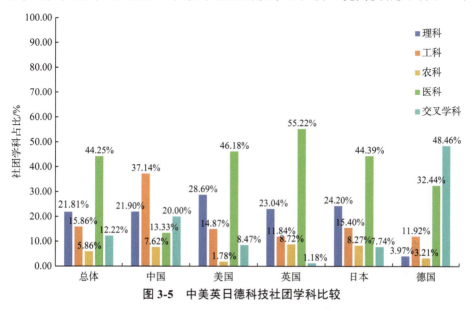

**图 3-5　中美英日德科技社团学科比较**

## 四、年度收入[①]

科技社团收入来源主要包括会费、社会捐赠、提供服务收入、销售商品收入、政府资助、投资收益等。本书编写组通过对全球 1568 家科技社团的年报数据进行统计发现，全球科技社团 2020 年的收入平均值为 1163.7 万美元，标准差为 5623 万美元，中位数为 126.74 万美元，不同科技社团年收入差距极大。其中，年收入最高的是美国行为科学研究会（AIR），2020 年收入约为 8.3 亿美元，包括总计 4.76 亿美元的捐款和 3.46 亿美元的销售收入，捐款中有 4.35 亿美元来自政府，0.41 亿美元来自其他社会资助。该会最大的支出是薪金，共计 1.66 亿美元，功能性支出总额为 4.3 亿美元，净收入为 3.99 亿美元[②]（表 3-1）。其次是美国心脏协会（AHA），2020 年收入约为 8.04 亿美元，其中超过 66% 的收入来自社会捐赠。科技社团的收入来源各有特点，反映了其发展特色以及与政府、社会公众的关系。

从收入分布来看，近三分之一的科技社团年收入在 50 万美元以下，年收入超过 1000 万美元的科技社团占 15.30%（图 3-6）。从高收入科技社团所在国家看，美国高收入科技社团数量明显高于其他国家，根据本书编写组的统计，全球收入最高的 10 个科技社团中有 8 个来自美国，2 个来自日本。与美英等主要国家相比，中国高收入科技社团占比相对较低，低收入科技社团占比相对较高（低于 100 万美元的科技社团占比超过 50%），中国科技社团收入水平呈现差异化格局（图 3-7）。

---

① 收入数据来自科技社团公开发布的年报．一般而言公开年报的科技社团发展规模相对较大，管理更加科学民主，样本年度收入平均数要高于全球平均水平．

② https://projects.propublica.org/nonprofits/display_990/250965219/04_2021_prefixes_23-25%2F250965219_201912_990_20210401178527 48.

表 3-1    高收入科技社团收入情况

| 序号 | 名称 | 所在国家 | 2020 年收入 / 万美元 |
|---|---|---|---|
| 1 | 美国行为科学研究会<br>American Institutes for Research in the Behavioral Sciences | 美国 | 82 957 |
| 2 | 美国心脏协会<br>American Heart Association | 美国 | 80 399 |
| 3 | 日本医师会<br>Japan Medical Association | 日本 | 79 257 |
| 4 | 美国化学学会<br>American Chemical Society | 美国 | 75 022 |
| 5 | 美国癌症学会<br>American Cancer Society | 美国 | 72 013 |
| 6 | 美国电气和电子工程师学会<br>Institute of Electrical and Electronics Engineers | 美国 | 55 766 |
| 7 | 美国化学工程师学会<br>American Institute of Chemical Engineers | 美国 | 48 554 |
| 8 | 日本放射性同位素协会<br>Japan Radioisotope Association | 日本 | 42 590 |
| 9 | 美国阿尔茨海默氏症协会<br>Alzheimer's Association | 美国 | 40 453 |
| 10 | 电视艺术与科学学会<br>Academy of Television Arts and Sciences | 美国 | 36 486 |

充足的收入来源是科技社团组织运转、功能发挥的必要保障。一方面，科技社团应找准定位，在自身的专业领域做大做强，开展广泛的合作交流，拓展关系网络，获得稳定的资金收入；另一方面，科技社团要不断拓宽业务领域，补齐短板，增加收入渠道，为自身发展获取更多的资源。

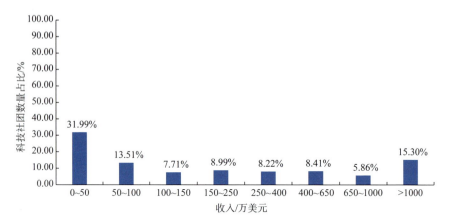

**图 3-6　全球主要科技社团平均年收入分布**

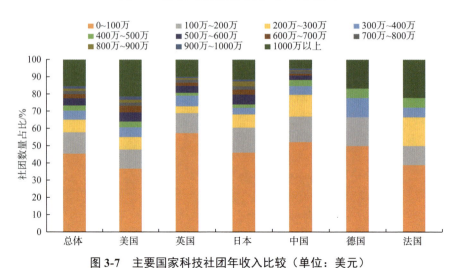

**图 3-7　主要国家科技社团年收入比较（单位：美元）**

## 五、个人会员

　　会员是科技社团的立身之本，会员规模与服务质量一定程度上反映了科技社团的发展水平。通过对全球 1394 家科技社团的个人会员数据进行统计发现，科技社团个人会员平均数是 2.7 万人，标准差是 1.47 万人，中位数是 0.35 万人，不同科技社团的个人会员数量差距极大。根据本书编写组的统计，全球个人会员数量最多的是美国护士协会（ANA），个人会员数量约为 400 万人，会员遍布美国所有州和地区，代表着美国护士界最强的声音[①]（表 3-2）。

表 3-2　全球主要科技社团个人会员数量

| 序号 | 名称 | 国家 | 个人会员 / 万人 |
|---|---|---|---|
| 1 | 美国护士协会<br>American Nurses Association | 美国 | 400.00 |
| 2 | 国际鸟学会<br>Birdlife International | 英国 | 200.00 |
| 3 | 国际医学生协会联合会<br>The International Federation of Medical Students Associations | 丹麦 | 130.00 |
| 4 | 国际建筑师联合会<br>International Association of Unions of Architects | 俄罗斯 | 130.00 |
| 5 | 南非野生动物学会<br>The Wildlife and Environment Society of South Africa | 南非 | 103.60 |
| 6 | 国际助产士联合会<br>International Confederation of Midwives | 荷兰 | 100.00 |
| 7 | 美国肺科学会<br>American Lung Association | 美国 | 70.00 |
| 8 | 瑞典兽医协会<br>Swedish Veterinary Association | 瑞典 | 70.00 |
| 9 | 中华医学会<br>Chinese Medical Association | 中国 | 69.90 |
| 10 | 美国护理学院协会<br>American Association of Colleges of Nursing | 美国 | 63.20 |

从总体上看，58.15% 的科技社团个人会员数都小于 5000 人，其中法国、德国、加拿大科技社团表现最为明显，个人会员数小于 5000 人的科技社团占比超过 80%。个人会员数超过 10 万人的科技社团仅占样本总量的 4.41%（图 3-8）。从典型国家来看，日本和加拿大个人会员数大于 10 万人的科

---

① https://www.nursingworld.org/ana/about-ana/.

技社团数量明显较低，德国和法国个人会员数没有超过 10 万人的科技社团，这或与国家人口规模有关。中国科技社团具有一定的会员规模优势，其中个人会员数量超过 10 万人的占比最大，小于 5000 人的科技社团占比最小，这与中国庞大的科技人才队伍相关（图 3-9）。

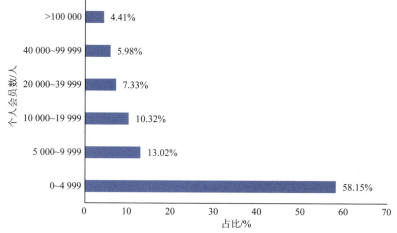

图 3-8　全球主要科技社团个人会员规模分布情况

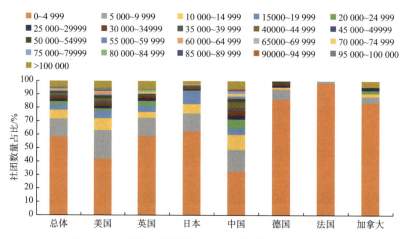

图 3-9　主要国家科技社团会员规模比较（单位：人）

从会员类型看，全球科技社团普遍对会员进行细致分类，提供个体化、精准化服务。比较典型的是医药科学类科技社团，其在会员种类划分上极度精细。例如，美国临床病理学会（ASCP）、日本老年学会等医药科学类科技社团，将会员种类划分至十几类，针对不同类型的会员提供精准服务。德国工程师学会（VDI）按照会员在专业道路上发展阶段的不同，将会员划分为学生、职业生涯开始者以及专业人员等类型，涵盖了会员从学生阶段到工作阶段的全周期，从而针对会员在不同阶段的需求，提供不同的有针对性的服务（表3-3）。

表3-3 德国工程师学会（VDI）为会员提供的服务概览

| 服务 | 特点 | 描述 |
| --- | --- | --- |
| 组建网络 | 划分细致 | 按照州、地区的分布，VDI为工程行业的学生和年轻工程师建立了80多个团队，并为女工程师建立了属于她们自己的网络 |
| | 网络发达 | 网络中不光有工程师，还有来自商业界、政治界、科学界等社会各界可以产生合作关系的伙伴 |
| | 功能强大 | 在每一个网络平台基础上，VDI都根据会员的不同特点提供差异化服务。例如，为处于就业前六年的年轻女性提供为期一年的一对一指导服务；为青年工程师举办区域间的比赛，提供虚拟"咖啡体验馆"，创造与商业界、科学界人士讨论的空间；为学生举办演讲竞赛，提高其专业演讲技巧；为退休工程师提供继续工作机会 |
| 提供救助 | 划分细致 | 为因疾病、意外、失业或破产而生活困难的工程师提供帮助，包括通过ADI工程师医院提供救治等；为孤独的工程师提供精神上的陪伴；为年长者提供老人院等；在会员内部发展志愿者互助组织等 |
| 法律保护 | 划分细致 | 从个人责任保险到残疾保险、养老保险，再到汽车保险、资产投资，VDI保险公司为其成员提供个性化的解决方案 |

## 六、学术会议

学术会议有助于参会者交流学术研究进展、建立人脉关系、探索合作机会，是科技社团深化学术交流、推动学科发展、促进产学研结合的重要方式。学术会议有年会、论坛、研讨会、报告会、沙龙等形式。其中，学术年会是制度性的会议形式，具有主题性、学术性、规模性等特征。学术年会延续最久的科技社团是英国皇家昆虫学会（Royal Entomological Society），1833 年该会首次召开学术年会，至今已有近两百年的历史（表3-4）。中国近代科技社团也有组织学术年会的传统，如中国科学社在 1916 年至 1936 年间曾连续举办年会二十余次。

表 3-4　历史悠久的科技社团学术年会

| 序号 | 科技社团名称 | 年会名称 | 国家 | 首次召开时间 |
|---|---|---|---|---|
| 1 | 英国皇家昆虫学会<br>Royal Entomological Society | 皇家昆虫学会年会 | 英国 | 1833 年 |
| 2 | 英国皇家显微镜学会<br>Royal Microscopical Society | 显微科学大会 | 英国 | 1839 年 |
| 3 | 瑞士森林学会<br>Swiss Forest Society | 森林学会年会 | 瑞士 | 1843 年 |
| 4 | 德国物理学会<br>The German Physical Society | 物理学会年会 | 德国 | 1845 年 |
| 5 | 英国机械工程师学会<br>Institution of Mechanical Engineers | 机械工程师学会年会 | 英国 | 1847 年 |
| 6 | 英国皇家气象学会<br>Royal Meteorological Society | 皇家气象学会全国性会议 | 英国 | 1850 年 |
| 7 | 国际眼科协会<br>International Council of Ophthalmology | 国际眼科大会 | 瑞士 | 1857 年 |
| 8 | 地质学家协会<br>The Geologists' Association | 地质学家协会年会 | 英国 | 1859 年 |
| 9 | 美国牙科协会<br>The American Dental Association | 笑脸会议 | 美国 | 1859 年 |
| 10 | 英国皇家航空学会<br>Royal Aeronautical Society | 英国皇家航空学会年会 | 英国 | 1866 年 |

本书编写组收集整理了全球科技社团举办的 6824 个连续性学术会议的学科分布情况。统计发现，工科领域学术会议占比最大，占 39.87%；其次是医科领域学术会议，占 27.48%，理科领域学术会议占 22.76%，交叉学科领域学术会议占 7.47%，农科领域学术会议占 2.42%（图 3-10）。

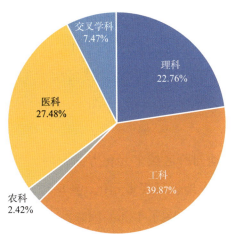

**图 3-10　全球主要科技社团举办学术会议的学科分布情况**

当前，科技社团学术会议呈现以下新特点。

第一，组织形式向数字化转型。随着互联网技术的快速发展，越来越多的科技社团开始通过视频会议、虚拟展示、在线研讨等方式举办专业性学术会议，以降低参与成本、扩大参会范围，参与者可以更加便捷、高效地交流和互动，进一步提升会议效果。例如，美国电气和电子工程师学会举办的 CVPR 会议（IEEE Conference on Computer Vision and Pattern Recognition）是计算机视觉和模式识别领域中最具影响力的国际会议之一。近年来，CVPR 组织方式逐步向数字化方向转型，受新冠疫情影响，2021 年 CVPR 完全采取在线的形式举办，参会者可以通过在线平台观看演示和提交论文。由于线上会议的组织成本相对较低，会议注册费也相应降低。

第二，会议主题向综合交叉方向发展。一是会议议题向跨学科合作与创新方向发展。例如，由国际人工智能学会（AAAI）举办的国际人工智能顶级会议（AAAI Conference on Artificial Intelligence），2021 年议题涉及计算机科学、数学、工程学、神经科学和心理学等多个学科的交叉领域。二是学术会议主办向跨界联合方向发展，越来越多的会议由两个或多个科技社团联合举办。例如，国际数字图书馆联合会议（JCDL）从 2001 年开始由美国计算机学会（ACM）、美国电气和电子工程师学会（IEEE）联合主办，该会议和国际数字图书馆理论与实践会议（TPDL）、亚太数字图书馆国际会议（ICADL）并称为全球数字图书馆研究领域的三大国际性学术会议。

第三，会议举办地向跨区域多元化方向发展。学术会议越来越重视参与者的多样性，会议主办地也呈现多元化、跨区域轮流举办等特征。例如，由国际航空科学理事会（ICAS）主办的国际航空科学大会，2018 年首次在巴西贝洛奥里藏特举办，由巴西机械科学与工程学会具体承办；2020 年在中国上海举办，由中国航空学会承办；2022 年在瑞典斯德哥尔摩举办，由瑞典航空航天学会（FTF）和瑞典航空计划（Innovair）联合承办。会议地点设在不同的国家和地区，有助于发挥各地优势特色，为参会者提供不同的视角和研究主题，促进不同国家和地区学者之间的合作交流。

## 七、学术期刊

学术期刊传承人类文明、引领学术发展，直接体现国家科技竞争力和文化软实力，发挥着促进学术交流、推动学科发展等作用。[①] 科技社团出版者联盟（The Scientific Society Publisher Alliance）将社团的学术出版活动总结为"科学家为科学而出版"[②]。自 1665 年英国皇家学会创办世界上第一本专业学术期刊《哲学汇刊》以来，学术期刊的发展已有三百多年的历史。拥有一流科技期刊是一流科技社团的重要标志。

---

① 朱晓文，刘培一，张宏翔，等 . 国外科技社团期刊出版分析与借鉴 [J]. 学会，2007(6): 30-40.
② Drubin D G. The Scientific Society Publisher Alliance delivers an important message[J]. Molecular Biology of the Cell, 2017(12): 3563.

本书编写组对全球主要科技社团的学术期刊出版情况进行了统计。据不完全统计，2835 个科技社团共出版科技期刊 7060 种，平均每个科技社团出版科技期刊 2.5 种，其中约 87% 为英文期刊。

当前，科技社团学术期刊发展呈现以下特点。

（1）历史悠久的科技社团仍然拥有最好的期刊，其旗舰刊拥有广泛影响力。2021 年科技期刊引用 CiteScore 排名前 10 的科技期刊中，有 4 家来源于科技社团，分别是来自 Wiley-Blackwell 和美国癌症协会（ACS，1913 年成立）的 *CA-A Cancer Journal for Clinicians*（2021 年 CiteScore 为 716.2），来自美国马萨诸塞州医学会（MMS，1781 年成立）的 *New England Journal of Medicine*（2021 年 citescore 为 110.5），来自美国物理学会（APS，1899 年成立）的 *Reviews of Modern Physics*（2021 年 CiteScore 为 102），来自美国化学学会（ACS，1876 年成立）的 *Chemical Reviews*（2021 年 CiteScore 为 98.8）。本书编写组选取的科技社团样本中，成立时间超过 200 年的 386 家科技社团出版科技期刊 1880 种，平均每家 4.86 种，远超总平均数（2.5 种）；其中 78 家科技社团的旗舰刊位于所在学科领域前 10%（基于 CiteScore 分数）。

（2）集群化是科技社团期刊做大做强的重要途径。在本书编写组选取的科技社团样本中，期刊数量最多的 20 家科技社团出版科技期刊 1571 种；也就是说，占总数不足 0.6% 的科技社团，拥有 22.3% 的科技期刊数量。出版学术期刊数量最多的科技社团是美国电气和电子工程师学会（IEEE），该会共出版学术期刊 469 种，覆盖电气电子、计算机、网络安全、通信、电力能源、航空航天等领域（表 3-5）。其次是中华医学会（CMA），主办科技期刊 197 种。

表3-5　出版科技期刊最多的前10家科技社团

| 序号 | 中文名称 | 国家 | 出版期刊数量 / 种 |
|---|---|---|---|
| 1 | 美国电气和电子工程师学会<br>Institute of Electrical and Electronics Engineers | 美国 | 469 |
| 2 | 中华医学会<br>Chinese Medical Association | 中国 | 197 |
| 3 | 日本工程协会<br>The Japan Federation of Engineering Societies | 日本 | 120 |
| 4 | 美国心理学会<br>American Psychological Association | 美国 | 91 |
| 5 | 英国皇家物理学会<br>The Royal Institute of Physics | 英国 | 88 |
| 6 | 美国计算机学会<br>Association for Computing Machinery | 美国 | 86 |
| 7 | 美国化学学会<br>American Chemical Society | 美国 | 78 |
| 8 | 中华预防医学会<br>Chinese Preventive Medicine Association | 中国 | 70 |
| 9 | 英国医学会<br>British Medical Association | 英国 | 68 |
| 10 | 英国皇家化学会<br>The Royal Society of Chemistry | 英国 | 48 |

（3）数字化出版是重要的发展方向。20世纪90年代以来，美国电气和电子工程师学会（IEEE）、美国物理联合会（AIP）、英国皇家物理学会（IOP）等科技社团创建了集期刊稿件采编、文章在线发布、预出版、全文数据库以及各类资源为一体的网络出版平台，并建立引文的系统内链接和跨系统链接，建成了开放式的学术信息门户。中华医学会（CMA）建立了集投审稿、编辑加工、生产、发布、销售为一体的网络平台MedNexus，统一管理旗下期刊，实现了期刊管理数字化、内容采编数字化、生产数字化与内容数据化、期刊传播数字化，面向机构、个人、第三方平台等不同用户群体研发了不

同的知识服务产品。

（4）开放获取是科技社团办刊的重要发展趋势。利用互联网促进科学交流与学术成果的自由传播是科技社团主办期刊的重要发展方向。DOAJ（directory of open access journals）被称为"开放存取期刊目录"，是由瑞典隆德大学创建的国际知名学术期刊数据库，也是目前世界上最大的仅收录开放获取期刊的数据库。以被 DOAJ 收录的期刊数量作为科技社团主办期刊开放性的衡量标准，英国医学会（BMA）有 23 种期刊被收录，IEEE 有 10 种期刊被收录。在开放数字平台方面，IEEE 以其旗下丰富的期刊资源为基础，建设了世界上最大的工程、计算机科学和相关技术文献的数字图书馆 IEEE Xplore，在其庞大的存储库中共有 400 多万份文件。IEEE Xplore 在线收藏包括 180 多份 IEEE 期刊和杂志的内容、1500 多个年度会议、1300 多个活跃的技术标准、400 个电子学习课程和 2000 本电子书。IEEE Xplore 在交互式 HTML 中提供大量文档，为用户提供了更吸引人的互动体验。

（5）合作办刊成为科技社团办刊的重要选择。越来越多的科技社团选择和商业出版公司合作办刊，形成优势互补。正如 Elsevier 在其网站上展示的科技社团合作案例的评价："选择专业出版机构可以简化论文提交过程，使作者的研究成果能够及时在 ScienceDirect 平台以及科技社团期刊网站上被发现，同时降低期刊对成员和非成员开放访问发布的成本。"学术出版公司 Wiley 通过提供学术出版、平台建设、会议支持等多元化产品助力学术期刊发展，拥有与全球 600 多个科技社团合作办刊经验。近年来，中国科技社团与出版公司合作出版期刊日益增多。例如，2012 年起，中国地质学会（GSC）与 Wiley 合作出版 *Acta Geologica Sinica* 等期刊。2022 年，中国化学会（CCS）与 Elsevier 签订合作协议，共同出版《结构化学》（*Chinese Journal of Structural Chemistry*）。

## 八、科技奖励

设立科技奖励是科技社团基于同行认可自主开展的人才评价，标志着学术共同体对科学家杰出成就的肯定和褒扬，是学术共同体激发内部成员创造性的重要激励机制。奖励的荣誉性、专业性及权威性不仅为科学家带来极大的学术影响力和成就感，也是科技社团学术引领能力的重要体现。自 1731 年英国皇家学会设立科普利奖章以来，到 19 世纪末，已有英国皇家学会、巴黎地理学会（Paris Geographical Society）等 30 多个科技社团定期开展科技奖项评选。20 世纪 80 年代以来，伴随着大批科技社团的成立，科技社团设奖数量也随之快速增长。本书编写组检索到 2720 个开展科技奖励的科技社团，涉及 61 个国家和地区，这些科技社团平均设立科技奖励 6.7 项。从数量看，美国科技社团平均设奖数量最多，平均每个科技社团设立科技奖励 10.7 项，其次是英国、加拿大、韩国和澳大利亚，科技社团平均设奖数都在 5 项以上（表 3-6）。相比之下，中国科技社团平均设奖数量不足 3 个，远低于全球平均水平。

优秀科技社团普遍面向不同层次的会员设立了多层次奖励体系，不仅奖项数量大，还涉及相当规模的资助金额。美国心理学会（American Psychological Association，APA）在美国心理学基金会支持下，共设立科技奖励 235 项，该会颁发的"终身杰出贡献奖"被认为是心理领域比肩诺贝尔奖的最高荣誉。美国计算机学会（ACM）设立了包含六大类 150 多个奖项的奖励体系。其中包括被誉为"诺贝尔计算奖"的图灵奖（ACM A.M Turing Award）。图灵奖颁发给为计算领域作出重要贡献的科学家和技术人员，于每年 6 月在 ACM 颁奖宴会上颁发，奖金额度已从 1966 年设立时的 20 万美元增加到目前的 100 万美元，是该领域奖金额度最高的奖项。

表 3-6　主要国家科技社团平均设奖数量

| 序号 | 国家 | 科技社团平均设奖数量 / 项 |
|---|---|---|
| 1 | 美国 | 10.7 |
| 2 | 英国 | 6.9 |
| 3 | 加拿大 | 6.0 |
| 4 | 韩国 | 5.4 |
| 5 | 澳大利亚 | 5.2 |
| 6 | 印度 | 4.8 |
| 7 | 法国 | 4.2 |
| 8 | 日本 | 3.7 |
| 9 | 荷兰 | 3.5 |
| 10 | 德国 | 3.4 |

总体看来，除美国规定不能用会员费作为奖金等涉税条款外，各国对科技社团设奖并无限制性规定。在宽松的政策环境下，近年来科技社团设奖发展迅速，对全球科技发展的影响力不断提高。在联合国教科文组织国际排名专家组（IREG）2016 年给出的自然科学领域 86 个最著名科技奖项中，有 36 项由科技社团设立，占 41.9%[1]。在这些奖项中，物理学领域有英国物理学会设立的艾萨克·牛顿奖章（Isaac Newton Medal），美国物理学会设立的海涅曼数学物理奖（Dannie Heineman Prize for Mathematical Physics），这些奖项历史悠久且影响深远（表 3-7）。

---

[1] https://ireg-observatory.org/en/wp-content/uploads/2019/12/ireg-list-academic-awards.pdf （2021-05-17）.

表 3-7　科技社团设立的著名科技奖项示例

| 序号 | 奖项名称 | 设奖主体 | 国家 | 首次颁奖时间 | 历届获奖人数 | 评选周期 | 奖金 | 奖励对象 |
|---|---|---|---|---|---|---|---|---|
| 1 | 科普利奖章 | 英国皇家学会 The Royal Society | 英国 | 1731 年 | 最多 1 人 | 1 年 | 2.5 万英镑 | 成果 |
| 2 | 波坦金研究奖 | 美国神经病学会 American Academy of Neurology | 美国 | 1988 年 | 最多 3 人 | 1 年 | 10 万美元 | 成果 |
| 3 | 默克奖 | 美国生物化学和分子生物学学会 American Society for Biochemistry and Molecular Biology | 美国 | 1981 年 | 最多 2 人 | 1 年 | 5 000 美元 | 成果 |
| 4 | 法拉第讲座奖 | 英国皇家化学会 Royal Society of Chemistry | 英国 | 1869 年 | 最多 1 人 | 2 年 | 5 000 英镑 | 成果 |
| 5 | 亚当斯化学奖 | 美国化学学会 American Chemical Society | 美国 | 1959 年 | 最多 1 人 | 2 年 | 2.5 万美元 | 成果 |
| 6 | 博谢纪念奖 | 美国数学会 American Mathematical Society | 美国 | 1923 年 | 最多 3 人 | 3 年 | 5 000 美元 | 成果 |
| 7 | 艾萨克·牛顿奖章 | 英国物理学会 Institute of Physics | 英国 | 2008 年 | 最多 1 人 | 1 年 | 1 000 英镑 | 成果 |
| 8 | 海涅曼数学物理奖 | 美国物理学会 American Physical Society；American Institute of Physics | 美国 | 1959 年 | 最多 4 人 | 1 年 | 1 万美元 | 成果 |
| 9 | 斯特恩-格拉赫奖章 | 德国物理学会 German Physical Society | 德国 | 1988 年 | 最多 2 人 | 1 年 | — | 成果 |
| 10 | 威廉姆化学反应工程奖 | 美国化学工程师学会 American Institute of Chemical Engineers | 美国 | 1966 年 | 最多 1 人 | 1 年 | 3 500 美元 | 成果 |
| 11 | 图灵奖 | 美国计算机学会 Association for Computing Machinery | 美国 | 1966 年 | 最多 3 人 | 1 年 | 100 万美元 | 个人 |

| 序号 | 奖项名称 | 设奖主体 | 国家 | 首次颁奖时间 | 历届获奖人数 | 评选周期 | 奖金 | 奖励对象 |
|---|---|---|---|---|---|---|---|---|
| 12 | 爱迪生奖章 | 美国电气和电子工程师学会 Institute of Electrical and Electronics Engineers | 美国 | 1909 年 | 最多 1 人 | 1 年 | 2 万美元 | 成果 |
| 13 | 戴维·鲁梅尔哈特奖 | 美国认知学会 Cognitive Science Society | 美国 | 2001 年 | 最多 1 人（组织） | 1 年 | 10 万美元 | 个人；团队 |
| 14 | 冯·希佩尔奖 | 美国材料学会 Materials Research Society | 美国 | 1976 年 | 最多 1 人 | 1 年 | 1 万美元 | 个人 |
| 15 | 美国机械工程师学会奖章 | 美国机械工程师学会 American Society of Mechanical Engineers | 美国 | 1920 年 | 最多 1 人 | 1 年 | 15 000 美元 | 成果 |
| 16 | 瓦尔特-安吉琳·克里奇洛奖 | 美国航空航天学会 American Institute of Aeronautics and Astronautics | 美国 | 1995 年 | 最多 4 人 | 4 年 | 10 万美元 | 成果 |

## 九、社交媒体

社交媒体是科技社团扩大社会影响力的重要工具，也是专业领域内科技工作者交流沟通的重要平台。科技社团主要使用 Twitter、Facebook 等网络社交媒体，中国科技社团主要使用微博、微信公众号等网络社交媒体。科技社团凭借此类传播渠道进行宣传推广，与会员、公众进行双向沟通。本书编写组检索到 2183 个拥有社交媒体账号的科技社团，这些科技社团平均拥有社交媒体账号 3 个 [ 图 3-11（a）]。例如，美国心理学会（APA）、美国计算机学会（ACM）等科技社团拥有多个媒体平台，包括 Facebook、Twitter、LinkedIn、YouTube、Blog、Flicker、Instagram、Google+ 等，对其扩大影响力起到重要推动作用。从典型国家看，中国、日本等东亚国家的科技社团一般开设 1~2 个社交媒体为多，明显低于欧美国家科技社团；

美国科技社团少于 2 个的社交媒体的比例甚至低于 20%，说明其对网络传播话语权的高度重视 [ 图 3-11（b）]。

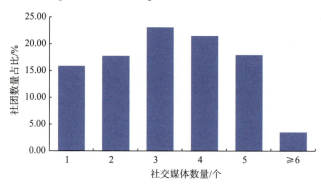

（a）科技社团社交媒体数量占比分布

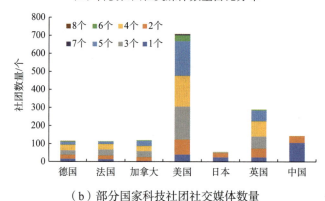

（b）部分国家科技社团社交媒体数量

**图 3-11　有社交媒体的科技社团国别分布情况**

推特 / 微博粉丝数是科技社团社交媒体建设效果的直接反映，庞大的粉丝群体意味着科技社团所涉领域的知识、理念更易被传播。比较不同国家科技社团的推特 / 微博粉丝数，从总体看，粉丝数低于 5000 人的科技社团超过 50%，中国科技社团粉丝数总体处于较高水平；但德国、法国、加拿大等科技社团个人会员明显较少的国家，却均有超过 5 万粉丝数的社团，表明其对会员之外的社会群体具有较强的吸引力；日本科技社团粉丝数小于 5000 人的占比近 80%，且较多社团没有粉丝数，这是该国科技社团的独有特点。全球科技社团社交媒体的粉丝数平均值为 21 847 人，标准差为 164 747 人，中位数为 3991 人，表明不同社团社交媒体推特或微博影响力差异较大。从推特粉丝数排名靠前的科技社团来看，研究领域与公众生活密切相关、科普性强的社团更易拥有较高的粉丝数，如美国医学会（AMA）推特粉丝数为 74 万人，推特主题为科普知识，且科普范围覆盖广泛，从医生护士如何获得更好的职业发展到各类疾病患者如何科学高效地治疗，以及公众如何在日常生活中提高健康意识，AMA 以前沿的专业知识和通俗易懂的图文内容，吸引了大批稳定的粉丝。美国公共卫生协会（APHA）推特粉丝数为 50 万人，其推文内容更多关注全人类的健康，COVID-19、PM2.5、女性生育性风险、LGBTQ+ 人群健康等均是其关注的重点，此外，美国公共卫生协会不仅通过推文宣传会议、报告等学术活动，还经常转发政府部门或官员在公众健康领域的发言或报告。美国图书馆协会（ALA）和美国心理学会（APA）推特粉丝数约为 22 万人，前者或归功于其庞大的专业学会系统，后者或由"压力型"社会下更多人关注心理健康的现象促成（图 3-12）。

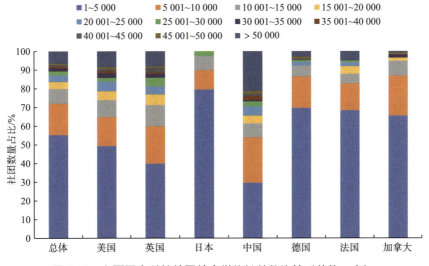

**图 3-12** 主要国家科技社团社交媒体粉丝数比较（单位：人）

除了粉丝增长情况和用户参与度之外，发帖浏览量也是社交媒体发展的重要参考数据。例如，美国数学协会（MAA）2020 年年报显示，美国数学协会 2020 年 Facebook 和 Twitter 粉丝数分别为 79 309 人和 79 320 人，发帖量分别为 545 篇和 1046 篇，粉丝用户参与度分别为 204 966 人和 110 348 人，推文阅览数分别为 1 407 657 人和 12 335 420 人。可见协会通过 Facebook 和粉丝进行了更多的互动，通过 Twitter 获得了更多的关注量。

# 第四章　全球科技社团发展最佳实践与启示

综合全球科技社团发展经验来看，一流科技社团有其自身的运行机制和演变规律，需要一定的学术积累和品牌沉淀。但无论规模大小、历史长短、学科宽窄，都有机会通过自身努力跻身世界一流科技社团行列。比较全球科技社团的最佳实践经验，一流科技社团在管理运行和发展方面各有特色、各有侧重，同时也具有一定的共性特征，如战略愿景清晰稳定、内部治理科学高效、会员服务精准多元、学术品牌引领全球等，这些可为全球科技社团发展提供经验借鉴。

## 一、战略愿景清晰稳定

一流科技社团普遍以明确的战略愿景凸显其核心价值观与发展理念，并制定长期规划与短期目标指导组织发展方向。一是聚焦共同价值，以理念认同凝聚人心。科技社团的科学性与公益性决定了成员不仅拥有高度的科学理性，还具备参与公共事务的高度热情。科技社团多以"促进科技进步、提升人类福祉"的使命愿景广泛凝聚共识与信任，通过宽广的服务理念和高超的责任意识吸纳凝聚异质性资源。二是战略规划层次分明，长期与短期相结合。美国机械工程师学会（ASME）从其"服务全球社区"的使命愿景出发，形成了"诚信道德、尊重所有人和各类文化"的组织核心价值，并将其细化为战略目标、社会目标、十年规划组成的组织战略，继而操作化为整体运作计划和运作目标，实现了组织长远战略规划与具体工作的有机结合。三是目标导向动态调整，突出优势不断创新。一流科技社团一方面通过规划改进使发展战略能够在坚守核心价值的基础上统筹推进，另一方面不断进行布局结构的优化以强调重点落实执行，保证主业精干突出，同时带动相关业务协同发展。

## 二、内部治理科学高效

建立权力制衡、责任清晰、运转高效的内部治理结构与治理方式是一流科技社团的重要特征之一。一是治理结构科学清晰，普遍建立决策、执行、监督既相互制约又相互协调的治理结构和运行机制，组织结构呈现网络化、扁平化、弹性化等特征。二是制度体系完善，议事规则公开透明。持续完善以章程为统领的制度体系，严格依法依章程民主办会，强化监督问责，保障制度执行效能。普遍建立年报公开发布制度，同时还以官方网站为主要窗口公布各项工作信息，接受社会公众监督。三是领导人具有志愿精神和强烈的社会责任感，愿意为科技社团奉献才智和精力。领导集体经营理念一致，对科技社团的宗旨任务、治理方式、发展方向等有深入的理解和共同认识。部分科技社团面向全球公开选聘领导人以保证候选人的声望、能力等得到会员的充分认可，部分科技社团采用前任、现任与候任主席组成的集体领导体制以保证全面可持续的领导力。四是拥有专职化高水平运营团队，收入来源稳定多元。办事机构实行专业化、专职化管理，通常聘用职业经理人负责办事机构运营，以绩效管理设定员工核心能力，以专业化培训提升员工知识与技能，以需求为导向广泛招募志愿者，以多样化信息平台提升服务效能，形成会费、会议、期刊、社会化与信息化服务等多元化资金来源渠道。

## 三、会员服务精准多元

会员是科学共同体运作的根本，一流科技社团普遍体现出对全球科技人才的强大吸引和凝聚能力。一是重视会员分级分类管理，建立包括学生会员、普通会员、高级会员、会士等在内的多层次个人会员体系，高层次专家学者比例相对较高，形成示范效应以广泛汇聚科技人才。二是重视行业会员吸纳与服务。除关注所在领域科研人员之外，还重视面向行业人才搭建交互沟通平台，及时了解行业从业人员诉求和需求，提供专业服务和指导。三是会员服务体系完善，服务产品精准多元。注重会员体验，会员入会程序简洁，针对会员不同成长阶段的不同需求广泛搭建平台、提供机会、促进交流、维护权益，不断创新服务产品和服务方式，提供个性化、精准化服务。重视潜在会员的培育服务，为大学生和未来人才提供丰富的学习资源和职业规划咨询。

## 四、学术品牌引领全球

一流科技社团普遍在全球享有崇高学术声誉，通过打造品牌学术会议、科技期刊等引领和推动学科发展。一是培育品牌学术交流活动。学术交流是科技社团的生命线和立身之本，一流科技社团普遍建立层次丰富、类型多样、布局合理的学术交流体系。从规模庞大、内容广泛的综合性大型会议到专业领域精细的小型研讨会，从探索学科前沿的高端会议到加速创新扩散的产学研合作交流，各种学术交流活动蓬勃兴盛，有效汇聚各界科技人才，不断活跃学术思想、激发创新活力，推动新思想、新发现和新知识的产生、传播和应用。二是主办期刊具有引领地位。一流科技社团普遍主办有代表性强、影响力高的知名科技期刊。办刊模式具有专业化、集群化、开放性等特点，配备国际化、专业化的评审和编辑队伍，具有领先的数字服务能力，注重期刊出版伦理规范建设，同时科技期刊衍生产品丰富，通过开放存取出版和在线资源等提供多样化便捷服务。三是重视学科前瞻研判。一流科技社团普遍构建引领未来的学术前瞻研判体系，具有较强的全球性议题创设能力，通过研究发布技术蓝皮书、学科发展报告、技术路线图等研判和引领学科发展。同时积极主导和参与科技伦理治理，倡导会员恪守学术道德准则，提倡学术自由，捍卫学术生态。

## 五、科技奖项影响深远

具有公信力的科技奖项是一流科技社团学术声誉的重要标识。一流科技社团注重打造多层次科技奖项体系，多数在全球范围内具有较高声誉和权威性，代表着所在领域全球同行的最高认可。从奖项名称看，一般以专业领域内的知名科学家命名。从奖励对象看，有的面向某一细分领域，有的面向成果推广，有的面向跨领域结合，有的面向会员不同职业生涯阶段。从提名方式看，提名制是候选人产生的最主要方式。从经费来源看，奖金来源多为个人、企业和社会团体捐赠或资助。从评审过程看，往往设置严苛的质量审查和评选程序，建立完善的专家信誉评价机制，评选的唯一标准是科技成就和贡献大小，入选者均为学科领域的佼佼者，具有极强的示范、激励和带动作用。从国际化程度看，科技奖项比较开放包容，被提名人一般不受国籍限制。从奖励数量看，坚持"宁缺毋滥"原则，表彰数量一般较少，很多奖项授予过历史上伟大的科学家，具有较强的荣誉感和精神感召力。

## 六、科学传播权威广泛

一流科技社团在专业领域内具有高度的权威性和影响力，重视学术资源开发和科普人才培养，着力打造有专业特色的科学普及和传播品牌。一是通过举办服务专业化、类型多样化的科学普及和传播活动，辐射儿童、学生、教师、社会公众等群体，加速知识和技术传播，推动转化应用，提升公众科学素养，促进知识获取的良性循环。二是构建内容丰富、分布广泛、路径多元的传播网络，充分利用官方网站、社交媒体、专门科普网站等推广科学知识、传播科学精神、弘扬科学文化，与公众进行双向沟通，实现科学传播的实时性和交互性。三是通过各种形式的活动日、出版物等推动科学知识传播的深度和广度。如"世界昏迷日""世界骨质疏松日""国际护士节""全民营养周"等很多重要活动日均由科技社团倡导发起，旨在进行专业知识普及教育和信息传递。科技社团主编的科普著作、科普期刊、报纸等也为公众理解科学提供了专业渠道。

## 七、社会服务功能卓越

科技社团创新网络融通，具有跨行业、跨领域、跨区域、跨国界、跨学科等组织优势，在丰富科技类公共服务产品供给方面发挥重要作用。一是重视与企业和社会各界的密切合作，整合专家和知识资源，通过提供内容丰富、时效突出的信息渠道，以科技咨询、中介服务、技术鉴定、项目合作等方式，推动科学技术成果向生产力转化，促进产业界和学术界的融通发展。二是多渠道咨政建言，发挥专业智库功能。通过发布研究报告、举办专题会议、编发政策简报、创办意见杂志、提供专业数据库、参与国家立法、出席听证会议、公开声明等形式影响国家科技战略和公共政策的制定，推动科学决策，参与社会治理。部分科技社团还形成独特的"旋转门"机制，成为重要的人才储备池。三是积极制定和维护专业领域标准、规范等。通过创设具有引领水平的标准、规范等引领科技发展方向、主导科技治理，是一流科技社团的重要特征。

## 八、国际发展持续深化

经济全球化的逐步深入和科学的无国界性促使科技社团必须着力提升国际化水平，国际化程度是检验一流科技社团的重要标准。[①] 一是组织机构国际化程度高。一流科技社团具备全球视野和国际化意识，在全球各地设立分支机构、代表机构、分部等扩大辐射范围，进行全球战略布局。例如，美国化学学会（ACS）设立国际分支机构 20 多个，并创建全球协调团队，通过跨部门协作加强国际事务的协调沟通。二是会员国际化程度高。一流科技社团往往面向全球发展和凝聚会员，建设全球高水平科技工作者聚集的人才高地。美国电气和电子工程师学会（IEEE）会员遍布 170 多个国家，来自全球各地的优秀科技人才带来了正向效应，进一步带动了学会的快速发展。三是学术会议国际化程度高，通过发起国际会议等吸引全球科技人才参与交流，促进知识和技术的全球传播，提升科技社团学术引领力与国际影响力。《重要学术会议指南（2023）》收录了 1060 场中国科技社团举办或参与举办的会议，其中 399 场为国际会议。四是关注全球性问题，通过开展形式多样的合作活动为全球性问题提供技术解决方案。针对经济不平等和可持续、气候与环境、传染病等全球性问题，通过发起大科学计划、提出全球性倡议、签订合作协议、组织跨国研究、制定国际规则等，为解决全人类共同面对的问题贡献科技力量。一流科技社团正成为汇聚全球优秀科技人才、推动解决全球性问题的重要平台。

---

① 崔维军, 齐志红. 科技社团国际化：概念界定与推进建议 [J]. 今日科苑, 2019(10): 75-84.

# 国别篇

# 第五章　美国科技社团概况①

美国科技发展水平处于世界领先地位，其中政府、企业和社会组织都发挥了重要作用。美国科技社团运作模式深受美国国家治理理念的影响，相较其他国家，美国科技社团发展得更为充分、更为活跃，在科技发展和社会治理中发挥了积极作用。

本章从发展历程、规模及学科分布、监管机制等方面对美国科技社团进行研究梳理。美国对于科技社团的管理有着较为完善的法律法规及管理机制。规范的内部治理、独立有价值的运营推动着美国科技社团持续发展，在促进学术交流、提供社会化公共服务、参与科技政策制定和开展国际化交流等方面发挥积极作用。近年来，美国科技社团的数量呈现持续上升态势，不同学科类型的科技社团之间存在发展差异，医科类科技社团占比最大。

## 一、发展历程

美国科技社团历史悠久、底蕴深厚，约有 11.1% 的科技社团为"百年老店"，有些甚至有将近三百年的历史，积淀了丰富的管理和运营经验，在美国乃至全球拥有广泛的社会影响力（图 5-1）。美国科技社团的历史演进可以分为以下阶段。

---

① 本章是在参考和引用《美英德日科技社团研究》等文献基础上编写而成．

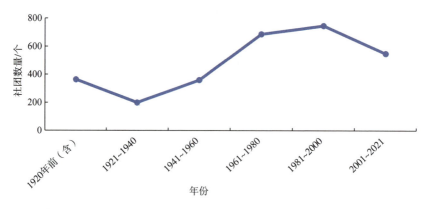

图 5-1　美国现有科技社团成立时间分布

1. 萌芽阶段

殖民地时期至 19 世纪中期。美国科学的传统源于英国，1683 年在英克里斯·马塞的倡导下，美国成立了其历史上的第一家学会——"波士顿哲学学会"。当时美国政府财力有限，在科技方面的支持和投入也十分有限。这一阶段出现的科技社团多是行业从业者自发组织，规模和影响力都有限，分布相对零散，总体发展缓慢，但也奠定了美国现代科技社团的发展基础。例如，美国地理学会（AGS）成立于 1851 年，与英国皇家地理学会并驾齐驱。美国土木工程师协会（ASCE）成立于 1852 年，是美国历史最悠久的专业工程师协会。

2. 成长阶段

19 世纪中期至 20 世纪中期。在第二次工业革命兴起的背景下，随着美国科学和工业不断发展，现代化大工业形成，新科学前沿和分支不断出现，美国科技社团开始向专门化方向发展，与基础学科相关的科技社团纷纷成立。1876 年，美国化学学会（ACS）成立。1899 年，美国物理学会（APS）成立。第二次世界大战期间，美国政府动员民间力量参与科技发展。同时，科技社团开始建立与国会议员之间的联系，通过游说国会议员等方式影响预算的分配和科技政策的制定。

3. 成熟阶段

20 世纪中后期至今。第二次世界大战结束之后，美国进入了经济发展的黄金时期，政府对科技的重视和投入进一步加强，对科技社团也更加重视。这一阶段，美国科技社团的发展趋于稳定，其使命和作用也逐渐成熟。当前，第四次科技浪潮汹涌而至，人工智能等技术的发展正在促进新的科技社团形成与发展。例如，国际先进人工智能协会（前身为美国人工智能学会）是人工智能领域的主要国际学术组织之一，成立于 1979 年。

## 二、规模及学科分布

通过检索美国国税局（Internal Revenue Service）、美国国家慈善数据中心（NCCS）和慈善导航（Charity Navigator）等关于非营利组织相关数据资料，参考《美国和加拿大科技社团（第七版）》等文献，同时结合非营利组织宗旨使命和活动开展情况，经筛选发现，美国具有一定组织规模的科技社团有 3100 余个。

本书编写组考察了其中 2911 个科技社团的基本信息，按学科领域分为理科、工科、农科、医科和交叉学科五大类，各学科科技社团分布情况如图 5-2 所示。其中，医科类科技社团占比最大，占科技社团总量的 48.51%，反映出美国社会对生命健康的重视；其次是理科类科技社团，占 26.31%；后面依次是工科类科技社团占 14.43%，交叉学科类科技社团占 7.69%；农科类科技社团占比最小，仅占 3.06%。美国理科类科技社团占比高于全球平均水平，这也从侧面反映出美国对基础学科的重视程度高。

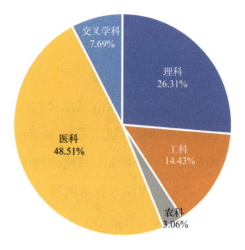

图 5-2　美国科技社团学科分布

　　美国不同学科类型科技社团的成立时间存在差异。"百年老店"中理科类科技社团最多，其次是医科类科技社团。例如，美国物理学会（APS）成立于1899年，美国医学会（AMA）成立于1847年（表5-1）。在当时，科学技术的发展主要集中在数学、物理、化学、医学等领域，因此具有百年历史的科技社团多分布在理科、医科领域。1941~2021年，美国每年新成立数量最多的科技社团均为医科类，其次是理科类科技社团（图5-3）。

表 5-1　美国各学科领域历史悠久的科技社团

| 序号 | 名称 | 成立年份 | 总部所在地 |
| --- | --- | --- | --- |
| 1 | 美国物理学会（APS） | 1899 | 马里兰州乔治王子县 |
| 2 | 美国土木工程师学会（ASCE） | 1852 | 弗吉尼亚州雷斯顿 |
| 3 | 美国建筑师学会（AIA） | 1857 | 华盛顿 |
| 4 | 美国农学会（ASA） | 1907 | 威斯康星州麦迪逊 |
| 5 | 美国园艺科学学会（ASHS） | 1903 | 亚历山德里亚市 |
| 6 | 美国医学会（AMA） | 1847 | 芝加哥 |
| 7 | 美国解剖学学会（AAA） | 1888 | 华盛顿 |
| 8 | 美国图书馆协会（ALA） | 1876 | 芝加哥 |
| 9 | 美国统计协会（ASA） | 1839 | 亚历山德里亚市 |

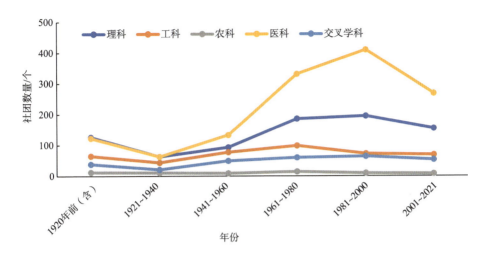

**图 5-3　美国各学科科技社团成立时间分布**

## 三、法律法规及监管机制

### （一）法律法规

美国科技社团管理的法律体系主要包括联邦法、州立法和法院判例三部分。联邦法主要针对非营利组织的税收做出相关规定，州立法主要涉及非营利组织的基本运行活动，法院判例则是对立法进行补充。法律和税收是美国对非营利组织进行管理的主要方式。其中《国内税收法典》是非营利组织税收管理的主要法律依据。美国主要从税收和业务范围等方面对非营利组织进行分类，并根据组织的性质、活动领域和所处行业分别提供了三个代码（IRS 分类代码、NTEE 编码和 NAICS 代码）来描述非营利组织的不同特点。根据 NAICS 代码分类标准，综合考虑科技社团以及代码的特点和内容，美国科技社团所属的 NAICS 代码为"813920"，题名为"专业机构"。

## （二）登记注册

美国科技社团的准入制度较为宽松，登记注册程序与企业法人注册相似，只要符合法律规定即可成立科技社团，申请注册后数日内即可获得批准，而且对相同领域科技社团的数量不加限制。在登记时，美国科技社团在成立之时需要具有组织文件、规章制度、雇主身份识别码和慈善募捐资格。具体而言，组织文件指的是组织章程和相关文件。例如，规定 501(c)(3) 组织成立时需要明确其活动领域、存在形式、活动范围和目标等特定条件。规章制度是非营利组织内部运转的基本规则。州法律一般要求非营利组织制定章程及规章制度的细则。雇主身份识别码（EIN）是非营利组织在美国国税局进行登记的身份标识，每个合法登记的非营利组织均会对应一个唯一的 EIN 代码数字，以便开展相关活动。

## （三）运行监管

美国科技社团运行的基础是遵守相关法律，日常运营主要是按照科技社团章程和细则进行，无论是联邦政府还是州政府都不会给予过多的干预。同时，美国科技社团还必须接受非营利组织管理部门的治理监督以及评估组织和社会公众的监督。

### 1. 社会监管

美国科技社团需要披露慈善捐赠信息、雇佣税信息、公共信息等接受公众监督。例如，免税申请表、申报表和年度报告等材料应供公众查看，并且不得收取任何费用（合理的复印费用除外）。年度报告必须自上报之日起，3 年内可供查看。国家税务局还要求这些文件可供公众查阅和复印。在正常工作时间，科技社团的办公室必须提供这些文件。社会公众可亲自或以书面形式提出请求。

2. 内部监管

美国科技社团的治理规则建立在品质、责任和透明三大价值之上。注重品质就是追求卓越，力争把自己打造为卓越组织，为社会提供优质服务。责任强调的是必须对公众、对社会负责，当科技社团出现问题时必须有人承担责任。透明是消除一切腐败和财务漏洞的有效途径，也是赢得公众信任的最佳路径。章程和细则是科技社团组织运行的基础，美国科技社团普遍建立较为完善的规章制度，由董事会、理事会、监事会等机构监督基本运行状况等。例如，美国图书馆协会（ALA）的会员代表大会、理事会等的成员均由会员民主选举产生。此外，有部分科技社团设立了司库，负责监督社团预决算的制订和执行，对会员代表大会和理事会负责。例如，美国化学工程师学会（AIChE）的司库是理事会的四名执行理事之一。

### （四）财税优惠

根据《国内税收法典》（Internal Revenue Code，IRC）第 501(c)(3) 条款，获得免税资格的非营利组织除可以免除联邦所得税之外，还可以根据州的相关法律和规定获得其他税收方面的附带利益。美国科技社团可申请成为免税组织，其中一部分属于满足 501(c)(3) 条款的免税组织，另一部分符合免税的要求，但不属于满足 501(c)(3) 条款的组织，前者可以获得的税收优惠大于后者。美国科技社团的免税资格和日常监管很严，满足相关条件后，申请免税资格需要向美国国税局提交申请并存在 6 个月左右审批时间。非营利组织为了保持其免税资格，需要符合年度报税要求，提交和披露雇佣税信息、慈善募捐信息、公共信息披露等。其行为受严格限制，如不能参加政治竞选、其收益不能由私人股东分配、不能将与其免税目的无关联的经营活动作为主营业务、不得违反基本公共政策。

美国对科技社团的税收优惠包括：给予非营利组织的免税优惠；给予向非营利组织捐赠的纳税人的税收优惠。

1. 对非营利组织本身的免税优惠

凡经美国税务部门查实并赋予免税资格的美国非营利组织，均可得到所得税、财产税、失业税的全额免除。除了联邦税法外，美国各州对非营利组织还自设了一些优惠税种。例如，加利福尼亚州税法规定，对于获得免税资格的非营利组织，还可免除消费税。

2. 对向非营利组织捐赠的纳税人的税收优惠

纳税人只有向符合美国联邦税法 501(c)(3) 条款规定取得免税资格的非营利组织捐赠，才能享有税收优惠待遇。个人和公司对科技社团的捐赠依法享有一定的税金扣除额优惠。向私人基金会捐赠的纳税人（个人）享有经调整后毛所得 20% 的税金扣除额的优惠。这种双向优惠属于对支持公益事业的回报，以促进个人和机构对非营利组织的支持。

## 四、内部治理及发展概况

### （一）内部治理

1. 组织架构

美国科技社团的决策机构和运行机构是分离的，治理结构属于"委托－代理"形式，一般包括代表大会、理事会、执行委员会等机构。其中，理事会（board of directors）是美国科技社团的领导机构，其领导人一般由会员民主选举产生。理事会具有决策权，负责制定发展战略、监督运行状况等。此外，美国科技社团会根据业务需求设置相应的专业、工作或区域委员会。

以美国图书馆协会（ALA）为例，美国图书馆协会是美国图书馆界的专业组织，也是世界上最大的图书馆学会之一，成立于1876年，总部设在芝加哥。学会设有代表大会、理事会、执行委员会等，重大事项由理事会和代表大会进行决策，日常事务由执行委员会负责完成。学会的决策机构是理事会。理事会由约100名理事组成，下设17个委员会，任期4年，执行主席任期1年。执行委员会作为理事会的管理机构监督总的工作，是管理学会事务的机构，代表理事会管理既定的政策和计划。

2. 会员服务

（1）实施会员分类管理。美国科技社团是以会员为主体的非营利组织，会员类型包括个人会员和团体会员。例如，美国物理学会（APS）主要由个人会员构成，而美国图书馆协会（ALA）是由个人会员、分会会员、组织会员和企业会员等多种类型会员构成。有些科技社团如美国机械工程师学会（ASME）推出荣誉会士制度作为本领域最高学术荣誉，充分体现会员的学术地位，提升科技社团的吸引力。

（2）多元化的会员服务。美国科技社团具有学术、商业、政治等多重属性，其不仅仅是学术团体，还是从业者利益的代表。这主要归因于美国结社传统的深刻影响。美国大多数科技社团一方面为个人会员提供教育、培训、评价等服务，助力个人会员职业发展；另一方面为团体会员提供赞助、展会等服务，如在举办学术会议活动的同时，为企业会员举办大规模展会，帮助企业推广产品。

3. 治理特点

（1）规范的内部治理。在联邦和州相关法律法规的指导下，在社会及公众的监督下，美国各类科技社团的内部治理追求达到高质量、高透明、负责任的"善治"标准，包括围绕使命设计组织的运营项目和经营模式，通过加强信息公开提升公众对社团的了解及信任度，以会员为本开展精准化会员服务等。

（2）独立且有价值的运营。美国科技社团是独立于政府的社会主体，其生存与发展不依赖政府资源，而是在市场经济条件下自主经营。它们利用社会对非营利性科技服务需求的增长，扩大收费范围，进行商业化投资，与工商企业结成伙伴关系，采用企业的治理方法，不断优化自身机构，利用市场化机制和资源促进组织发展。

（3）以专业精神参与公共事务。美国科技社团积极介入与自身相关的政治过程，通过各种方式表达意见、倡导诉求、施加影响。出于政策游说和倡导的需要，美国科技社团非常注重收集、积累、整理和发布相关资料或报告，建立高度专业化的信息系统，并在此基础上进行专题研究，很多科技社团的研究报告甚至成为政府部门决策的重要参考。

## （二）业务功能

美国科技社团在国家创新体系中发挥重要作用，主要功能作用包括促进学术交流、提供社会化公共服务、参与科技政策制定、开展国际交流等。

### 1. 促进学术交流

美国科学技术优势明显，学术交流平台水平高，某种程度上不仅是学界的、美国的，更是全球的。一是举办学术会议。例如，美国电气和电子工程师学会（IEEE）不仅举办正式的学术会议，而且面向不同社会群体举办网络研讨会、区域性小规模研讨会、学生假期交流会、技能竞赛等。二是出版学术期刊。除各类学术会议外，美国科技社团另一项重要的运营手段就是学术期刊。通过发表高质量论文，以维持和提升期刊在学科和行业中的权威性和影响力。三是开展科技奖励。各学科内部分量较重的奖励和荣誉通常是由科技社团设立的，以鼓励科技工作者、促进学科发展，如美国计算机学会（ACM）的图灵奖、美国化学学会（ACS）的贝克兰奖等。

2. 提供社会化公共服务

美国科技社团是参与公共服务供给的社会主体之一，对于弥补政府和市场失灵具有重要意义，在教育培训、标准制定、科技服务等方面发挥着举足轻重的作用。一是教育培训。美国科技社团一项重要的社会职能就是提供面向全国的科技教育培训，包括面向学生、教师和社会公众等群体开展的教育培训。二是标准制定与资格认证。在美国，认证工作通常由科技社团等非官方机构开展，由科技社团研制的行业标准也容易获得认可。例如，美国声学学会（ASA）是声学领域标准制定的世界领先机构，已在机械振动、冲击、声学、噪声、水声学和电声学等领域发布了超过153项标准。三是促进产学研合作。科技社团凭借会员之间形成的社交网络系统，通过建立产、学、研相结合的科学创新和传播体系，促进技术创新，推动科技成果转化。

3. 参与科技政策制定

美国科技社团在科技政策的制定过程中是有影响力的参与者。一是游说与影响科技政策制定者和实施者。美国科技社团在联邦层面主要通过重视与鼓励会员与国会议员之间建立联系、与有关政府部门开展沟通等渠道参与政策制定，在州层面向州政府和基层政府进行游说，影响科技政策的制定和实施。二是支持成员竞选国会议员。科技社团的成员通过参选国会议员，能够直接对国会的政策制定产生影响。三是进行政策倡导。科学家向民众报告研究的进展和潜在的风险，解释科学信息，进行政策倡导，提升公众对科学问题的认识，获得公众认可和支持，进而形成一定的政策影响力。

4.开展国际交流

美国通过科技社团的国际吸引力，超越国家层面形成全球的影响力，与跨国企业、联合组织、非政府国际组织一起，形成了全球科技治理架构的雏形。随着全球化进程的不断加强，美国科技社团国际合作的方式已冲破原有的地域、学科和专业限制，全面实现会员国际化、学术交流国际化、期刊发展国际化、业务合作国际化等。例如，美国化学学会（ACS）年会规模过万人，设立一系列平行会议，为全球化学及相关领域的从业人员提供交流平台。

### （三）收支情况

美国科技社团经费来源具有多元化特征，主要包括会员会费、企业或社会捐赠、出版收入、服务收入等。科技社团也可以通过承担政府委托的科研任务和研究课题来获取预算内拨款，但是这一来源经费相对较少。美国科技社团多凭借其权威学术期刊的高影响力和订阅量获取收入以维持运营发展。例如，美国图书馆协会（ALA）2021年约14.3%的收入来自于期刊出版。提供政府购买服务收入是美国科技社团的收入来源之一。20世纪70年代以后，美国向社会组织购买公共服务日益增多，目前已形成比较完善的公共服务采购模式，包括合同外包、合作提供、补贴支持等模式。合同外包是政府通过招标将公共服务项目外包给科技社团，以合同形式明确服务质量和数量标准，政府主要负责提供资金和监督执行情况。合作提供是指在某些公共服务领域，政府提供一部分服务，同时向科技社团购买一部分服务。补贴支持是政府通过经费补贴、提供场所或免税等政策来支持科技社团提供服务。

美国科技社团的费用支出包括项目支出（program services）和支撑支

出（supporting services）。项目支出包括会员服务、出版期刊、举办会议等内容，支撑支出包括运营管理、会员推广以及其他形式的劳务薪资支出等。例如，美国土木工程师学会（ASCE）项目支出主要包括项目活动产生的费用、期刊的出版和广告、继续教育、会员服务以及会议支出等，其中项目活动产生的费用、期刊的出版和广告两项约占总费用的三分之二。

## 🖥 典型案例

### （一）美国电气和电子工程师学会（IEEE）

美国电气和电子工程师学会（Institute of Electrical and Electronics Engineers，IEEE）成立于 1963 年 1 月 1 日，前身是 1884 年成立的美国电气工程师协会（AIEE）和 1912 年成立的无线电工程师协会（IRE）。IEEE 涉及领域广泛，除了电子工程和计算机领域，还包括微纳米技术、超声波技术、生物工程、机器人技术、电子材料等领域，是公认的全球最具活力的科技社团之一。截至 2021 年，IEEE 个人会员约 41 万人，其中学生会员 12.6 万人。学生会员中来自印度约 4.1 万人，位居第一；来自美国约 2 万人，位居第二；来自中国约 1.4 万人，位居第三。

1. 发展理念

IEEE 致力于推动创新和技术进步，为人类谋福祉。2020~2025 年 IEEE 的发展战略包括：①通过广泛合作和知识共享推动全球创新；②强化公众对工程和技术的了解，同时致力于为其实践应用制定标准；③成为值得信赖的教育服务和资源来源，支持会员终身学习；④为会员提供职业和专业发展机会；⑤建立促进技术发展、宣传公共政策和科学知识的社区，激励全球受众等。

**2. 运行机制**

**（1）组织架构**

IEEE 常设机构有理事会、执行委员会和代表大会等。代表大会以及其选举产生的理事会是 IEEE 的决策机构，日常事务由执行委员会负责完成。具体而言，理事会下设技术活动委员会（TAB）、教育活动委员会（EAB）、出版活动委员会（PSPB）、标准协会（IEEE-SA）、会员及地区活动委员会（MGA Board）、IEEE 美国部（IEEE-USA）等机构。其中，技术活动委员会下设专业技术协会和专业技术委员会；会员及地区活动委员会涉及 10 个地理区域、330 多个分会、2100 多个专业委员会以及 2800 多个学生分会。目前，中国境内已有北京、上海、西安、武汉、郑州等地的 60 多所高校成立 IEEE 学生分会。

**（2）会员管理**

IEEE 的会员资格主要面向专业人士和学生开放。会员类型包括会士、荣誉会员、高级会员、学生会员、准会员等，除上述类别外还提供终身会员、青年专业会员等类别。其中，会士（fellow）是最高等级会员，授予在电气和电子工程相关领域做出过杰出贡献的会员，并且只有经过理事会邀请才有资格成为会士。学生会员必须是 IEEE 指定领域的注册本科生或研究生，完成至少 50% 的全日制课程，学生会员的累计期限上限为 8 年。

**（3）经费收支**

IEEE 的经费收支主要包括会员管理、期刊和媒体、会议、标准制定等方面的收支（表 5-2）。截至 2021 年 12 月 31 日，IEEE 净资产从 2020 年的 6.653 亿美元增至 8.514 亿美元，增长率为 28%。由于受到新冠疫情的影响，IEEE 的收入从 2020 年的 4.670 亿美元减至 4.643 亿美元，减少了 270 万美元。

表 5-2　IEEE 2021 年的经费收支情况

| 序号 | 项目 | 收入情况 | | 支出情况 | |
|---|---|---|---|---|---|
| | | 收入金额 / 美元 | 占比 /% | 支出金额 / 美元 | 占比 /% |
| 1 | 会员管理 | 58 317 100 | 12.56 | 82 590 000 | 22.13 |
| 2 | 期刊和媒体 | 233 922 400 | 50.38 | 158 382 600 | 42.44 |
| 3 | 会议 | 127 989 100 | 27.57 | 83 767 400 | 22.45 |
| 4 | 标准制定 | 41 504 400 | 8.94 | 37 927 100 | 10.16 |
| 5 | 公共必要收支 | 2 351 000 | 0.51 | 10 482 700 | 2.81 |
| 6 | 其他 | 187 500 | 0.04 | — | — |
| 7 | 合计 | 464 271 500 | 100 | 373 149 800 | 100 |

3. 主要业务

IEEE 主要业务包括出版期刊、举办会议、标准制定、教育培训、颁发奖项以及 IEEE 认证等。在出版期刊方面，IEEE 与 Wiley、MIT、Artech House 合作推出了千余种电子书，内容涵盖生物工程、电力能源、通信技术等领域；IEEE 和 Morgan & Claypool 出版社合作推出的 Morgan & Claypool 综述文集是计算机科学和工程技术类高质量电子书，目前已出版 1000 余本；IEEE 出版及合作出版的所有类型文献全文都可以通过订购 IEEE 科技文献产品或登录 IEEE Xplore 数据库平台下载。在标准制定方面，IEEE 成立了专门的标准制定机构 IEEE-SA（学会标准协会）和 IEEE-ISTO（学会产业标准和技术组织），并且拥有独特的标准制定流程，目前，IEEE 已制定了 1200 多个现行标准。

## （二）美国计算机学会（ACM）

美国计算机学会（Association for Computing Machinery，ACM）创立于 1947 年，是计算机领域全球最大的科技社团之一。ACM 的会员遍布全球，其超过一半的会员来自美国之外的国家或地区。截至 2021 年，学会有个人会员 9.8 万余名，其中包含 2.8 万名学生会员。

ACM 涉及领域广泛，通过设立特别兴趣小组（special interest group）向社会提供技术信息和服务。特别兴趣小组不仅集中于编程语言、操作系统、算法理论、符号代数等计算机科学领域，还积极开展跨学科的科学研究，如经济学与计算特别小组（SIGecom）、生物信息学及计算生物学特别小组（SIGBio）等，吸引了不少计算机行业以外的专业人士参与。ACM 和 ACM 特别兴趣小组每年独立赞助、共同赞助和合作的技术会议超过 170 场，其中不少会议已成为世界盛会。例如，计算机体系结构顶级会议 USENIX FAST 由美国计算机学会操作系统专业组织（ACM SIGOPS）和美国高等计算系统协会（USENIX）联合举办，是该领域最知名的会议之一。

1. 发展理念

ACM 是一个全球科学和教育组织，致力于推进计算机领域科研、教育和应用。其愿景是成为首屈一指的全球计算协会。2021~2025 年 ACM 的发展目标为：在 2025 年提供一个可持续开放的数字图书馆；继续推进 ACM 全球社区多样化，为所有人提供受欢迎的社区；提供世界领先的研究平台（会议、出版物、杂志），以塑造计算的未来和计算机领域的职业；为学生和专业人士提供开明的教育框架和资源，以促进对计算和计算机科学的理解、学习和发展；向公众和政策制定者普及计算和计算机科学的功能作用、潜力、限制等；促进环境可持续计算技术的开发和使用，以及采用对环境负责的专业实践；促进专业道德标准的推广，以对全球计算机社区产生积极影响。

2. 运行机制

（1）组织架构

ACM 的最高管理机构是由 16 名成员组成的理事会，由主席、副主席、秘书 / 财务、前任主席、特殊利益集团理事会（SGB）主席、3 名 SGB 理事会代表、出版委员会主席和 7 名常务成员（members-at-large）组成。理事会下设委员会，包括审计委员会、颁奖委员会、数字图书馆委员会、ACM 执行委员会、区域委员会、教育委员会、SIG 管理委员会、执业委员会、ACM 技术政策委员会、出版委员会等（图 5-4）。

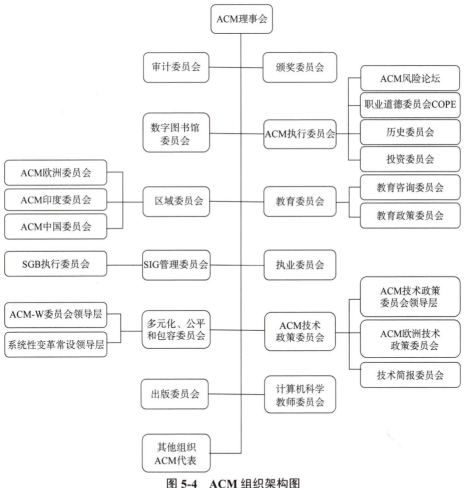

**图 5-4　ACM 组织架构图**

（2）运营情况

ACM 的经费来源主要包括会员费、出版业务、会议收入以及投资回报等，经费支出主要包括会员管理费用、出版费用、会议费用、行政费用等，ACM 2020~2021 年具体收支情况见表 5-3。出版和会议方面收入与支出几乎持平，收益主要来自会员费和投资。和 2020 年相比，2021 年学会的支出减少了 30% 左右，但收入却无明显波动，这主要是因为受新冠疫情的影响，多数会议改为了线上举行，较大地减少了会议成本。同时，学会在投资规模和效率方面的优化，使得学会在会议收入减少的情况下总收入仍然能够保持稳定。

表 5-3　ACM 2020~2021 年的收支情况

| 项目 | 2021 年收入/美元 | 2020 年收入/美元 | 项目 | 2021 年支出/美元 | 2020 年支出/美元 |
|---|---|---|---|---|---|
| 会员费 | 7 259 000 | 7 476 000 | 计划性支出 | 0 | 0 |
| 出版业务 | 23 914 000 | 23 732 000 | 会员管理和服务 | 1 166 000 | 1 242 000 |
| 会议 | 11 693 000 | 29 361 000 | 出版业务 | 24 002 000 | 24 101 000 |
| 利息和股息 | 3 526 000 | 3 321 000 | 会议 | 11 230 000 | 28 912 000 |
| 净投资回报 | 19 310 000 | 793 000 | 项目支持和其他 | 4 585 000 | 6 047 000 |
| 捐款和赠款 | 7 185 000 | 8 369 000 | 支持性服务支出 | 0 | 0 |
| 其他收入 | 2 915 000 | 113 000 | 总行政费用 | 5 019 000 | 5 436 000 |
| 解除限制的净资产 | 1 914 000 | 1 421 000 | 会员发展费用 | 831 000 | 1 109 000 |
| 总收入 | 77 716 000 | 74 586 000 | 总支出 | 46 833 000 | 66 847 000 |

（3）主要业务活动

ACM 的主要业务活动包括出版期刊、举办会议、标准制定、教育培训、颁发奖项以及 ACM 认证等。例如，在出版期刊方面，ACM 在数十个计算机和信息科学技术领域中出版了 50 多种同行评审学术期刊。ACM 同行评审期刊提供印刷版和在线版，构成了庞大而全面的计算机创新资源，涵盖了面向实际和理论应用的计算机研究领域。在会议方面，ACM 和 ACM 兴趣小组 SIG 每年赞助全球超过 170 多场计算机会议、研讨会、座谈会，许多会议在细分领域都具有引领地位，吸引了来自全球的知名专家学者。在科技奖项方面，ACM 设有图灵奖、Thacker 计算机突破奖等，用以表彰在计算机科学和信息技术方面作出重要贡献的人员。此外，除了表彰专业成就，该学会还授予那些为 ACM 做出重大贡献的人员为会士（fellow）或杰出成员（distinguished member）荣誉。

# 第六章　英国科技社团概况①

英国是近代科技革命和工业革命的发源地，其科技水平至今仍居世界前列。根据世界知识产权组织（WIPO）发布的"2022 全球创新指数报告"，英国创新指数排在瑞士、美国、瑞典之后，位居全球第四位。英国科技社团发展历史悠久，在不同时代呈现不同的特点，是英国科技事业发展的重要驱动力之一。

本章从发展历程、规模及学科分布、监管机制等方面展开梳理。英国科技社团大多都注册为慈善组织，接受英国慈善委员会的监管。英国科技社团主要分为综合性科技社团、专业性科技社团、教育性科技社团和辅助性科技社团等，业务活动包括学术交流、科技奖励、科学传播、科学教育、专业认证等。英国科技社团有着严格规范的内部治理结构，形成了一套有效的代议制自治管理模式。在学科分布方面，英国科技社团的学科整体分布相对全面，呈现以农科为主要特色、医科和理科快速发展的态势。

## 一、发展历程

16 世纪初英国就有一批早期医学团体在活动，文献资料记载成立最早的英国科技社团是 1505 年成立的爱丁堡皇家外科医师学会。17 世纪，英国

---

① 本章是在参考和引用《美英德日科技社团研究》等文献基础上编写而成.

成立了一个重要的科技社团 —— 英国皇家学会。英国皇家学会全称为"伦敦皇家自然知识促进协会"，是世界上历史最为悠久、影响最为深远的科技社团，其运行模式成为后来科技社团的借鉴对象。

18 世纪，以英国皇家学会为代表的传统科技社团呈现出稳定发展的趋势。随着会员人数的持续增加和会员中业余爱好者的比例持续上升，传统科技社团关注的研究领域从以实验性和哲学思考为基础的天文学和数学转向了博物学，如各种怪物、异域的动植物、矿物、化石、奇特的工艺品和古董等。同时，以月光社（Lunar Society of Birmingham）和曼彻斯特文哲会（Manchester Literary and Philosophical Society）为代表的新兴科技社团充当了科学与工业联系的纽带，致力于技术创新和改良，满足了社会对技术升级的需求，科学技术的实用性受到极大的重视，科技社团开始追求科学技术的社会影响和经济效应，第一次工业革命与科技社团的发展有着密切关系。

19 世纪，英国科技社团的数量和成员大幅增加，大量新兴科技社团纷纷涌现，传统科技社团也开启了专业化发展道路，并推动了职业科学家的诞生。以英国皇家学会为例，该学会的理事会成员全部由科学家担任。至此，英国科技社团的内部运行模式逐步成熟完善，外部获得了社会的广泛认同，部分成功的科技社团成为全球科技社团借鉴和学习的典范。

由于工业化进程较早，英国科技社团的起步在发达国家中也是领先的，成立百年及以上的约占 18.5%。1941~2000 年，英国科技社团成立数量持续增长且保持较高水平，这主要是由于福利国家政策的实行与经济的迅速发展，居民充分就业且相对富裕，科学、文化、娱乐生活丰富，自主、志愿处理公共事务的趋势流行，非政府组织的权力得到进一步扩大，因此有较多的科技社团成立且呈持续增长。到了持续发展的后期，随着经济危机的冲击、审查要求的严格以及政府补助的削减等[①]，2001~2021 年期间新成立科技社团数量在减少（图 6-1）。

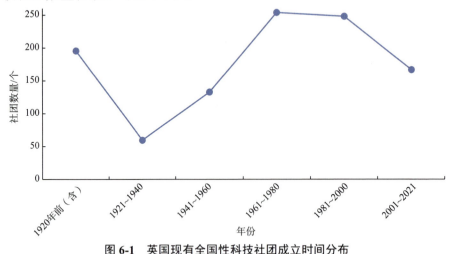

图 6-1　英国现有全国性科技社团成立时间分布

## 二、规模及学科分布

通过在英国慈善委员会官网上对科技社团进行检索，并剔除不以促进科学研究、科技交流等为主要业务的其他社团，英国注册为慈善组织的科技社团约 1300 个。

本书编写组考察了其中 1058 家英国科技社团的基本信息，对其学科分布作了统计分析（图 6-2）。其中，医科类科技社团占比最大，占科技社团总量的 53.21%；其次是理科类科技社团，占 23.53%；然后依次是工科类科技社团占 12.29%，农科类科技社团占 10.3%，交叉学科类科技社团占 0.66%。英国医药类科技社团占比超一半，高于全球平均水平，这也从侧面反映出英国社会对生命健康的重视和关怀。

---

① https://www.devex.com/news/exclusive-survey-shows-scale-of-financial-difficulties-facing-uk-ngos-98263.

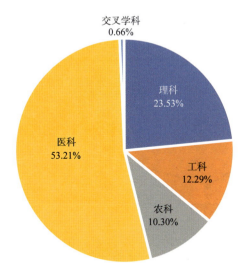

**图 6-2　英国现有全国性科技社团学科分布图**

从学科动态变化来看，英国医科类科技社团的增速最快，每年新成立数量在所有类型科技社团中始终位列第一；其次是理科类科技社团，该类型科技社团的增速和数量始终位列第 2，1960~1980 年期间新成立数量达到了高峰；之后依次为工科类科技社团、农科类科技社团以及交叉学科类科技社团。交叉学科类科技社团的增速和数量一直处于较低水平。英国早期科技社团主要为理科，"百年老店"中，有 30.6% 是理科类科技社团，21.4% 是工科类科技社团，这是因为英国工业化进程早，理工科领域科技社团形成了一定的规模（图 6-3）。1941 年以后，医科类科技社团成立数量一直保持在较高的水平，这主要是因为随着战后经济的迅速发展、福利国家政策的实行等，居民生活相对富裕，更加重视身体健康、社会福利等[1]。从注册地来看，英国各学科类型科技社团注册地集中在伦敦、牛津等城市（表 6-1）。

---

① Treadwell M. A Historical Guide to NGOs in Britain: Charities, Civil Society and the Voluntary Sector since 1945[J]. Reference Reviews, 2014, 28(1): 14-15.

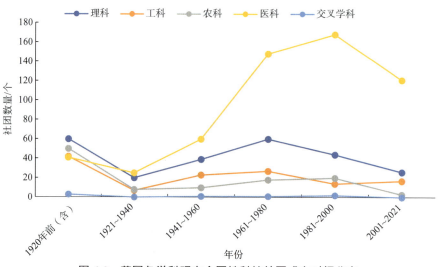

图 6-3　英国各学科现有全国性科技社团成立时间分布

表 6-1　英国各学科领域历史悠久的科技社团

| 序号 | 科技社团名称（增加英文名） | 成立时间 | 总部所在地 |
|---|---|---|---|
| 1 | 英国皇家地理学会<br>（The Royal Geographical Society） | 1830 年 | 伦敦 |
| 2 | 英国心理学会<br>（British Psychological Society） | 1901 年 | 伦敦 |
| 3 | 皇家显微镜学会<br>（Royal Microscopical Society） | 1839 年 | 牛津 |
| 4 | 英国机械工程师学会<br>（Institution of Mechanical Engineers） | 1847 年 | 伦敦 |
| 5 | 皇家园艺学会<br>（The Royal Horticultural Society） | 1737 年 | 伦敦 |
| 6 | 英国养蜂人协会<br>（British Beekeepers Association） | 1874 年 | 沃里克郡 |
| 7 | 英国皇家医学学会<br>（Royal Society of Medicine） | 1805 年 | 伦敦 |
| 8 | 英国医学会<br>（British Medical Association） | 1832 年 | 伦敦 |
| 9 | 英国皇家学会<br>（The Royal Society） | 1660 年 | 伦敦 |
| 10 | 爱丁堡皇家学会<br>（Royal Society of Edinburgh） | 1783 年 | 爱丁堡 |

## 三、法律法规及监管机制

### （一）法律法规

英国科技社团管理涉及的法律法规体系包括两个部分。一是作为慈善组织，受英国慈善组织管理领域法律法规的制约，主要是《慈善法》；二是作为科技社团，受科学技术及相关领域法律法规的制约，主要是《英国科学技术法》《高等教育研究法案》《发明开发法》《应用研究合同法》《竞争法》等。

### （二）登记注册

英国的公益性科技社团大多都注册为慈善组织，由英国慈善委员会负责登记注册和管理。登记注册不是英国科技社团设立的必要条件，但不经登记注册无法律主体地位，不享受税收优惠。年收入在 5000 英镑以下的科技社团自愿注册，不登记注册仍可合法开展活动，但无法享受政府财政支持和免税。年收入在 5000 英镑以上的科技社团必须在慈善委员会注册，对慈善组织而言，这不仅仅是一种管理，还涉及对慈善组织的支持和保护，如税收优惠政策就是以慈善组织的登记为前提。慈善组织登记注册流程比较简便，申请后一般 15 日内会收到回复。登记条件主要包括年收入范围、至少应当有 3 个人作为负责人、相应的制度性文件、银行账户和财务信息等。登记注册后，税收优惠需要进行资格认定。

### （三）运行监管

英国慈善委员会主要在登记、管理、监督以及对违法违规行为展开调查等方面监管科技社团。第一，科技社团的目标应当符合《慈善法》规定的慈善目的，并且符合公共利益。第二，科技社团至少应当有 3 个人作为负责人。第三，科技社团应当向慈善委员会提交相应的制度性文件。第四，科技社团应当向慈善委员会提交详细的银行账户和财务信息。

在慈善委员会登记的科技社团必须每年向慈善委员会提交年度报告、财务报表等材料，接受慈善委员会不定期的审查。一般来说，年度报告的内容包括科技社团的组织架构，治理与管理的目标、活动、财务状况等。年度报告是科技社团的重要文件，反映了科技社团为公共利益和慈善目的所进行的重要活动。报告的受众包括受托人、会员、捐赠者和受益人，以及与慈善组织的业务活动有关的社会公众等。

### （四）财税优惠

在慈善委员会进行登记注册是享受税收优惠政策的前提条件。第一，具备免税资格的科技社团，在从事慈善有关活动中获得的收益可以免除所得税。第二，科技社团的收入用于慈善目的的，可以免除资本的利税。第三，科技社团的商业活动可以享受税收优惠。第四，捐赠税收优惠，即国家对捐赠的款项不征收所得税或采用税后返还形式。除此之外，慈善组织需要获得慈善委员会下发的执照方可进行公开募捐。

## 四、内部治理及发展概况

### （一）内部治理

英国科技社团有着严格规范的内部治理结构，形成了一套有效的代议制自治管理模式。一般由会员选出理事会（council）来代表会员行使管理学会的权利。理事会是最高执行机构，负责战略和制度制定、人员管理、财产管理等。理事会下设办事机构或委员会，成员一般由理事会任命或选举产生，并向理事会汇报。会员代表大会、理事会、监事会的成员由学术上有权威、管理上有经验的专家担任，一般由会员选举产生，能够站在会员的角度考虑问题，代表会员利益。

例如，英国皇家学会的内部治理结构包括理事会、分区委员会、常务委员会和工作组等（图6-4）。领导机构是由21名理事组成的理事会，每年要改选其中10名，理事连任一般不超过两年，理事会成员、主席和其他官员均由会员选举产生。理事会成员是学会作为注册慈善机构的受托人，应根据慈善立法集体负责学会的政策和管理。

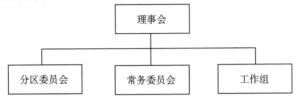

**图6-4　英国皇家学会组织架构图**

英国科技社团的会员管理比较精细专业，一般通过分层分类管理服务的方式提高会员参与积极性，同时提高服务水平和专业能力。例如，英国物理学会（IOP）实行六级会员制，即荣誉会士、会士、一般会员、准会员、学生会员、加盟会员。英国皇家学会将会员划分为皇家会员、英籍会员和外籍会员等类型，其中皇家会员仅产生于王室成员，英籍会员每年至多选出40名，外籍会员每年至多选出4名，会员是一种极高的社会荣誉。

### （二）业务功能

英国科技社团以推动科学进步、促进学科发展、进行科学普及、培育职业人才等为主要职能，主要业务活动有学术交流、科技奖励、科学传播、科学教育、专业认证、咨询智库等。通过促进行业、领域和国家间的交流，加强各创新主体之间的联系合作，推动英国科技发展。

（1）开展科技交流与服务。科技社团通过提供高水平、前瞻性与多元化的学术交流和决策咨询平台，突破学科、地域、部门的界限，推动政府、产业、教育、研究等多领域的互动，降低学术交流、技术创新、知识传播的交易成本，推动科技进步。以英国皇家气象学会（RMETS）为例，该会通过出版专业学术期刊、举办学术会议、开展专业竞赛等方式促进气象领域的学术交流和技术进步。英国科技社团还应邀为政府制定相关科技政策提供咨询服务，或者主动向政府部门提交有关专业报告，争取获得政策支持。

（2）奖励科技成就。科技奖励是科技社团鼓励会员开展科学研究的有效方式，包括物质奖励和精神奖励。例如英国皇家气象学会（RMETS）设立了四类奖项，分别为推进科学类奖项，教育、鼓舞和激发灵感类奖项，对科学、政策或社会产生影响的奖项和对社会有专业贡献或服务的奖项，每一类奖项内包含具体奖项4~6项。英国政府层面所设立的科技奖励一般也由知名科技社团来实施。例如，英国皇家学会（The Royal Society）评审和颁发的皇家勋章（又称"女皇勋章"），最早创立于1825年，每年颁发3枚，为每位得主颁发奖金。

（3）普及科学知识。增进社会公众对科学的理解和应用是英国科技社团的宗旨之一。英国科技社团普遍重视科普资源开发与管理，通过组织开展科学普及活动、推广科普经验等营造全社会科普环境，提升科技社团的知名度和影响力。科技社团通过科学咖啡馆、愿景工作坊、协商民意测验、公民陪审团、共识会议等方式方法，为政府、公众和科学共同体开展对话创造平台和条件。

（4）培育职业人才。科技社团通过课程、教育、培训等方式帮助会员提升职业技能，并开展跨国科技人才的培养与合作。英国科技社团还利用专业权威地位，对专业人员、企业、教育机构和其他相关组织开展认证。英国土木工程师学会（ICE）、皇家特许建造学会（CIOB）、英国工程技术学会（IET）等科技社团均开展专业资格认证服务，相应的资格培训课程遍布世界各地。英国工程技术学会（IET）的国际工程师资质认证是全世界最大的资质认证之一，全球每年有超过3000人申请这一资质认证。

### （三）财务情况

1. 经费来源

英国科技社团的资金来源包括政府财政拨款、会费、公众募捐等，可大致分为慈善性服务收入、投资收入、捐赠收入、交易筹集资金和政府购买等类型。

（1）慈善性服务收入。慈善性收入主要有财政补助、会员会费、出版收入、教育培训收入和经营收入。会员会费是科技社团为会员提供服务而获得的收入。出版收入是科技社团通过出版学术期刊获得，英国皇家化学会（RSC）、英国物理学会（IOP）发行期刊的收入相当可观，约占总收入的80%。教育培训收入主要通过提供培训和考试等获得。经营收入主要是通过组织各种学术会议、展览等获得。英国科技社团大多数都在坚持非营利性原则基础上，积极开发服务资源，通过提供有偿服务增加收入。

（2）投资收入。投资收入是指在《慈善法》等允许之下通过购买基金、股票等金融产品获得收入，用于维持日常运行。英国皇家医学学会（RSM）通过会员捐赠持有美国GW制药公司市值约57万英镑的股票。英国皇家化学会（RSC）委托摩根大通（JPMorgan）公司管理学会的主要投资，同时委托施罗德投资管理（英国）有限公司管理学会的少量私募股权投资。

（3）捐赠收入。主要是指学会获得的来自信托、基金会、公司、个人等的捐赠和遗产。英国科技社团大部分自主运行，形成了依靠社会力量的传统，历史悠久的学会每年都会收到多种渠道的捐赠。

（4）交易筹集资金。交易筹集资金主要是利用固定资产从事经营活动而获得的收入。例如，英国皇家学会2008年取得了齐切利厅饭店（Chicheley

Hall）的所有权，利用这栋楼举办各类学术会议或活动取得收益，为此还专门成立了皇家学会贸易公司（Royal Society Trading Limited）管理业务。

（5）政府购买。通过政府购买公共服务的方式获得财政援助是一种较为普遍的情况。科技社团充分发挥人才和智力优势，主动承担项目，为政府有关部门提供技术指导和决策顾问。英国皇家学会（The Royal Society）、英国皇家化学学会（RSC）等都通过提供政府购买服务获得收入。

2. 费用支出

英国科技社团的费用支出主要包括慈善活动支出、投资管理费用、管理费用等。

（1）慈善活动支出。从事科技类慈善活动的具体支出类型包括会员服务活动、出版物编辑发行、给予个人及学术机构研究经费支持、数据库建设及各类奖励支出等。

（2）投资管理费用。科技社团在投资和筹集资金过程中支出的费用称为投资管理费用。例如，英国皇家化学学会（RSC）委托专门的金融服务公司管理学会名下的金融产品，需要向金融服务公司支付费用。

（3）管理费用。管理费用包括科技社团的日常运行费用、工作人员的工资、购买基本办公用品和设施的支出等。

（4）其他支出。无法划入上述项目的费用都被列为其他支出。例如，皇家特许建造学会（CIOB）在英格兰和爱尔兰建设29个活动中心的费用，特许公共财政与会计学会（CIPFA）的信息费、咨询费和物业服务费等。

## 典型案例

### （一）英国土木工程师学会（ICE）

英国土木工程师学会（Institution of Civil Engineers，ICE）成立于

1818年，是国际土木工程界具有学术交流和专业资格认证等功能的科技社团。学会总部位于伦敦，个人会员约9.6万名，其中四分之三来自英国，其余分布在全球160多个国家和地区。ICE通过提供专业资格认证、教育培训、维护职业道德以及构建工业界、学术界和政府联络网络，为土木工程行业发展提供支撑。

1. 发展理念

ICE宗旨是鼓励和促进土木工程科学技术发展，为土木工程领域科技创新和优秀成果提供资源支持。致力于支持土木工程师和技术人员，帮助他们学习和分享知识，维护自然和建筑环境，推动土木工程师为社会发展作贡献。

2. 运行机制

（1）组织机构

ICE的组织结构包括董事会、理事会、委员会等。运营管理由董事会负责，董事会由12名成员组成，包括1名主席（主持会议）、3名副主席、4名经选举产生的普通成员、3名理事会成员（由理事会直接任命）以及1名被提名的成员。理事会由ICE成员直接选举产生，是ICE的关键决策机构。ICE于2018年11月引入新的治理模式，通过特别大会决议成立了一个咨询机构——主席委员会（Presidential Commission），该机构由ICE成员和具有丰富治理经验的外部成员组成，在理事会批准的职权范围内独立运行，其目的是向理事会提出有关ICE治理的建议，使ICE达到《土木工程师学会皇家宪章》（The Royal Charter of the Institution of Civil Engineers）所要求的目标。

ICE的战略由董事会根据理事会以及被授权监督ICE业务活动的各常设委员会的建议制定。其中，常设委员会包括提名委员会、会员委员会、区域委员会、国际委员会、政策和对外事务委员会、传播委员会等。

（2）会员管理

ICE 的会员分为六个等级，适合在建筑环境行业工作的每个人，会员类型包括学生会员、研究生会员（GMICE）、技术员会员（EngTech MICE）、普通会员（IEng 或 CEng MICE）、会士（FICE）和准会员（AMICE）等。学生会员加入 ICE 是免费的，学生会员将获得职业建议、行业资源以及结识土木工程师的机会等服务。研究生会员资格要求拥有经批准或认可的学历，在线申请时，系统会自动要求成员完成学术评估。研究生会员资格可帮助成员成为一名具有专业资格的土木工程师。会士是 ICE 会员的最高等级，旨在表彰那些在土木工程领域做出杰出贡献的人。

（3）经费收支

ICE 的主要收入来源包括会员订阅和贸易活动，其中占比最多的是贸易活动；主要费用支出包括会员、区域活动、贸易活动等方面的支出，其中占比最多的是贸易活动支出。截至 2021 年 12 月 31 日，ICE 的收入从上一年度的 3306.6 万英镑增至 3504.3 万英镑，增幅为 197.7 万英镑，增长率为 6%。与此同时，ICE 的支出从上一年度的 3067.9 万英镑降至 2979.7 万英镑，降幅为 88.2 万英镑（表 6-2）。

3. 主要业务

ICE 的主要业务包括专业资格认证、提供知识资源、举办学术会议、开展培训课程和设立慈善基金等。在专业资格认证方面，ICE 作为具有教育、学术交流与资质评定资格的社会团体，可授予特许工程师、注册工程师和工程技术人员专业资格（图 6-5）。ICE 还获得了环境协会颁发的特许，可授予特许环境学家（CEnv）专业资格。

表 6-2　英国土木工程师学会（ICE）2021 年的财务收支情况

| 项目 | 收入金额/英镑 | 占比/% | 项目 | 支出金额/英镑 | 占比/% |
|---|---|---|---|---|---|
| 会员订阅 | 14 505 000 | 41.39 | 会员和资格 | 8 378 000 | 28.12 |
| 专业发展和成员录取 | 1 761 000 | 5.03 | 知识 | 4 192 000 | 14.07 |
| 慈善收入 | 1 893 000 | 5.40 | 政策和公共事务 | 1 726 000 | 5.79 |
| 贸易活动 | 15 553 000 | 44.38 | 区域活动 | 3 665 000 | 12.30 |
| 捐款和遗产 | 974 000 | 2.78 | 赠款和奖学金 | 755 000 | 2.53 |
| 投资和其他收入 | 357 000 | 1.02 | 贸易活动 | 10 965 000 | 36.80 |
| | | | 投资管理费用 | 116 000 | 0.39 |
| 合计 | 35 043 000 | 100 | 合计 | 29 797 000 | 100 |

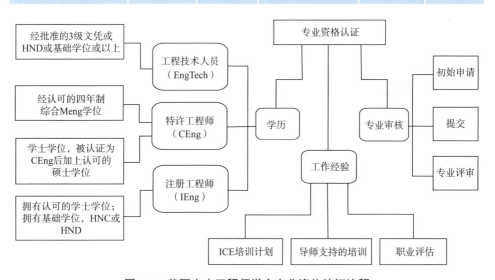

图 6-5　英国土木工程师学会专业资格认证流程

　　在提供知识资源方面，英国土木工程师学会出版社主要出版土木工程及建筑领域的各种书籍和期刊，是该领域研究人员和从业人员的重要信息来源。目前，ICE 电子书是世界上最大的土木工程电子书库，覆盖土木工程领域的每一个主要学科，收录电子书 1500 多本。

## （二）英国皇家化学会（RSC）

英国皇家化学会（RSC）由四个科技社团合并而成：化学学会、分析化学学会、皇家化学协会和法拉第学会。经过多年发展，英国皇家化学会（RSC）逐渐成为化学领域首屈一指的科技社团，出版了大量化学方面的研究成果。目前在全球 125 个国家有 5.4 万余名会员。

1. 发展理念

英国皇家化学会（RSC）的目标是推进化学学科发展及其应用；建立、维持相关资质、资格标准以及从事化学职业的行为规范标准；在化学学科与实践中发挥建议、咨询或代表作用，服务公众利益；促进会员长期目标与短期目标实现等。

2. 运行机制

（1）组织机构

英国皇家化学会（RSC）注册为慈善组织，由受托人董事会（Board of Trustees）进行管理。董事会最多由 18 名成员组成，至少 9 人由会员选举产生，最多 9 人由受托人董事会任命，其中包括名誉司库和受托人董事会主席团成员，正常任期为四年。受托人董事会可以任命董事会（board）和委员会（committee）成员，并赋予其认为合适的权力。

受托人董事会包括 6 个委员会：审计和风险委员会、纪律委员会、包容性和多样性委员会、提名委员会、业绩管理和薪酬委员会、化学家社区基金委员会；董事会下设 4 个小组分委会（sub-committee），包括财务和资源委员会、成员社区委员会、专业标准委员会、出版委员会。

（2）会员管理

英国皇家化学会（RSC）的会员类型包括学生会员、准会员、会员、荣誉会员、附属会员和学徒会员。学生会员是正在攻读化学本科学位的学生。准会员是拥有化学科学第一学位或同等经验和少于 3 年专业经验的人员。会员是拥有 3 年以上专业经验和拥有化学科学学位或同等经验的人员。荣誉会员是担任高级职位 5 年或以上并在化学科学领域产生一定影响的人员。附属会员是没有正式的化学科学资格但对化学感兴趣的人员。学徒会员是在受雇为学徒或实习生时学习化学科学的人员。

（3）经费收支

英国皇家化学会（RSC）的主要收入来源包括出版业务、会员会费等，主要费用支出包括出版业务、会员活动等。英国皇家化学会（RSC）2021 年的收入为 6370 万英镑，比 2020 年减少了 110 万英镑。2021 年总支出为 6450 万英镑，比 2020 年增加 20 万英镑。其中，出版业务在 2021 年收入占 88.38%，同时出版支出在支出费用中占比最多，达到 59.69%（表 6-3）。

表 6-3 RSC 2021 年的资金情况

| 项目 | 收入金额/万英镑 | 占比/% | 项目 | 支出金额/万英镑 | 占比/% |
|---|---|---|---|---|---|
| 筹款 | 60 | 0.94 | 筹款 | 40 | 0.62 |
| 会员 | 410 | 6.44 | 会员 | 550 | 8.53 |
| 化学世界 | 100 | 1.57 | 化学世界 | 260 | 4.03 |
| 科学会议和活动 | 50 | 0.78 | 科学会议和活动 | 130 | 2.02 |
| 教育及专业实践 | 40 | 0.63 | 教育及专业实践 | 620 | 9.61 |
| 出版 | 5630 | 88.38 | 出版 | 3850 | 59.69 |
| 宣传和认识 | 0 | 0.00 | 宣传和认识 | 840 | 13.02 |
| 其他收入 | 80 | 1.26 | 其他支出 | 160 | 2.48 |
| 合计 | 6370 | 100 | 合计 | 6450 | 100 |

3. 业务活动

英国皇家化学会（RSC）业务主要涉及期刊和书籍出版、数据库建设、文献服务等。通过教学与学习，传播科学知识，致力于促进知识传播与分享；设立奖项，扩大学会的影响力，促进化学的实践应用；在全球与不同组织建立伙伴关系，与产业企业界合作，促进科技创新与经济融合发展。

在期刊出版方面，英国皇家化学会（RSC）致力于提高学术期刊的质量和影响力，加速向开放获取的过渡；制定数字数据业务目标，期望通过数字化重振图书业务，同时加大对数字服务和客户体验的关注度。

在会员发展方面，英国皇家化学会（RSC）致力于增加会员数量，确保会员资格能反映化学界的多样性，同时增加对成员之间多学科协作的支持，支持会员专业技能发展，包括在线学习、跟踪发展和职业推荐等。

在化学教育方面，英国皇家化学会（RSC）致力于构建更广泛、更活跃的化学教育工作者社区，构建高端学术专家链，帮助学生获得学习和实习机会，帮助教师和科研人员在职业生涯中获得高质量专业发展机会；此外，进行化学课程的资格评估和开放共享，促进相关知识和技能的发展，推动从业人员职业化发展。

# 第七章　德国科技社团概况①

第二次工业革命以来，德国紧抓科技变革的时代机遇，成为全球重要的科技强国之一，其科技社团在国家创新体系中发挥了重要作用。德国具有历史悠久的结社传统，科技社团的形式和内容比较丰富，组建方式也比较灵活。

本章从发展历程、规模及学科分布、监管机制等方面展开梳理。从制度环境来看，德国科技社团拥有良好且健全的法治发展环境，其中《德国基本法》赋予人民结社权利，《德国民法典》确定社团法律地位，《德国联邦结社法》是专门的社团管理法。德国科技社团的发展与科学技术进步休戚相关，德国科技社团具有学术交流、社会服务、科技服务、开放合作、政治游说等功能，形成了成熟稳定的内部治理结构和治理方式。从学科分布来看，德国的交叉学科、医科类科技社团数量较多；新成立的理科类科技社团相对数量最多，农科和交叉学科其次，工科新增数量较少；物理学科是德国的优势特色学科。

## 一、发展历程

1. 初创阶段：17 世纪至 19 世纪初期

德国最早的科技社团可追溯到 1622 年由生物学家荣吉乌斯在罗斯托克创办的艾勒欧勒狄卡学会，该组织旨在促进和传播自然科学知识。之后自然好奇学院（Academia Naturae Curiosorum）在 1652 年成立，并发表最早

① 本章是在参考和引用《美英德日科技社团研究》等文献基础上编写而成.

的科学刊物《热门奇事录》，介绍当时医学、生理学等研究进展[①]。再后，成立了最为著名的柏林学院，由莱布尼茨倡导成立并出任首任院长，1710年出版了《柏林学院集刊》，成为当时德国重要的科学中心。后来，普鲁士皇家学院（1745年）、巴伐利亚科学与人文学院（1759年）等纷纷成立，科技社团成为当时科学精神的重要标志，对于推动德国科学发展乃至全球科学发展产生重要影响。

2. 奠基阶段：19世纪中期至20世纪中期

随着第二次工业革命和产业变革的加速发展，科技、经济及社会联系日益紧密，对科学技术的现实需求有力地催生了一批科技社团的诞生与发展。例如，1845年成立德国物理学会、1867年成立德国化学学会、1890年成立德国数学学会，极大地推动了德国科学职业化发展，德国一度成为全球科学中心。20世纪初，随着工业化进程的加速发展，德国更加重视科技社团的发展，并资助科技社团建立相关研究所来满足实业发展对应用科学的需求[②]。20世纪30年代纳粹上台后，通过"授权法"取缔了一切自由工会和其他民间团体，德国科技社团发展陷入停顿[③]。

3. 发展阶段：20世纪中期至今

第二次世界大战后，德国紧抓第三次工业革命发展浪潮，快速推动科学技术发展，科技工作者人群不断扩大，科技社团迎来新的发展高潮，如1949年成立了德意志研究联合会、弗劳恩霍夫协会等一批知名科技社团。

通过回顾近400年来德国科技社团发展可以看出，德国科技社团的发展与德国经济社会环境的发展密不可分。崇尚科学、学术自由、政府支持、

① 王健，袁文芳. 近代欧洲科学教育的先驱：科学社团 [J]. 湖南师范大学教育科学学报，2013, 12(1): 112-115.

② 湖北省科技社团研究会. 中外科技团体 [G]. 武汉：湖北省科技社团研究会，1986.

③ 卫才胜. 从科研组织的变革看19世纪德国科技中心的形成 [J]. 沙洋师范高等专科学校学报，2003(2): 68-70.

人才聚集、社会责任这些要素汇聚到一起，成为德国科技社团勃兴与发展的重要推动力，也成为德国科技发展的重要驱动力。

从德国科技社团的成立时间分布可以看出，科技社团的发展与国家科技发展及世界格局变化密切相关（图 7-1）。随着第二次工业革命的兴起，19 世纪 80 年代以后，德国科技社团呈现出发展高峰，一直持续到第二次世界大战之前。第二次世界大战后，德国科技社团又迎来了发展高峰，特别是两个时间段尤为突出：一是 20 世纪 50 年代前后，二是 20 世纪 90 年代前后，与全球科技发展大势密不可分。20 世纪 20 年代前后，由于第二次世界大战结束后国际秩序的变化，各国间的科技交往密切，德国的科技社团发展也得到了极大的提升；20 世纪 90 年代前后，由于互联网技术以及更多新兴技术的发展，进一步促进了科技的交融，促使德国科技社团出现新的发展高峰。

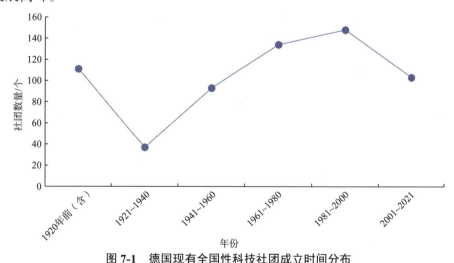

图 7-1　德国现有全国性科技社团成立时间分布

## 二、规模及学科分布

关于德国科技社团的规模，有三个相对权威的统计来源。一是基于德国协会管理协会（DGVM）。该组织服务对象为具有政治诉求的、级别相对较高的社会团体，共有 15 000 余家。其中科技与教育类的协会组织约占 10%，即德国州级或国家级的科技社团约 1500 家。二是基于《世界科学协会和学术团体指南》。根据该指南第 9 版，德国科技社团数量为 1662 个。三是基于德国非营利组织管理机构（NPO-Manager）对德国非营利机构的定期统计与分类。根据该机构的统计，德国科技社团数量为 1600~1800 个[①]。综上所述，德国具有一定影响力和规模的科技社团为 1500~1800 个。

本书编写组考察了其中 626 个德国科技社团的相关信息，对其学科分布、成立时间等进行分析。研究发现，医科类科技社团最多，占 37.22%。这一方面是因为德国医学拥有良好的学科基础；另一方面是因为近年来医学发展迅速，学科内部不断精细化、专业化，促使更多专业化的医科类科技社团成立。其次是交叉学科，占 33.23%。德国交叉学科类科技社团占比远高于全球平均水平（12.22%），这与德国历史上强大的哲学思想基础催生的理性精神和新人文主义有关。康德、黑格尔、费尔巴哈、马克思、叔本华、尼采等德国哲学家，主导了近代哲学大厦的构建和现代哲学主要流派的产生。而且，德国本身就是一个注重科技创新的国家，19 世纪末普鲁士开始统一进程，发现国家落后的原因是技术落后、缺乏人才，于是开始办现代大学，搞教育、学技术、出人才，20 世纪初就已经走在世界科技发展的前列[②]。同时带动了人文社科等领域的发展，这些都为交叉类科技社团成长提供了丰富沃土。其次是工科占 16.13%，理科占 10.38%，农科占 3.04%（图 7-2）。

---

① https://www.scsssa.org.cn/info/8eec78c8a1674dcd9f0c6adf6c0de2b0.

② 张明妍. 德国科技发展轨迹及创新战略 [J]. 今日科苑, 2017(12): 1-14.

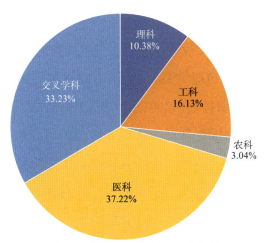

**图 7-2　德国科技社团学科分布图**

　　从学科动态变化来看，德国医科类和交叉学科类科技社团的增速始终位列前两位，高于工科、理科和农科（图 7-3）。从发展历史看，各学科都有"百年老店"。例如，著名的德国物理学会（成立于 1845 年）、德国数学学会（成立于 1890 年）等，堪称世界上历史最悠久的科技社团。德国内科学会（成立于 1882 年）、德国儿童和青少年医学学会（成立于 1883 年）等是较为著名的医科类"百年老店"。

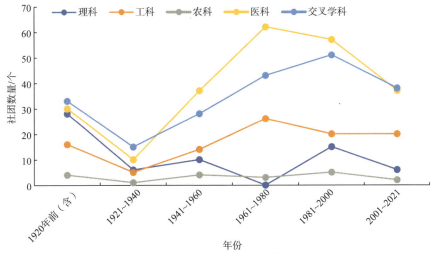

**图 7-3　德国科技社团成立时间分布**

物理学科是德国科技社团的优势特色学科。第二次工业革命以来，德国成为全球物理学研究的先行者，涌现出一批优秀的物理学家，如马克斯·普朗克（1918 年诺贝尔物理学奖）、阿尔伯特·爱因斯坦（1921 年诺贝尔物理学奖）、沃夫冈·凯特利（2001 年诺贝尔物理学奖）等[①]。学科的发展离不开学会的发展，德国物理类学会及非营利的研究机构众多。以德国物理学会（DPG）为代表，学会内部还有许多以主题为导向的团体，由具有特定兴趣的成员组成。例如，在跨学科方面拥有加速器物理工作组、能源工作组、物理及现代信息技术和人工智能工作组、物理学哲学工作组等。在具体工作方面，拥有应用科学大学工作组、信息工作组、本科物理实验室工作组、学校问题工作组、高级专家网络工作组、青年 DPG 工作组等。这些跨学科、跨领域的工作组促进了物理学科的发展和人才培养，也带动了相关学科和主体的合作发展。

在德国的科技社团中有很多联合会，如德国电工联合会、德国技术科学协会联合会、德国腐蚀联合会等。德国电工联合会成立于 1893 年，其功能任务是联合所有从事电工或有关行业的人士和组织，维护和促进科学技术的发展和应用，编制出版德国电工联合会规程，参与电工标准的编制工作等。1916 年成立的德国技术科学协会联合会，主要任务是处理各协会成员共同关心的技术问题，包括统一技术标准、推进技术教育事业以及协同完成技术领域和技术管理中的立法工作等[②]。这些联合会作为特定领域的"领头羊"，虽然数量不多，但通过将小型科技社团联合起来形成联动机制，发挥更大的作用，具有更广泛的社会影响力。

随着时代和技术的发展，德国许多历史悠久的老牌学会不断调整方向

---

① 德国物理学会 . https://www.dpg-physik.de/vereinigungen.

② 韩晋芳，张明妍 . 科技社团在科技强国建设中的作用 [J]. 今日科苑，2021(10): 71-78.

以应对挑战。例如，德国材料学会（DGM）成立于1919年，是欧洲材料科学与工程领域最大的学会之一。为应对材料科学与工程领域面临的挑战，DGM致力于追求人类社会的可持续发展。2021年4月，DGM成立钢铁材料技术联合委员会，重点关注现代钢材的合金设计、热处理和表面技术。2021年7月，DGM成立循环材料技术委员会，致力于解决关键原材料的可用性以及材料和产品的可回收性，如智能手机、汽车甚至风力涡轮机转子叶片等移动电子设备，以便更好地提高资源尤其是稀缺能源的利用效率①。

## 三、法律法规及监管机制

### （一）法律法规

德国科技社团管理的法律体系主要包括《德意志联邦共和国基本法》（以下简称《德国基本法》）、《德国民法典》、《联邦德国结社法》等，科技社团在此法律框架体系下接受相关部门的监督和管理。

1.《德国基本法》赋予人民结社权利

《德国基本法》于1949年5月23日通过。2012年7月11日修改的《德国基本法》第九条规定：第一，所有德国人均有结社权利；第二，结社之目的或其活动与刑法抵触或违反宪法秩序或国际谅解之思想者,应禁止之; 第三，保护并促进劳动与经济条件之结社权利，应保障任何人及任何职业均得享有。凡限制或妨碍此项权利为目的之约定均属无效；为此而采取之措施均属违法。依第十二条之一项，第三十五条之二、三项，第八十七条之一第四项，以及第九十一条所采之措施，其主旨不得违反本项所称结社保护并促进劳动与经

---

① 德国材料学会 . https://dgm.de/de/artikel?tx_news_pi1%5Baction%5D=detail&tx_news_pi1%5Bcontroller%5D=News&tx_news_pi1%5Bnews%5D=5991&cHash=a680317e1d08dca02353d89c844bf335.

济条件所为之劳工运动[1]。

**2.《德国民法典》确定社团法律地位**

《德国民法典》于 1900 年颁布实施，是大陆法系中最重要的民法典之一，后经不断修订，现今仍然有效。《德国民法典》在第一编"总则"对社团的基本分类、治理、监管等做出详细规定。例如，第 24 条规定了社团的住所，第 25 条规定了社团的组织由社团章程规定，第 26 条规定了社团董事会的组成及权力等，明确指出"社团必须有董事会，董事会具有法定代理人的地位。董事会由二人以上组成，社团由董事会成员的多数代表"[2]。

**3.《联邦德国结社法》是社团管理的专门法**

《联邦德国结社法》于 1964 年审议通过。第一章为通则，主要强调了结社自由和社团的基本定义；第二章为社团的管理，对社团管理部门及管制内容进行具体说明；第三章为社团财产的扣押与没收，对社团财产的清算、扣押等进行具体规定；第四章为特别规定，主要对外国人社团、外国的社团做了具体规定；第五章为终结规定，提出了社团解散、撤销等具体规定[3]。

## （二）登记注册

德国地方法院一般设有社团登记处，有专人负责登记事务。登记过程中，地方法院主要审查社团会员的人数是否符合规定、是否有章程、场所和内设机构是否在德国等。科技社团的会员人数达到规定人数、不违反宪法、有章程、明确解散后财产的归属即可获得登记。对社团的组成结构和章程内容未作特别的限制性规定。在德国，任何人达到法定年龄都可以发起一

① 德国基本法 . https://baike.baidu.com/item/%E5%BE%B7%E6%84%8F%E5%BF%97%E8%81%94%E9%82%A6%E5%85%B1%E5%92%8C%E5%9B%BD%E5%9F%BA%E6%9C%AC%E6%B3%95/8676436.

② 德国民法典 . https://baike.baidu.com/item/%E5%BE%B7%E5%9B%BD%E6%B0%91%E6%B3%95%E5%85%B8/7816030?fr=Aladdin.

③ 王明，李勇，黄浩明 . 德国非营利组织 [M]. 北京：清华大学出版社，2006.

个社团。德国并未规定所有的社团都要进行登记，所以还存在一定数量民间的、非正式的、尚未登记的科技社团，这类科技社团尚不属于严格意义上的社团法人。登记的科技社团通过获得法人资格可受法律保护并获得一定的税收优惠。

### （三）运行监管

德国对社团的管理注重惩罚和奖励。一般情况下，政府不干预社团内部的具体事务，也没有年检，只检查从政府领取资助的社团财务和项目执行情况。对于违法社团，通常交由司法部门进行处理。对有贡献的团体，政府通常予以物质和精神的奖励。

德国联邦社团协会（Bundesverband deutscher Vereine & Verbände，BDVV）属于德国社团自治管理的枢纽型协会。该协会主要为新成立的社团提供相关咨询服务，介绍包括注册社团的法律框架、成立社团所需要的注册程序以及社团管理特点方式等常见事项。BDVV 为协会成员提供"无偿"的咨询服务，除了协会管理、法律和保险问题，同时也提供一定的数字化建设方案，如具有高度安全的云服务或具有可强制数据保护管理系统（DSMS）的数据保护，包括符合 GDPR 的数据保护文档、培训等。BDVV 也有经授权提供的收费咨询服务，如根据社团特点进行风险分析、成本分析并制定节约措施等。具体而言，成本分析包括能源成本，如照明成本；人员成本，如清洁、维护或维修成本；资本成本，如租金、通信等；行政成本，如俱乐部管理、数据保护和数据安全等方面的内容[1]。

### （四）财税优惠

德国科技社团可以享受税收优惠，前提是必须具有公益性并符合相关

---

[1] https://www.bdvv.de/engagement.

规定。德国财税部门负责社团公益性的审批。同时，财税部门还负责社团开展国际援助项目的审批，凡需要从财税部门申请国际援助经费，需要向财税部门出具公益性组织认可证明书、章程、财务报告、工作报告、援助项目评估报告等材料。财税部门出具的公益性组织认可证明书实际上是一种免税证明。根据税法通则第 52 条的规定，公益目标是从物质精神或道义上致力于提高全民生活水平，具体包括支持科研、教育、文艺、宗教、国际交流等各类活动，科技社团就属于这一范畴。此外，还规定了享受税收优惠的具体形式、前提和确认方法，如获得免税的非营利组织需要提交周期性的业务活动报告，当地税务部门通常每隔一定年限对其免税资格审查一次。就免税内容来看，主要包括免征法人所得税、免除捐赠税，根据地方商业法第 3（6）条规定可免除商业税，根据净资产税法第 3（1）条规定可免除净资产税等[①]。公益性组织在章程中必须写明它的宗旨。科技社团会在章程第一条就明确自己的组织性质，如德国材料学会（DGM）的章程中写道："德国材料学会（以下简称 DGM）是一个注册学会。它专门和直接地追求《税法》税收优惠目的一节所指的慈善目的。"章程第四条写道"该学会是无私活跃的，不追求商业目的，学会的资金只能用于法定目的。会员不会从学会的资金中获得任何好处，任何人不得获取与学会宗旨不符的费用或报酬。"[②]

## 四、内部治理及发展概况

### （一）内部治理

德国科技社团的内部治理结构一般包括会员大会（会员代表大会）、

---

① 王明，李勇，黄浩明 . 德国非营利组织 [M]. 北京：清华大学出版社，2006.

② https://dgm.de/de/die-dgm/satzung-der-dgm#c148.

理事会、主席团、执行委员会等。最高决策机构一般是会员大会（会员代表大会）；理事会是会员大会（会员代表大会）之外对科技社团行使管理权的执行机构，理事会成员经常面向全球招募，具体任务由专门设立的委员会执行。分支机构方面，德国科技社团一方面是按照区域设立若干区域分会（local section），另一方面以学术研究方向为依据设立若干专业委员会（division）。德国绝大多数科技社团的成员均为无报酬的志愿者，可以有效解决管理机构自身规模问题，同时也节约人力成本，促进资源共享。

以德国信息学会（GI）为例，其内部治理结构由会员大会、董事会、主席团、管理层组成。学会最高决策机构为会员大会，由所有会员组成，大会一般每年召开一次，会员大会采用直接投票的决议方式。大会期间听取董事会的报告、上一年度的审计报告及下一年度的预算计划，开展学会主席团的换届选举，同时选举产生审计委员会成员。董事会由主席、三名副主席和由主席团推荐的 1 至 2 名主席团成员组成，所有成员都必须是学会的会员，董事会在一个财政年度至少举行四次会议，执行会员大会的决议。董事会可罢免主席团主席和其他成员，罢免需要有正当理由且投票通过。学会主席团由 12 个直接通过选举产生的主席团成员组成。具体包括主席、三名副主席，各部门、各联系组织的负责人和各区域集团的三名负责人、妇女和信息分部负责人、咨询委员会负责人、出版机构的主要负责人和管理委员会成员。主席团成员任期为三年，主席团每个财政年度至少召开两次会议，有权提名主席或副主席候选人。对于特殊任务，主席团可以设立一个财政年度的特别工作组，允许主席团工作组的任期延长一年。如果主席团成员中的发言人不是主席团成员，则在其任期内，应以咨询意见方式任职于主席团。主席团可授权执行机构作出决定，特别是有时限的决定。

涉及个别成员的决定必须在其执行机构与主席团协商后作出，或在有时限的事项上，由执行机构作出。管理委员会作为学会的管理机构，在董事会作出决定后，由管理委员会负责管理执行。它不是 GI 的教育机构，主要协助董事会、主席团和成员大会处理有关事项。该委员会在执行董事会的决策之外，还代表董事会管理学会的资产。董事会关于 GI 资产和预算事项的决定须经管理委员会批准。主席团可应管理委员会的请求，以超过其表决票半数的表决票取代缺席表决。管理委员会成员由主席提议、主席团任命，并取得主席团成员半数以上表决通过。管理委员会成员可以顾问身份参加下属机构的会议。为促进信息科学领域各细分专业的发展，学会还设有技术委员会、区域工作组、咨询委员会等机构（图 7-4）。 GI 通过提供 14 个专业领域的 130 多个特殊兴趣小组和约 40 个区域分支机构，支持工业、研究机构和大学研究人员之间的网络，使其成员都可享有共同的知识、最佳实践、技能和经验网络[①]。

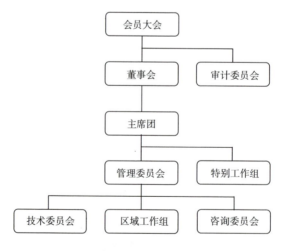

图 7-4　德国信息学会组织结构图

① https://dgm.de/de/die-dgm/satzung-der-dgm#c148.

### （二）业务功能

1. 学术交流

德国科技社团的学术交流活动主要是通过举办学术会议进行。德国科技社团十分重视青少年学生在学术交流中发挥作用。例如，德国化学学会（GDCh）每年举办的 Jung Chemiker Forums 春季研讨会是欧洲最大的青年科学家会议之一。德国物理学会（DPG）每年都会举办春季年会，邀请青年学者、大学生、初中生与专家学者"同台演讲"，学生可以同诺贝尔奖得主一起探讨问题。近年来由于新冠疫情的影响，科技社团加强了数字化建设。例如，德国材料学会（DGM）将 2021 年作为数字化年，更新了官网主页，建立了可持续 CRM 系统，开发了混合活动形式以及 DGM-Inventum GmbH 的多功能会议平台[①]。2021 年在线研讨会、网络研讨会和培训课程增加了 60%。同时，德国科技社团也将期刊出版作为重要的工作之一，一般主要负责文章的采编，刊物出版则交给专门的出版社负责。

2. 社会服务

德国科技社团非常重视教育培训、科学普及等社会服务。例如，德国化学学会（GDCh）建立中小学生化学学徒制度，为感兴趣的学生提供化学培训；为研究生提供实习机会和国际交流机会，与美国化学学会东北分会合作开展 GDCh-NESACS -Studienreise 项目；为教师提供课程培训计划；为行业专业人员提供实践导向的基础课程、专家课程等多种形式的学习课程[②]。德国物理学会（DPG）每年举办"物理学亮点"活动，通过现场互动和数字技术的结合，介绍量子计算机的最新发展、如何运用 X 射线治疗癌症、

---

① https://dgm.de/jahresbericht/2021/.

② https://www.gdch.de/ausbildung-karriere/schule-studium-aus-und-fortbildung.html.

如何使用激光追踪温室气体等物理学在我们生活中发挥作用的案例[1]。

3. 科技服务

德国科技社团与产业界联系非常密切，将产业界和政府、大学、科研院所等主体链接起来，将社会、资本和市场融为一体，是德国科技创新的重要组织形态和重要力量。例如，欧洲工程师协会联盟（FEANI）维护着欧洲工程教育数据库（EEED），该数据库列出了 FEANI 成员国所有与工程教育有关的大学工程项目，是授予欧洲工程师（EUR ING）资格的前提条件。EEED 得到了 FEANI 所有成员组织的认可，是国家工程培训系统和相关机构的权威和可靠来源。数据库不断扩展和更新，各国成员组织将机构和学习课程转交给 FEANI 审查，进而促进了欧洲和国际工程领域工程师和技术人员的流动[2]。

总体而言，德国科技社团是一个中立、公益、高效的载体，将政府、大学、科研院所和企业等主体链接起来，将社会、资本和市场融为一体，与时代的发展共生互动，成为德国科技创新的重要组织形态和重要力量。

4. 开放合作

德国科技社团与社会各界均保持开放合作状态。例如，"科学对话"（Die Wissenschaft-im-Dialog）的合作伙伴包括工业研究协会劳工联合会、柏林 - 勃兰登堡科学院、德国理工学院、德国研究共同体、德国自然科学家和医生协会、Helmholtz 社区、大学校长会议、克劳斯·奇卡拉基金会等。德国医学协会（GMA）1951 年起就拥有世界医学协会（WMA）的成员资格，在医学伦理和社会问题，以及全球卫生政策方面影响力巨大。为加强在欧洲层面的代表性和影响力，德国医学协会（GMA）长期在布鲁塞尔设有办

---

① https://www.highlights-physik.de/programm/digital.

② https://www.dvt-net.de/anerkennung-staerken/european-engineering-education-database-eeed.

事处，是欧洲医师常设委员会（CPME）等欧洲机构的成员，还参加了欧洲医学协会会议（CEOM）和欧洲医疗主管部门网络（ENMCA）。[①]

### 5.政治游说

德国科技社团是进行高层次政治游说的重要力量，可以协调处于不同地区、从事不同行业的人群或组织，为他们表达利益诉求提供渠道。科技社团在联邦议会和联邦政府部门中寻求对话与沟通的合作伙伴，与政府、产业界进行互动博弈，公开发表意见需求。根据 1972 年的一项联邦法令，联邦议会议长通过了一份经过认证的、具有合法性的对联邦议会以及联邦政府有重要影响的全国性社团"游说名单"（lobby list），该名单最新版本可以在联邦议会官网下载。2018 年发布的联邦议会游说社团名单共有 2347 家，其中科技社团有 251 家，包括德国物理学会（DPG）、德国信息学会（GI）、德国电气电子与信息工程协会（VDE）、德国航天卫星协会（AMSAT）、无线电爱好者协会（AAK）、德国工业研究联盟协会（AiF）、德国外科医生协会（BDC）等知名科技社团。

### （三）财务情况

作为非营利组织，德国科技社团的主要收入来源于会费、会议培训、期刊出版等，还有来自个人和企业的捐赠收入；支出主要为管理机构日常运行支出，以及会员服务项目等。德国科教创新赞助者协会下属的社团数据研究中心（ZiviZ）2017 年进行的一项调查表明，有 46% 的德国社团得到了政府（主要为地方政府）资助，这些资助约占总收入的 11%。由此也可看出，德国科技社团得到的财政资助在总收入中的比重较低。虽然政府资助较少，但能享受到较多的税收优惠。以德国物理学会为例，作为德国

---

[①] https://www.bundesaerztekammer.de/aerzte/internationales/europaeische-und-internationale-zusammenarbeit/.

物理学界最有影响力的科技社团，该会每年收入在 500 万欧元左右，只有不到 12% 的收入来自政府资助（表 7-1）。此外，大约有 30% 的收入来自学会举办的各类物理学术会议和论坛；大约 50% 的收入来自租赁学会的场地，提供会议服务；约 8% 的收入来自会费、个人或机构资助等①。

表 7-1　德国材料学会财务表　　　　　　　（单位：欧元）

| 科目 | 2020 年 | 2019 年 | 2018 年 |
|---|---|---|---|
| 一般业务 | | | |
| 收入 | 306 000 | 335 000 | 293 000 |
| 支出 | −336 000 | −474 000 | −55000 |
| 税收优惠项目 | | | |
| 收入 | 689 000 | 1 601 000 | 1 512 000 |
| 支出 | −861 000 | −1 627 000 | −1 296 000 |
| 应税项目和资产管理 | | | |
| 收入 | 28 000 | 100 000 | 45 000 |
| 支出 | −14 000 | −91 000 | −64 000 |
| 合计 | | | |
| 总收入 | 1 023 000 | 2 036 000 | 1 850 000 |
| 总费用 | −1 211 000 | −2 192 000 | −1 415 000 |

从开展业务的性质来看，以德国材料学会为例，其业务活动分为一般业务、税收优惠项目、应税项目和资产管理等，其中税收优惠项目的比重最大，约占 60%②。

---

① https://www.dpg-physik.de/ueber-uns/profil-und-selbstverstaendnis/jahresberichte.
② https://dgm.de/jahresbericht/2020.

## 🖥 典型案例

### （一）德国科技社团联合会（DVT）

德国科技社团联合会（Deutscher Verband Technisch- Wissenschaftlicher Vereine，DVT）成立于 1916 年。经过 100 多年的发展，DVT 已成为德国顶尖的科技社团，获得德国联邦议会认证。DVT 不仅在欧洲工程协会代表德国工程利益，通过其国际网络代表德国工程师在全球范围内的利益。其宗旨是促进科学与技术发展，推进科学技术领域的教育与培训，特别是支持科技基础设施的发展、培养年轻的科技人才、制定和实施国际标准、促进国际交流与合作，加强个人、企业、科研机构、协会及政府之间的沟通交流。

1. 会员管理

DVT 目前拥有 31 个成员协会，约 21 万名个人会员和 1.7 万个机构会员，其主要机构会员包括电气工程和电子信息技术协会、工业研究协会、德国声学学会、德国电子显微镜学会、德国岩土工程学会、供应工程师学会、德国航空航天学会、德国质量协会、德国经济协会、德国无损检测学会、德国石油天然气和煤炭科学协会、德国制冷和空调协会、道路和运输工程研究协会、冶金与矿工联合会、数据保护和数据安全协会、核技术学会、造船技术联合会、德国科学捐助者协会等[1]。

会员会费分为个人会员费、机构会员费两种类型。其中，以个人会员为主的协会收费标准如下：原则上按照成员协会自身总会费收入一定比例收取，其中对于协会内部个人会员按照协会总会费的 0.71% 缴纳，机构成员则按照 0.1075% 的比例进行缴纳；部分成员协会根据会员数量多少计算

---

[1]　中国科协学会服务中心 . 美英德日科技社团研究 [M]. 北京 : 中国科学技术出版社 ,2019.

会费，通常以成员数乘 0.538 欧元进行缴纳；一般情况下最低收费标准为500 欧元。针对机构会员数量较多的成员协会，收费数额则以会费收入乘0.1075% 得出；当协会营收情况良好时，即收入大于等于 100 万欧元，设置最高和最低收费标准，分别是 5000 欧元和 1000 欧元[①]。

无论属于哪类学科，只要组织属性为非营利组织就能够申请加入DVT。在成员的准入方面，董事会决议是决定性因素，接纳未果时，DVT董事会将以书面方式正式通知申请者。在会员的退出机制方面，成员协会提前 3 个月通过书面形式向 DVT 表明退出意愿，方可在规定期限内停止相应资格。例外情况主要为 2 种：一种是成员 NPO 属性改变，则资格自动结束；另一种为成员协会违背了 DVT 的规定，经一定程序可将该协会进行除名[②]。

2. 组织机构

德国科技社团联合会下设董事会、会员代表大会、理事会以及办公室四大职能机构。其中董事会由会员代表大会民主选举产生，任期为 3 年，如条件合适可连选连任。除去执行董事，董事会职位均为志愿服务性质。如果至少有三名董事会成员希望召开董事会会议，则必须召开董事会会议。董事会会议的邀请由主席发出，董事会的决定以主席或副主席签署的书面文件为准。会员代表大会由协会成员代表组成。每个成员协会在会员代表大会上拥有一票，并任命一名代表，任期为三年且允许重新任命。年度大会通常在春季举行，在此会议上，执行董事会报告前一年的财务情况和新一年的工作任务。会员代表大会可以决定执行董事会个人或所有成员的适当薪酬，可按规定进行董事会的选举、审查年度账目、解散董事会和管理层，并批准预算。理事会由 11 个委员会组成，审议属于联合会工作范围内的所

---

① https://www.dvt-net.de/organisation/beitragsordnung.

② https://www.dvt-net.de/organisation/mitglied-werden.

有事项，并从中选出主席和副主席。这些委员会可酌情吸收其他协会和组织的代表参加委员会的工作。各委员会有权通过选举补充自己的成员[1]。

董事会成员和首席执行官有权出席理事会及各委员会会议。办公室类似于秘书处，负责日常事务工作[2]。办公室由首席执行官领导，经董事会同意后由主席任命。董事可根据董事会的建议，通过协会会议的决定委任为"执行董事"。首席执行官对董事会负责，其职责和权利受章程和主席颁布的议事规则管辖。首席执行官根据财务预算的规定，雇用办公室工作人员。

3. 主要业务

（1）出版物。DVT 旗下出版物分为定期与非定期两种类型，前者涵盖 DVT 活动信息、法律及税务、联合会内部科技活动台历等，便于成员了解实时活动信息和国内外重要科技事件；后者包括但不限于 DVT 专刊、学术会议论文集等。

（2）科技奖励。DVT 是德国公认的科技奖项提名或管理单位，如 DVT 可以提名德国总统未来奖、德国环境奖、戈特弗里德·威廉·莱布尼茨奖等[3]。Werner von Siemens Ring 是德国最高的技术科学奖，每三年由董事会颁发给在促进科学技术发展方面做出杰出成就的个人[4]。

（3）决策咨询。自 1916 年成立以来，DVT 及其成员围绕经济发展、人才培养、国际交流等内容开展政策咨询，主要通过发表立场文件、提出政策建议等方式进行建言和游说。DVT 历史上一些重要的提案议题包括《关于开展德意志共和国应用科学研究的提案》《关于成立德国文献研究所的

---

[1]　https://www.dvt-net.de/fileadmin/pages/dvt-net/Jahresberichte/Jahresbericht_DVT_2021.pdf.

[2]　https://www.dvt-net.de/satzunghttps://www.dvt-net.de/fileadmin/pages/dvt-net/Jahresberichte/Jahresbericht_DVT_2021.pdf.

[3]　https://www.dvt-net.de/kooperation-foerdern/deutscher-zukunftspreis.

[4]　https://www.dvt-net.de/kooperation-foerdern/stiftung-werner-von-siemens-ring.

提案》《关于促进德意志联邦共和国自然科学和工程科学研究的提案》等。

（4）国际交流。为推动国家间合作和加速科学技术创新，DVT 加入欧洲工程师协会联盟（FEANI），以支持国际工程领域工程师和相关领域技术人员的流动[①]。同时 DVT 积极关注欧洲共同高等教育空间（EHA）领域的发展情况，并就相关领域发表意见。

### （二）德国物理学会（DPG）

德国物理学会（Deutsche Physikalische Gesellschaft，DPG）的前身是成立于 1845 年的"柏林物理学会"，总部位于巴特洪内夫（Bad Honnef），是历史最悠久的物理学会之一。目前，DPG 共有个人会员约 5.2 万人，团体会员（包括研究机构、图书馆、高校、公司等）约 140 个[②]。

1. 发展理念

作为非营利组织，DPG 以志愿服务和荣誉奖励为基础，不追求经济利益。DPG 的关注领域包括促进物理及其相关领域人才成长、学术交流、科学研究和应用，就研究促进、培训和就业问题向决策者提供意见建议等。通过举行科学公共宣传活动，如新闻部春季会议和新闻部年度会议以及出版研究报告等，向社会公众宣传和普及物理科学。同时 DPG 设置了多个奖项，以表彰在物理学领域取得杰出成就的科学家，并与国内外具有相同目标宗旨的协会保持着密切关系。DPG 及其成员致力于自由、包容、诚实和有尊严地进入科学领域，认为科学家对于塑造人类社会生活负有重大责任。

2. 运行机制

（1）会员管理

德国物理学会（DPG）的会员结构多元，其中学生会员占一半以上（博

---

① https://www.dvt-net.de/kooperation-foerdern/deutscher-akademischer-austauschdienst-daad.

② https://www.dpg-physik.de/ueber-uns/profil-und-selbstverstaendnis/zahlen-und-fakten.

士生 29.3%，其他学生 23.7%），工业界科研人员占 11.7%，物理学者占 8.3%，教师占 8.6%。近年来，女性会员大幅提升，从 1980 年的 2.8% 提升到 2021 年的 15.6%。会员年龄的中位数为 38.5 岁，平均为 41 岁。德国物理学会的中学生会员制度很有特色，每年都会有万名左右的中学生入会，其会籍只有一年，且免交会员费。这有利于培养青年人对物理的学术兴趣，成为日后从事物理研究工作的重要动力。德国物理学会（DPG）的会员是动态更新的。

德国物理学会（DPG）对会员进行分类管理，不同类别收费标准也不同，既有基于年龄的会费收取标准，也有基于收入的会费收取标准，收入状况由会员自己申报，学会一般不做审核[①]。

（2）组织机构

德国物理学会（DPG）的组织结构是三级构架。最高层为会员大会，即学会的最高权力机构，由 100 人组成，每 3 年选举一次，通过全体会员直接选举产生。其职权包括：制定、修改章程；选举、罢免理事会成员和首席执行官；审议理事会的工作报告；选择和任命审计师；审议财务报告等。中间层为学会理事会，即学会的决策机构，由 10 人组成，设主席 1 人，副主席若干人，由会员大会选举产生，理事会对会员大会负责。其每届任期 2 年，最多连任一届，理事会成员都是志愿者。第三层是学会的执行机构，类似于秘书处，主要负责执行理事会决定，对理事会负责，其成员大多为专职人员[②]。

（3）经费收支

年报显示，德国物理学会（DPG）2021 年总收入为 487.61 万欧元，其

① https://www.dpg-physik.de/ueber-uns/mitgliedschaft/mitgliedsbeitrag?set_language=en.

② https://www.dpg-physik.de/ueber-uns/profil-und-selbstverstaendnis/jahresberichte.

中包括捐赠收入 287.06 万欧元，会议收入 79.45 万欧元，利息、许可退税等收入 121.10 万欧元。支出方面，总支出费用为 394.34 万欧元，其中人员工资、办公等行政费用 183.38 万欧元，专业技术协会等费用 101.57 万欧元，国际组织会员费 23.17 万欧元，物理杂志新闻和公共事务等出版物 4.49 万欧元，税收 0.44 万欧元[①]。

3. 主要业务

（1）学术交流

德国物理学会（DPG）积极举办各类学术会议，既分享本领域研究的最新成果，也探讨物理学领域热点主题，还有面向社会大众开放的讲座。每年在德国不同地点举办 3~5 个会议，来自世界各地的物理学家参加。另外，德国物理学会积极举办有特色的学术会议，如从 1997 年开始每年举办一次的德国女性物理学大会。该大会为来自各个研究领域、各个地区的女性科学家提供学术交流平台。

（2）期刊出版

德国物理学会（DPG）主办期刊 10 余种，在物理学领域具有一定影响力。具有代表性的包括以下几种：①会刊《物理杂志》，定期向会员发放，报道物理学和学会的最新进展；② *Physikkonkret*，综述性期刊，主要包含最新的科学研究和科学政策问题；③ *New Journal of Physics*，与英国物理学会（IOP）共同创办的电子专业期刊，可以免费访问。

（3）专业教育

德国物理学会（DPG）高度重视专业教育和继续教育，具有代表性的业务如下：一是德国国际青年物理学家锦标赛（IYPT），主要面向世界各

---

① https://www.dpg-physik.de/ueber-uns/profil-und-selbstverstaendnis/jahresberichte/pdf/dpg-jahresbericht_2021.pdf.

高校；二是学生物理促进计划，是为推动自然科学领域发展而设立的项目，为相关学校提供基金支持；三是高级教育培训及高级教师培训提升计划，主要为教师提供培训课程或系列讲座；四是在线数学衔接课程OMB+，为学生学习课程提供机会。另外，德国物理学会还设置了众多奖项，如DPG杰出中学物理教学奖、中学生奖等①。

（4）科技经济融合

德国物理学会（DPG）是学界、政界及产业界沟通的重要纽带，在推动科技经济融合方面发挥重要作用。例如，DPG工业会谈，是学会的工商业工作组举办的区域性活动，主要围绕工业领域的发展进行会谈。DPG工业日是自从1986年以来在学会年会中举办的活动，从科学研究视角就工业发展问题进行探讨。DPG技术转让论坛聚焦于如何实现技术的商业化转让。

（5）科学普及

德国物理学会（DPG）高度重视科学普及工作，每年举办一系列科学普及活动：一是开放日实验室体验计划，旨在帮助对物理感兴趣的人了解物理学家的日常工作和生活；二是物理亮点活动，在活动中可以亲身体验互动式的物理展览、现场试验展览等，包括顶尖研究人员的讲座②；三是比较有代表性的讲座，如Lise-Meitner讲座和Max-von-laue讲座等。

---

① https://www.dpg-physik.de/auszeichnungen.
② https://www.dpg-physik.de/aktivitaeten-und-programme/wissenschaftsfestivals-shows.

# 第八章　法国科技社团概况<sup>①</sup>

　　法国社团文化源远流长，社团组织数量众多。根据 2021 版《法国协会发展报告》，截至 2021 年 10 月，法国共有各类社团组织 150 万家，大约每 5 名法国人中就有一人在社团组织中充当志愿者角色。在各类社团组织中，科技社团因其明确的使命宗旨、有效的治理结构、成熟的运作模式而长盛不衰、不断壮大，成为推动法国科学技术发展的重要力量之一，在国际科技社团体系中具有鲜明的特色。

　　本章从制度环境、总体发展趋势及学科分布等维度展开梳理。按照法国的法律规定，人们可以自由地设立和运营科技社团，但只有向政府部门登记注册并公示相关信息后才具有民事行为能力。法国科技社团在学术交流和知识分享、科学普及和人才培养、科技外交和国际合作等方面发挥着越来越重要的作用。法国科技社团在各学科领域布局完整、"百年老店"众多，呈现出综合交叉、医学和工学交替快速发展的态势。

## 一、发展历程

　　法国科技社团最早可以追溯到 1530 年由法国国王弗朗索瓦一世成立的法兰西公学院（Le Collège de France）。到 1793 年 8 月 8 日国民议会（Convention's decree of 8 August 1793）勒令解散时，法国已有以皇家特许状形式运营的科技社团 35 家。从 1796 年开始，这些科技社团又以"中学"

① 本章是在参考和引用《法意澳新科技社团研究》等文献基础上，编写而成.

（Lycée）、"自由社会"（Société Libre）等名称开展活动，直到1820年部分科技社团得到恢复和重建。此后，法国科技社团数量稳步增长，截至1920年，包括地方区域性科技社团在内的各类科技社团数量已有900余家[①]，其中163家为全国性科技社团（图8-1）。

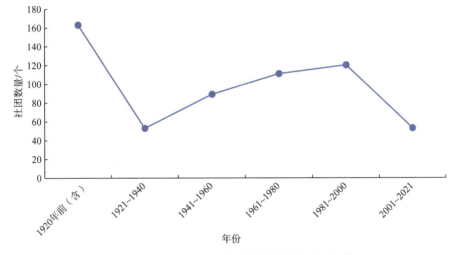

图8-1 法国现有全国性科技社团成立时间分布

伴随着1901年7月1日法律的实施，法国科技社团的组织管理机制日益完善，形成了较为普遍的专业化运营模式。具体做法包括：会员发展兼顾广泛性与专业性，由本领域顶尖学者担任理事长、副理事长、荣誉会员，聘用专职人员担任秘书、财务主管，主办期刊兼顾学术性与大众化，确保足够的订阅数量等。

进入21世纪，尤其是2003年税制改革以来，法国科技社团迎来新的发展机遇。根据法国社团组织服务中心有关统计数据，在1994~2021年的28年里，包括地方区域性科技社团在内每年新增科技社团数量在350家左右。虽然近年来由于疫情和经济形势的影响，科技社团数量增幅有所减缓，

---

① Fox R, Weisz G. The organization of science and technology in France 1808-1914[M]. London: Cambridge University Press, 1980: 241-282.

但很多具有悠久历史和科技积淀的科技社团，在促进学科发展、普及科学知识、凝聚科技人才、吸引青年群体等方面历久弥新，依然焕发着勃勃生机。

## 二、规模及学科分布

根据法国历史与科学工作委员会有关数据资料，法国学术团体有 3700 余家（包括国家级和地方性学术团体）。本书编写组考察了其中 589 个全国性科技社团的相关信息。其中，医科类科技社团数量最多，约占 36.50%；其次依次是理科占 24.79%，工科占 20.88%，交叉学科占 13.07%，农科占 4.75%（图 8-2）。

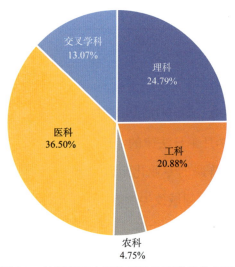

图 8-2　法国现有全国性科技社团学科分布图

从成立时间看，成立于 1900 年之前的法国科技社团以理科、医科和交叉学科为主，如巴黎地理学会成立于 1821 年，法国化学会（SCF）成立于 1857 年，法国物理学会（EPS）成立于 1873 年等（表 8-1）。在第二次世界大战后至 20 世纪末的发展高峰期，医科类和理科类科技社团数量迅速增加。20 世纪 80 年代以来，工科类科技社团增幅较为明显（图 8-3）。

表 8-1　法国各学科领域历史悠久的科技社团[①]

| 序号 | 科技社团名称 | 成立年份 | 总部所在地 |
|---|---|---|---|
| 1 | 巴黎地理学会（Société de Géographie） | 1821 年 | 巴黎 |
| 2 | 法国地质学会（Société Géologique de France） | 1830 年 | 巴黎 |
| 3 | 法国昆虫学会（Société Entomologique de France） | 1832 年 | 巴黎 |
| 4 | 法国生物学会（Société de Biologie） | 1848 年 | 巴黎 |
| 5 | 法国气象学会（Société Météorologique de France） | 1852 年 | 图卢兹 |
| 6 | 法国植物学会（Société Botanique de France） | 1854 年 | 巴黎 |
| 7 | 法国化学会（Société Chimique de France） | 1857 年 | 巴黎 |
| 8 | 法国物理学会（Société Francsaise de Physique） | 1873 年 | 巴黎 |
| 9 | 法国数学会（Société Mathématique de France） | 1873 年 | 巴黎 |
| 10 | 法国动物学会（Société Zoologique de France） | 1876 年 | 巴黎 |
| 11 | 法国土木工程师协会（Société des Ingénieurs Civils de France） | 1848 年 | 巴黎 |
| 12 | 巴黎外科学会（Société des chirurgiens de Paris） | 1843 年 | 巴黎 |

注：部分学会名称已有变更。巴黎外科学会先后更名为国家外科学会（Société nationale de chirurgie，1935 年）以及国家外科学院（Académie nationale de chirurgie，1997 年）。

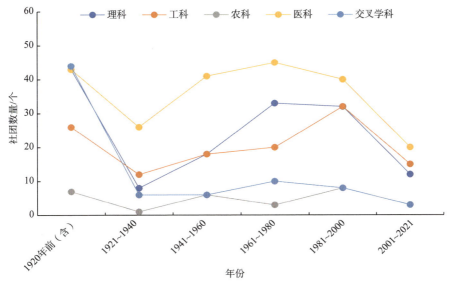

图 8-3　法国各学科现有全国性科技社团成立时间分布

---

① Fox R, Weisz G. The organization of science and technology in France 1808-1914[M]. London: Cambridge University Press, 1980: 281.

## 三、法律法规及监管机制

### （一）法律法规

在法国，1901 年 7 月 1 日的法律和 1901 年 8 月 16 日的法令[①] 是科技社团运营的法律依据。法律第一条规定，"协会是两个及以上个人以永久方式汇集知识或协同活动的协议，以期实现除分享利润外的使命"。该法律还规定，科技社团可以自由成立而无需事先授权或声明，但只有在向其所在地政府部门登记注册并公布协会名称、宗旨使命、机构驻地以及负责人姓名、住所、专业、国籍等信息后，才具有民事行为能力。

### （二）登记注册

在法国注册科技社团较为简便，绝大多数程序性工作均可线上办理。首先，拟注册科技社团的发起人须撰写章程，章程应包括机构名称、使命宗旨、总部地址、运营期限、议事规则、资金来源等强制性条款，并由所有发起人签名方为有效；其次，拟注册的科技社团须给出拟任命的主席、财务主管和秘书人选，并就成员构成、章程修订及科技社团解散条件等事项给出说明；最后，在完成上述文件材料的准备工作后，发起人须将机构名称、机构章程、经各方签名的机构组建会议记录、主要管理人员名单的副本提交各县协会、基金会和捐赠基金管理处或在线上传，经审核无误后即公告该科技社团成立[②]。

### （三）运行监管

法国科技社团的监管主要体现在两个方面：依法公开和运营监督。按照法律规定，科技社团对章程所作任何修改或管理人员调整，均须在其所

---

① 国内很多学者将其译为《非营利社团法》和《非营利社团法实施条例》.
② https://www.service-public.fr/particuliers/vosdroits/F11966（2023-03-16）.

在地行政主管部门或司法当局备案，并通过官方声明公之于众，内容包括管理人员变更、办公场所迁移、新设机构、房屋建筑等大宗资产购置转让等，违者将按照法律规定处以不超过 1500 欧元的罚款，若累犯则罚金最高可达 3000 欧元[①]。

在监督问责方面，尽管法国科技社团内部并不设立单独的监督机构，但其运营的规范性与合法性仍然可以由内部和外部两个方面的力量来实现。在科技社团内部，会员大会负责对理事会和管理层的运营活动、预算编制、财务管理等进行监管与决策。例如，法国物理学会（EPS）章程第七条规定，每年召开会员大会听取关于理事会管理、学会财务与道德状况的报告，批准年度财务报告并就下个年度预算安排进行表决等[②]。在外部监督方面，科技社团需向总部所在地业务监督部门、警察局和内政部等部门提交年度报告和财务数据，接受有关抽查检查等。

### （四）财税优惠

在法国，包括科技社团在内的非营利组织通常无需缴纳营业税。营业税涉及的税种包括公司税、区域经济贡献（2010 年法国《金融法》改革后取代营业税的地方税）和增值税。但也有例外，对于非营利活动年收入超过 7.2 万欧元的非营利组织，仍需缴纳增值税。法国 150 万个协会中大约有 2 万个需要缴纳公司税和增值税，并有义务提交会计文件或接受现场审计[③]。

为鼓励企业或个人支持包括科技社团在内的非营利组织，法国 2003 年制定的一项法律规定，对于向被认定为公共事业的科技社团捐赠财产，免征转让税。该法律还规定，对于在法国纳税的个人或企业，向科技社团捐

① https://www.legifrance.gouv.fr/loda/id/LEGITEXT000006069620/（2022-05-11）.

② https://www.sfpnet.fr/uploads/tinymce/PDF/STATUTS DE LA SFP.pdf（2022-05-11）.

③ https://www.associations.gouv.fr/l-association-et-les-impots-commerciaux.html（2022-05-11）.

赠可以减免税赋。法国《一般税法》第 200 条规定，对于向具有教育、科学、社会文化特征或有助于保护自然环境及传播科学知识，具有普遍公共利益的科技社团或基金机构捐款，个人享受税收抵免的权利。以现金、支票、有价证券、遗产等形式向上述机构捐款都有资格获得税收抵免，个人可获得应税金额 66% 的所得税减免，以应纳税所得总额的 20% 为上限；还可获得应税金额 75% 的房地产财富税减免，减税额度以 50 000 欧元为限。

企业可通过灵活多样的方式向科技社团捐赠并获得税收抵免。法国《一般税法》第 238 条规定：任何企业，无论其规模如何，都可捐助科技社团并获得税收优惠，捐助方式包括提供资金、赠送实物、技术支持等。提供资金是指捐赠现金、银行转账或寄送支票等；赠送实物包括捐赠车辆、家具、设备、计算机等，提供设备维护维修、打字复印等服务，或者给予法律、会计及其他专业知识或专门技术培训等；技术支持是指企业员工为科技社团提供技术服务，如某食品厂面包师为某科技社团年会提供餐饮服务，或某零售企业全职会计每周用半天的时间为当地科技社团处理账目等。企业年捐赠总额在不超过 2 万欧元或营业额的千分之五时，可减免 60% 的税负额度；对于捐赠总额超出 2 万欧元或总营业额超出 200 万欧元部分，则按 40% 的比例减免。

## 四、内部治理及发展概况

### （一）内部治理

法国科技社团内部治理通常分为决策层、管理层和业务层三个层级。决策层由会员大会及其选举产生的理事会组成，如法国化学会（SCF）、法国地质学会（SGF）、法国航空航天学会（AAAF）等科技社团，通常每年至少召开一次会员大会，听取关于机构管理、财务收支和学术道德等方面的报告，审议财务决算报告和财务预算报告，就机构管理制度和相关人事任免等进行表决。理事会通常会以无记名投票的方式选出主席团，包括主席、副主席、秘书长、财务主管以及若干名秘书或助理等。理事会负责执行会员大会决议、编制年度预算、召集会员大会并确定议程、监督主席团工作等。通常情况下，理事会成员不得在科技社团中领取报酬，但可报销相关费用。管理层由理事会任命的专业委员会构成，负责管理科技社团在专业事务、区域事务、青年事务、荣誉奖励、教育出版等方面的工作。业务层为科技社团的专业部门，负责如科学传播、国际事务等方面的具体工作。

　　仅以法国科学促进会（AFAS）为例[①]。 法国科学促进会的内部治理分为决策层、管理层、业务层三个层级（图8-4）。其中，决策层由会员大会选举产生的理事会组成，理事会包括：①由主席1名、副主席1~3名、秘书长1名、财务总监1名组成的学会主席团（兼理事会主席团）；②咨询委员12名；③任期届满1年内的前任学会主席。管理层包括理事会任命的科学委员会和传播委员会。其中，科学委员会由学会理事长任主席，成员包括地区分会及相关机构代表等。学会理事长应每年至少召集一次科学委员会会议，就学科发展相关事宜展开讨论。传播委员会由学会副主席领导，负责《科学》（Science）杂志出版发行、学会官方网站运维及每年30多次大型学术会议的组织工作。业务层主要包括各学科工作组、各地区分会、《科学》杂志社及驻蒙特利尔代表处等，其中各学科工作组由理事会在征询工作组成员意见后，任命主任1名、副主任1~3名负责具体业务开展，每个学科工作组均可委派科学理事会成员1名。

---

① https://www.afas.fr/statuts-et-reglement-interieur/（2023-03-18）.

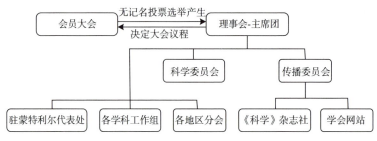

图 8-4　法国科学促进会内部治理结构

## （二）业务功能

法国科技社团最重要的职能是学术交流。大多数法国科技社团都创办有本领域学术期刊，由理事会成员或咨询专家兼任编委。这些期刊往往具有较高的国际声誉和学术影响力，体现出科技社团卓越的学术地位。在编著出版学术期刊、科学专著、行业报告等出版物的同时，专业性较强的科技社团还建立图书馆、数据库。

在公共政策领域，很多科技社团依托本学科专家形成智库，为公众提供咨询服务，向政府部门建言献策。例如，法国数学会（SMF）2022 年发布的关于法国高中教改所造成的数学水平性别差异问题等，引发较多的社会关注[①]。

法国科技社团注重行业人才培养。很多科技社团以优惠的价格向学生会员提供订阅资料、参加会议等服务。例如，对于学生会员，法国航空航天学会（AAAF）学生会员会费为每年 15 欧元，普通会员为 140 欧元。法国航空航天学会（AAAF）还专门成立全国青年委员会，通过组织青年会员参加学术会议、参观实验室或工业机构、主办主题竞赛等，为会员未来进入航空领域奠定基础。法国天文学会（SAF）青年委员会定期举办天文观测活动、天文摄影沙龙或邀请天文学家做专题讲座，激发青少年对天文学的兴趣。科

---

① http://smai.emath.fr/spip.php?article851&lang=fr（2022-05-16）.

技社团对青年人的培养还体现在参与项目执行和社团运营等方面[①]。

法国科技社团在建立多维合作网络方面也颇有成效。例如，法国核能学会（SFEN）是世界核科学研究和文化交流的重要参与机构，下设亚太社区、法美社区和奥地利社区 3 个结构松散但活动能力很强的国际团队。其中，亚太社区的主要任务是利用法国核工业领域的研究成果为亚洲发展提供帮助，现任负责人帕斯卡·贝利亚德（Pascal Belliard）是法国电力集团的中国合伙人，曾在中国岭澳核电站建设工作中担任现场工程师。法美社区同时也是美国核学会法国分会，通过加强法国与美国在企业界、政府部门、大学及科研机构在核能领域的合作，提升核科学研究和核工业水平。奥地利社区主要是为设在奥地利的国际原子能机构、全面禁止核试验条约组织等国际组织提供服务。此外，法国核妇女组织也设在法国核能学会，该组织不仅是世界核妇女组织的创始成员，也是欧洲核妇女组织的倡议机构，在促进核科学及核工业领域女性拓展职业生涯、与行业研究机构及企业部门合作方面发挥着重要作用[②]。

## （三）收入来源

法国科技社团收入来源多样，主要包括政府补贴、会员会费、出版服务及捐赠所得等。按照法国物理学会（EPS）2017 年财务报告，全年提供各类公共性服务、举办活动等运营收入 33.2 万欧元、会费收入 22.4 万欧元、政府补贴 5.5 万欧元、投资收益 6.7 万欧元、其他收入 16.8 万欧元，总收入 84.6 万欧元；全年总支出 88.9 万欧元，主要为采购服务和员工薪资，分别为 55.2 万欧元和 14.2 万欧元，此外还有折旧费、管理费以及很少的税费和

---

① 李阳阳. 法国科技社团运营模式的经验与启示 [J]. 学会，2020(3): 11-20.

② https://www.sfen.org/qui-sommes-nous/women-in-nuclear/（2022-05-20）.

财务成本等①。

法国立法与行政信息局发布的审计报告②显示，法兰西学会2013~2020年总收入5402.94万欧元（表8-2）。其中基金管理费是主要收入来源，1000多个基金会每年上缴管理费约200万欧元，占学会总收入的29.4%；其次是5个学院上缴费用，占28.1%；政府补贴和投资收益分别占13.4%

表8-2　法兰西学会历年收支情况（2013~2020年）　（单位：万欧元）

| 收入项目 | 2013年 | 2014年 | 2015年 | 2016年 | 2017年 | 2018年 | 2019年 | 2020年 | 合计 |
|---|---|---|---|---|---|---|---|---|---|
| 政府补贴 | 72.45 | 71.34 | 77.61 | 99.16 | 131.14 | 95.76 | 94.85 | 83.86 | 726.17 |
| 捐赠收入 | 12 | 32.53 | 20.48 | 16.82 | 15.29 | 27.49 | 17 | 6.91 | 148.52 |
| 学院上缴 | 179.62 | 180.07 | 200.94 | 198.13 | 203.57 | 180.93 | 175.59 | 198.14 | 1516.99 |
| 投资收益 | 83.62 | 67.48 | 68.94 | 50.68 | 55.71 | 50.24 | 32.11 | 15.81 | 424.59 |
| 其他收入 | 7.46 | 10.8 | 15.77 | 0.61 | 13.45 | 34.49 | 6.66 | 12.6 | 101.84 |
| 基金管理 | 207.39 | 191.31 | 224.56 | 218.44 | 182.59 | 162.29 | 182 | 218.74 | 1587.32 |
| 特许收入 | — | — | — | — | 182.5 | 182.5 | 532.51 | — | 897.51 |
| 收入合计 | 562.54 | 553.53 | 608.3 | 583.84 | 784.25 | 733.7 | 1040.72 | 536.06 | 5402.94 |
| 人员工资 | 310.88 | 322.37 | 342.72 | 297.37 | 343.57 | 390.44 | 475.29 | 526.18 | 3008.82 |
| 运营费用 | 125.31 | 127.25 | 160.51 | 139.67 | 155.44 | 207.53 | 264.22 | 264.88 | 1444.81 |
| 修缮维护 | 23.7 | 18.72 | 13.17 | 0.96 | | | | | 56.55 |
| 奖励赠款 | 0.38 | 0.23 | 0.23 | 0.23 | 0.38 | 0.15 | 0.65 | 86.38 | 88.63 |
| 拨付学院 | — | 23.82 | 9.09 | 8.29 | — | — | 21.29 | 0.11 | 62.6 |
| 资产折旧 | 12.82 | 10.78 | 10.22 | 11.33 | | 59.18 | 122.58 | 106.31 | 343.29 |
| 特殊费用 | 0.85 | 12.19 | 112.5 | — | — | | 23.3 | 13.12 | 161.96 |
| 支出合计 | 473.94 | 515.36 | 648.44 | 457.85 | 509.46 | 657.3 | 907.33 | 996.98 | 5166.66 |
| 年末结余 | 88.6 | 38.17 | −40.14 | 125.99 | 274.79 | 76.4 | 133.39 | −460.92 | 236.28 |

① https://www.sfpnet.fr/uploads/tinymce/AG 2018/8) Documents comptables.pdf（2022-05-15）.

② https://www.vie-publique.fr/sites/default/files/rapport/pdf/280741.pdf（2022-05-15）.

和 7.9%，捐赠收入只占 2.7%，比例相对较低。从支出结构看，人员工资是主要支出项目，占 58.2%；其次是运营费用，占 28.0%，奖励与赠款占比较少。事实上，法兰西学会的绝大部分资源集中于由学会管理的基金会。截至 2021 年 1 月 1 日，法兰西学会净资产只有 1420 万欧元，而其管理的基金会资产总额高达 9.77 亿欧元。根据法兰西学会 2021 年度基金会运作报告，该年度基金会支持科研项目支出 1950 万欧元、科技奖励支出 350 万欧元、奖学金和助学金支出 130 万欧元、另有支持学术会议支出 3.6 万欧元[①]。

　　法国科技社团收入结构差异较大。例如，巴黎地理学会（Paris Geographical Society）2017 年总收入 39.2 万欧元，其中绝大部分为房租收入，共 28.8 万欧元，占比高达 73.4%，此外还有会费收入 4.1 万欧元、房租退税 3.9 万欧元、理财收入 0.9 万欧元以及其他事项合并收入；在 39.0 万欧元的总支出中，人员费用 14.8 万欧元，占 38%，其他支出有税金 7.6 万欧元、交通费 4.1 万欧元、场地费 2 万欧元以及办公通信费 2 万欧元等[②]。对于法国航空航天学会（AAAF）而言，举办会议、机构及个人会员缴纳会费是最重要的收入来源，2018~2020 年的三年里，这三项收入共计 161.9 万欧元，占其总收入的 92.8%；而在 195.9 万欧元的总支出中，人员成本为 124.2 万欧元，占近三分之二；场地费用为 41.1 万欧元，其他费用还包括出版印刷及网站维护、国际国内合作交流、奖励活动与项目赠款等[③]。

　　尽管法律规定科技社团须每年向总部所在地警察局、内政部和为其提供资助的相关政府部门提交损益表、资产负债表和总分类账等财务信息，但对于向公众公开财务报告并无硬性规定。只有少数学会在其官网发布年

---

① https://www.institutdefrance.fr/wp-content/uploads/2021/06/03_BILAN_FONDATIONS-min.pdf（2022-05-15）.

② https://socgeo.com/wp-content/uploads/2020/12/Bulletin-34-MEP.pdf（2022-05-15）.

③ https://www.3af.fr/publications/rapports-annuels-3af-1109（2022-05-16）.

报和财务数据，如法兰西学会（Institut de France）、法国物理学会（EPS）、法国化学会（SCF）、法国航空航天学会（AAAF）等。

 **典型案例**

### （一）法国工程师和科学家协会（IESF）

法国工程师和科学家协会（IESF）历史悠久，其前身是 1848 年由原法国工程协会重组后创立的国家土木工程师协会，1978 年与法国工业协会联合会合并为法国工程师和科学家协会，1990 年与法国工程师协会联合会和法国工程师委员会整合成为法国工程师和科学家委员会，并于 2013 年更名为法国工程师和科学家协会。

1. 发展理念

法国工程师和科学家协会代表着法国 80 万名工程师和科学家群体，其宗旨是凝聚法国工程师和科学家的力量，为工程技术和自然科学领域的产品研发和科技创新提供服务，同时为行业内的科学家和工程师代言，确保其合法权益得到保障，促进职业平等。使命包括：促进科学家和工程师职业发展；培养工程师、科学家和技术人员；支持和帮助科研机构、企业单位及公共部门培养专业技术人员；组织和参与学术交流活动；传播科学技术知识及维护会员合法权益等，并在国际上代表法国参与欧洲工程师协会联盟和世界工程组织联合会的各项事务[1]。

2. 运行机制

法国工程师和科学家协会的治理机制是理事会领导下的主席团负责制。理事会由包括主席团 9 名成员在内的 28 名理事组成，理事由会员大会选举

---

[1]  https://www.iesf.fr/752_p_49749/statuts-reglement-protocole-covid-19.html（2022-05-20）.

产生，任期 4 年。主席团包括主席 1 名，分别负责地区事务、调查管理、教育培训和智库事务的副主席 4 名，分别代表协会事务、国际事务和部门委员会事务的代表 3 名，以及秘书长 1 名。

法国工程师和科学家协会设有航空航天、农业食品、化学、国防、水务、经济、能源、环境、研发与创新、土木工程和建筑、经济和战略情报、力学、风险管理、纳米技术、数字经济、文化遗产以及运输等多个专业委员会；设有科学家和工程师索引名录、现状调查和专业促进等跨领域专门委员会，以保护专业人员声誉、评估会员工作条件及薪酬待遇、培养专业人才等。除此以外，法国工程师和科学家协会在 20 多个地区设有区域性分会，在 90 多个大学或科研机构设有校友会，在英国和加拿大等国家设有代表处。

3. 主要业务

维护工程师和科学家声誉、促进就业是法国工程师和科学家协会重要的工作内容。由科学家和工程师索引名录委员会编制和维护的科学家和工程师名录索引收录有 113 万人的相关信息，该数据库对于促进就业和人员流动、服务高校和企业人才对接发挥重要作用。学会开展的年度工程师职业状况调查，每年都会收到近 5 万份有效问卷，对于专业院校人才培养和企业单位招聘人才具有重要参考价值。这些细致的基础工作，尤其是围绕机构使命和优先事项开展的年度满意度调查，能为协会更好地组织活动提供参考和借鉴[1]。

除出版综合性杂志《法国工程师和科学家协会季刊》外，法国工程师和科学家协会从 1990 年起每年发布法国新毕业工程师和科学家就业景气调查报告，对法国的社会经济状况和各学科领域新毕业工程师和科学家的就业前景做分析。法国工程师和科学家协会还经常结合社会热点问题或科技

---

[1]　https://www.iesf.fr/752_p_51757/comite-associations.html（2022-05-20）.

发展前沿发布颇有影响的调查报告，如 2021 年发布的《日常出行模式创新探索》，2022 年发布的《未来工厂与数字机械》等①。

法国工程师和科学家协会的收入主要来自会员会费。2020 年总收入为560 万欧元，其中会费收入 26.2 万欧元，服务收入 9.0 万欧元，投资收益 5.8 万欧元，租金收入和捐赠收入 6.5 万欧元，来自欧盟和法国政府的补贴 8.5 万欧元②。

## （二）法国航空航天学会（AAAF）

法国航空航天学会（AAAF）成立于 1945 年，现有个人会员 1400 多名，机构会员 66 家，是由航空、航天、国防和高科技领域的个人和企业组成的专业学会。

### 1. 发展理念

根据法国航空航天学会（AAAF）2012 年修订的章程，该会的使命包括以下方面：①航空航天、国防和高科技领域专业技术人员、教学科研人员、业余爱好者及企事业单位的协作网络；②增进会员合作与交流；③为会员提供航空航天领域各类信息；④与政府部门密切协作，展示和推广航空航天领域工业文化；⑤组织各类学术论坛和交流活动，鼓励会员表达观点、展示技能；⑥代表法国航空航天领域与外国科技社团开展交流，参与国际航空航天联合会事务；⑦促进会员在专业技术领域的发展，获得学术界和行业领域认可；⑧加强内部交流合作，提升学会整体效能。

### 2. 运行机制

法国航空航天学会（AAAF）的业务范围包括组织学术出版、举办学术

---

① https://www.iesf.fr/752_p_49783/tous-nos-cahiers-thematiques.html（2022-06-08）.

② https://www.iesf.fr/offres/doc_inline_src/752/210623-AG2021_Diaporama_presentation.pdf（2022-05-20）.

会议、参观考察等活动。日常运营由理事会负责，理事会成员由会员大会投票选举产生，人数为21~26名，法国空间研究中心、国防部、交通部作为当然机构会员各有权指派1人在理事会担任职务。理事会下设执委会，成员不超过8人，由理事会以无记名投票方式和简单多数规则选出，分别担任理事长、副理事长、秘书长、财务主管等职务。

法国航空航天学会（AAAF）个人会员包括普通会员、优惠会员、学生会员、捐赠会员等类型。普通会员是指30岁及以上在职人员，每年会费140欧元；优惠会员是指未满30岁的青年会员或已退休人员，每年会费75欧元；学生会员是指无工资收入的学生，每年会费15欧元；捐赠会员是指登载在捐赠名册上的会员，最低捐赠额度400欧元起。个人缴纳会员费可享受66%的个人所得税抵免[1]。

3. 主要业务

法国航空航天学会（AAAF）最大的特点是产学研结合。学会副主席直接联络66家会员企业，各专业委员会经常举办区域性和国际性活动。例如，空气动力学技术委员会每年都在不同城市组织召开应用空气动力学国际会议，围绕前沿热点技术问题进行研讨，由知名专家做专题报告并参观访问相关企业。2021年会议主题是航空运输对气候的影响，有15个国家的代表参会，会后参观了国立高等航空航天学院的研究设施。学会其他部门，如商业航空技术委员会、直升机技术委员会、飞行测试技术委员会、无人机技术委员会、战略与国际事务委员会等也定期举办多种活动，在法国及欧洲航空航天领域和欧盟委员会有着重要影响，与欧洲航空航天科学会议、欧洲湍流和燃烧学会等学术组织有密切合作[2]。

---

① https://www.3af.fr/a-propos/bareme-des-cotisations-2022-2423（2022-06-08）.
② https://www.3af.fr/groupes/commissions-techniques-22（2022-05-19）.

# 第九章　澳大利亚科技社团概况<sup>①</sup>

澳大利亚科技社团的发展历史悠久，形式和内容丰富，助力国家科技发展取得了优秀成绩。截至 2021 年，澳大利亚先后产生了 14 位诺贝尔奖获得者，覆盖了医学、物理、化学和文学等多个领域。根据日本 NISTEP 发布的《科学技术指标 2022》，澳大利亚在 TOP10% 论文被引频次中排行世界第六，TOP1% 论文被引频次中排行世界第五。这些成绩与澳大利亚科技社团在国家创新体系发挥的重要作用密不可分。

本章从学科分布、制度环境、发展概况等方面对澳大利亚科技社团展开梳理。在学科分布方面，澳大利亚科技社团的学科分布相对全面，学科结构差异较大，呈现医科和理科快速发展的态势。在制度环境方面，澳大利亚科技社团属于非营利组织，接受《澳大利亚慈善机构和非营利组织委员会法案》（2012 年）的制约。在发展概况方面，澳大利亚科技社团起源于移民早期农业发展及环境探索的需要。根据规模可划分为大型科技社团、中型科技社团和小型科技社团三类，其主要业务活动包括学术交流、社会服务、科技奖励等。

## 一、发展历程

### 1. 19 世纪 20 年代至 20 世纪 50 年代：发展初期

澳大利亚科技社团的发展源于移民早期农业发展及环境探索的需要<sup>②</sup>。

---

① 本章是在参考和引用《法意澳新科技社团研究》等文献基础上编写而成.

② 冯瑄. 澳大利亚科学技术概况 [M]. 北京：科学出版社, 2012: 19.

在早期移民阶段，为了适应当地独特的气候环境、原始与贫瘠的土地及特殊的植被和草场条件，农业、植物学、地质学、资源、环境等领域的科技工作者广泛参与研究，并于 1888 年成立了英国科学促进会的一个分支 —— 澳大利亚科学促进会，以应对澳大利亚全新的、复杂的科研需求。随后，澳大利亚总理比利·休斯于 1916 年成立了科学与工业咨询理事会，并在 1920 年更名为"联邦科学与工业研究会"，该学会负责全国科研机构的筹建工作，促进了澳大利亚科技社团的发展。1926 年，澳大利亚联邦会议颁布了《科学与工业捐款法》，该法律使得科技组织的功能发生了变化，区分了科技社团和科研机构的功能。这使得澳大利亚科学促进会在不断发展的过程中，也开始分化（图 9-1）。

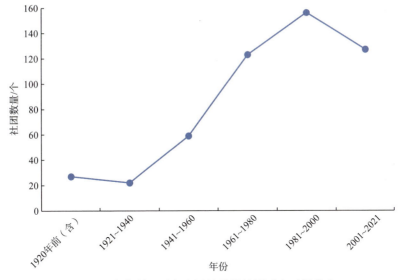

图 9-1　澳大利亚现有全国性科技社团成立时间分布

2. 20 世纪 50~90 年代：繁荣发展期

第二次世界大战之后，全球科技迎来了新的高速发展期，20 世纪五六十年代，澳大利亚科技社团进入了繁荣发展时期[1]。很多科技社团在此

① 郑德胜，胡勉. 澳大利亚科技社团运作与管理窥探 —— 澳大利亚科技社团考察综述 [J]. 学会, 2015(8): 36-39.

阶段建立，如成立于 1963 年的澳大利亚物理学会（AIP），成立于 1956 年的澳大利亚数学学会（AustMS）等。20 世纪八九十年代，科技社团进入联盟建设时期。不同的科技社团开始组建联盟，向政府证明自身价值，获得相关资助。例如，1985 年成立的澳大利亚科学技术协会联合会（后更名为澳大利亚科学技术联盟），在成立之初包括了澳大利亚科学院（Australian Academy of Science）、澳大利亚物理学会（AIP）、澳大利亚计算机学会（ACS）等科技社团。

3. 20 世纪 90 年代至今：差异化发展

20 世纪 90 年代开始，世界科技形势发生变化，澳大利亚开始选择集中力量发展专业领域的科学技术，医药类科技社团进入生态体系建设时期。在生存问题已经解决的情况下，支持促进医疗、健康领域的科技发展不仅符合医药类科技社团自身发展需求，也符合公众期望。得益于此，澳大利亚医药类科技社团规模日益增长，人才辈出，产生了 7 名生理学或医学领域的诺贝尔奖获得者。

## 二、规模及学科分布

通过对澳大利亚慈善机构和非营利组织委员会的网站进行检索，澳大利亚全国性或业务范围覆盖该国大部分区域且具有一定组织规模和影响力的科技社团约为 600 个。

本书编写组考察了其中 514 个科技社团的相关信息。从学科分类看，医科类科技社团的比例最高，占 55.25%；其次是理科类科技社团，占 27.63%，工科类科技社团占 7.00%，交叉学科类科技社团占 6.42%，农科类科技社团占 3.70%（图 9-2）。医科类科技社团比重过半，这与澳大利亚重视医疗科技与健康技术，整体医疗水平较高相关。

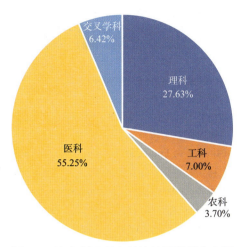

图 9-2　澳大利亚现有科技社团学科分布图

从动态变化来看，澳大利亚早期科技社团的学科领域主要是理科，其次是医科（图 9-3）。20 世纪 40 年代，随着社会公众对医疗健康的重视，医科类科技社团随之迅速发展，成立数量居所有学科之首。工科类、农科类和交叉学科类科技社团的新成立数量一直处于相对较低的水平。从注册地来看，澳大利亚科技社团主要集中在堪培拉、墨尔本、阿德莱德等城市（表 9-1）。

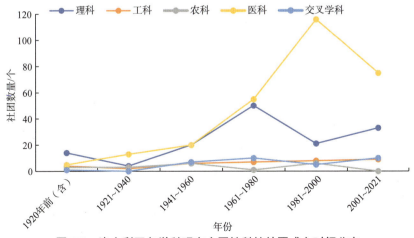

图 9-3　澳大利亚各学科现有全国性科技社团成立时间分布

表 9-1　澳大利亚各学科领域历史悠久的科技社团

| 序号 | 科技社团名称 | 成立年份 | 总部所在地 |
|---|---|---|---|
| 1 | 澳大利亚气象和海洋学会<br>（Australian Meteorological and Oceanographic Society） | 1987 年 | 菲茨罗伊 |
| 2 | 南澳大利亚天文学会<br>（Astronomical Society of South Australia） | 1891 年 | 阿德莱德 |
| 3 | 澳大利亚工程师学会<br>（The Institution of Engineers Australia） | 1919 年 | 堪培拉 |
| 4 | 澳大利亚农业和资源经济学会<br>（Australian Agricultural and Resource Economics Society） | 1957 年 | 佛蒙特 |
| 5 | 澳大利亚神经外科学会<br>（Neurosurgical Society of Australasia） | 1940 年 | 墨尔本 |
| 6 | 澳大利亚图书馆和信息协会<br>（The Australian Library and Information Association） | 1937 年 | 迪肯 |

## 三、法律法规及监管机制

### （一）法律法规

澳大利亚的社团法人是在各州或地区法律之下创建、以会员制为基础的非营利组织，也是拥有政府拨款最多、最为常见的非营利组织。社团法人可以是学会、俱乐部或者是公共机构。其中，科技社团是澳大利亚税务部门定义的非营利组织（含慈善机构）的一种。

澳大利亚没有专门针对科技社团的立法，但是有针对非营利组织的立法。澳大利亚慈善机构和非营利组织委员会法案（2012 年）（简称"2012年法案"）详细规定了澳大利亚非营利组织从创建到退出的所有程序，以及在运作过程中发生事件的处理方式，包括按照不同标准区分慈善机构和非营利组织；规定慈善机构和非营利组织从注册、运行到撤销的全部过程；详细说明财税减免相关事宜。此外，澳大利亚科技社团还必须遵守澳大利亚政府与非营利组织之间达成的协定。

## （二）登记注册

科技社团的登记注册需要遵守澳大利亚的法律，同时也需要符合监管机构的要求。一是事项识别和确认。创建科技社团首先需要对以下事项进行识别和确认，包括调研社团背景、概述创建目的、获取资源的方式、明确法人形式、遵守相关法律、确定社团管理方式、制定社团工作计划等。二是注册过程。需要按照澳大利亚监管机构的清单要求，准备相应资料，在网上申请注册科技社团。清单资料包括澳大利亚商业号码、组织名称以及其他信息，如组织结构、通信方式、管理文件等相关内容。如果科技社团注册为非营利组织，需要在文件中明确规定其非营利性质。例如，在组织管理文件中加入非营利条款，该条款规定组织的资产和收入如何使用和分配，即"该组织的资产和收入仅用于促进其目标，除了对提供服务进行补偿或弥补发生的费用外，任何资产和收入均不得直接或间接在组织成员中进行分配。"

## （三）运行监管

澳大利亚政府根据"2012 年法案"成立了国家监管机构——澳大利亚慈善机构和非营利组织委员会（The Australian Charities and Not-for-profits Commission，ACNC），其监管流程包括搜集信息确定风险等级、甄别高风险行为的性质、公平裁判、依法分类执行等，旨在通过加强问责制和提高透明度，维护和增强公众对非营利组织的信任[1]。

澳大利亚科技社团通过披露年度信息声明和年度财务报告等信息公开方式，实现社会监管。在年度信息声明方面，科技社团每年均需要提交社团活动、基本财务信息等，以获得免税优惠。科技社团的年度信息声明还

---

① The Australian & New Zealand Association for the Advancement of Science. Welcome to the ANZAAS Website[EB/OL]. https://www.anzaas.org.au, 2019-10-21.

被用于评估社团的注册权利及其对相关法案的遵守情况。在年度财务报告方面，根据社团规模不同，大型和中型科技社团[1]须提交年度财务报告，小型科技社团可以自行选择是否提交财务报告。

澳大科技社团在接受政府和社会监管的同时，注重内部自我监管。根据澳华科学技术协会的介绍，科技社团自我监管机制主要由三个方面促成：一是法律条文明晰具体、可操作性强；二是社会行为的规范和舆论的监督促进了科技社团的自我约束；三是同业组织的竞争带动了科技社团的自我监管。政府允许多个同类型社团组织存在，以利竞争，相互促进。[2]

### （四）财税优惠

与所有非营利组织一样，澳大利亚科技社团在法律法规框架下经营运作，享受国家免税优惠，获取政府项目资助。根据"2012年法案"规定，科技社团理论上享有税收优惠，但需要通过实体测试、免税捐赠接收者（deductible gift recipient, DGR）测试和法律测试三项测试之一，才能获得真正的税收优惠。实体测试需要确认该科技社团的运作实体是否在澳大利亚，该实体不是指房屋，而是指收入和支出，发生在澳大利亚的收支比例至少需要超过50%才能成为澳大利亚的科技社团，并得到税收优惠。

"2012年法案"规定，科技社团可以提供直接利益（如分配金钱或礼物）或间接利益（如接受与非营利目的一致的帮助）[3]，工作人员包括负责人（如

---

[1] 科技社团的规模是基于其报告期间的年度总收入确定的. 小型科技社团是指年收入低于25万澳元的社团, 中型科技社团是指年收入超过25万澳元但低于100万澳元的社团, 大型科技社团是指年收入超过100万澳元的社团. 这种划分方法与年度报告中的划分方法略有不同. 在大型科技社团级别没有再进行划分.

[2] 郑德胜, 胡勉. 澳大利亚科技社团运作与管理窥探——澳大利亚科技社团考察综述 [J]. 学会, 2015(8): 36-39.

[3] 石国亮. 非营利组织管理创新及其研究价值——从"全球性结社革命"和合作治理谈起 [J]. 理论与改革, 2011(3): 33-37.

董事会、委员会成员或受托人）可以为其工作获得报酬，但必须是合理的。组织的管理文件需要包含有关合理付款和福利的条款。根据法律规定，科技社团可以获利，但任何利润都必须用于实现科技社团的目的；也可以持有利润，但是需要有正当的理由[①]。

## 四、内部治理及发展情况

### （一）内部治理

在澳大利亚慈善机构和非营利组织委员会（ACNC）对于法人社团的要求中[②]，社团要拥有一定的成员数量，需要有专职管理的委员会来管理各项事务以及社团必须要有自己的行为准则或者管理文件。通常由董事会或者理事会领导社团，下设由学科方向组成的管理委员会或者兴趣小组，或是由具体工作事项组成的管理委员会。

以澳大利亚与新西兰科学促进会（ANZAAS）为例，ANZAAS 的领导机构为理事会以及主席团，内设主席以及副主席，下设委员会以及各种科学交流部门（图 9-4）。其中，ANZAAS 的理事会是最高执行机构，通过会员投票产生，由全体理事以及主席、副主席构成，负责科技社团各部门、委员会的业务以及管理活动，审查各种研究报告，对各项事宜做出审议和决策，监督内部各个执行理事的职务履行。主席与副主席都从理事会的成员中提名，再由社团成员进行投票表决。理事会下设多个委员会，负责科技社团的学术管理、宣传、事项执行等工作。同时，委员会还负责所有分会提交的报告总结以及工作报告的整理。

---

① 伊强 . 国外非营利组织立法简析 [J]. 学理论 , 2011(1): 180-181.

② https://www.acnc.gov.au/for-charities/start-charity/you-start-charity/charity-subtypes/incorporated-associations.

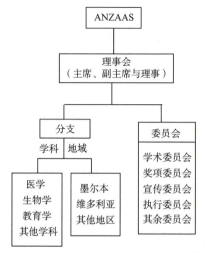

**图9-4　ANZAAS基本组织框架结构**①

## （二）业务功能

**1. 学术交流**

学术会议是澳大利亚科技社团搭建交流平台的重要服务形式。为提升学术凝聚力和影响力，澳大利亚科技社团高度重视年轻研究人员和学生群体在学术交流中的作用。例如，澳大利亚皇家化学学会（RACI）面向学生群体举办的昆士兰聚合物集团学生研讨会，为聚合物科学领域的学生提供交流机会，让他们在轻松的氛围中分享经验并扩展社交范围；举办的无机化学会议则重点为年轻研究人员提供展示最新研究成果的机会。

**2. 社会服务**

澳大利亚科技社团面向社会开展科普服务、就业服务、创业服务等。例如，澳大利亚与新西兰科学促进会（ANZAAS）开展"国家社区科学对话"项目，由不同领域的科学家向公众发表演讲和演示。澳大利亚物理学会（AIP）面向社会提供最新研究进展报告，组织开展公开演讲、公开课等活动。澳

---

① ANZAAS congress. About Trove. https://www.trove.nla.gov.au.

大利亚物理学会（AIP）对外提供与物理相关的工作链接，发布工作内容、职业要求、申请方式等信息。

3. 科技奖励

澳大利亚科技社团通过设立科技奖项鼓励会员开展学术研究。例如，澳大利亚与新西兰科学促进会（ANZAAS）设置 ANZAAS 奖章以及 Mueller 奖章等表彰奖励杰出科学家。澳大利亚皇家化学学会（RACI）设立有国家奖、外部奖项、部门奖等，其中国家奖包括学术成就奖、卓越教育奖、创新科学奖、年轻化学家奖和女性化学奖。澳大利亚基因组技术学会（AMATA）还提供小额资助计划、旅行费资助、学生奖以及职业早期研究员奖，以帮助有需要的科学家尤其是学生和青年研究人员开展科学研究。

## （三）财务情况[①]

澳大利亚科技社团的收入一般包括提供商品或服务收入、投资收入、政府资助、捐赠、特许权使用费和许可费等[②]。不同类型科技社团的收入来源存在明显差异。对于大型和中型科技社团而言，收入主要来源于政府资助、提供商品和服务收入、捐赠收入等，主要支出包括活动支出、员工工资及其他费用。对于小型科技社团而言，主要收入来源是捐赠收入，其次为提供商品和服务收入，主要支出包括活动支出、员工工资等。

澳大利亚皇家化学学会 2021 年的主要收入为会费收入和来自政府的补助，主要支出为工资薪金、竞赛活动费用以及办公室行政费用（表 9-2）。其中，政府的 JobKeeper 政策付款是帮助澳大利亚人继续就业，并支持因 COVID-19 流行受到重大经济影响的企业。

---

① https://www.acnc.gov.au/tools/reports/australian-charities-report-8th-edition.
② 天津市科协. 透视澳大利亚科技社团看我国科技社团的发展 [J]. 科协论坛, 2007(11): 43-45.

表 9-2　澳大利亚皇家化学学会 2021 年收入支出情况　（单位：澳元）

| 收入项目 | 金额 | 支出项目 | 金额 |
|---|---|---|---|
| 会费收入 | 664 788 | 工资薪金支出 | 687 329 |
| 学校竞赛收入 | 34 697 | 学校竞赛支出 | 107 768 |
| 会议收入 | 38 852 | 会议支出 | 80 224 |
| 捐赠收入 | 34 621 | 折旧支出 | 76 308 |
| 媒体收入 | 83 347 | 财务会计费用 | 24 549 |
| 投资收入 | 42 648 | 行政费用 | 145 401 |
| 租金收入 | 57 075 | 媒体广告费用 | 65 194 |
| 政府补贴 | 312 408 | 赞助及奖项支出 | 14 539 |
| 其他收入 | 10 318 | 非行政费用 | 5 961 |
| 总收入 | 1 278 754 | 总支出 | 1 207 273 |

## 典型案例

### （一）澳大利亚物理学会（AIP）

澳大利亚物理学会（Australian Institute of Physics，AIP），成立于 1963 年，取代了英国物理研究所（The British Institute of Physics）的澳大利亚分所。自 1976 年起每年举办凝聚态与材料会议，每两年组织一次会员代表大会。

1. 发展理念

澳大利亚物理学会（AIP）致力于促进物理学的发展和应用，为物理学家提供支持。任务包括代表和促进物理学界与政府、立法或决策机构的交流；举办会议；支持中小学及高校的物理教育；鼓励政府和工业研究的投资；制定物理学专业标准和资格认证；推进物理学领域的就业；表彰作出杰出贡献的物理学人才等。

2. 运行机制

（1）组织机构

澳大利亚物理学会（AIP）的领导决策机构是 AIP 执行委员会，由主席、副总裁、名誉秘书、名誉司库等多名成员构成，拥有审议权和决策权，不仅负责学会业务和管理活动，而且负责监督理事以及业务执行理事的履职情况。学会设置了秘书处、编辑处等部门以辅助执行委员会开展工作。同时，为了满足日益频繁的国际交流、出版活动等，还设立地区分会、专业小组等专业组织机构，以保障和推进各项业务活动顺利开展。此外，澳大利亚物理学会还设置了9个特定兴趣子小组，包括原子与分子物理学（ATOMP）、凝聚态与材料（CMM）、核与粒子物理学（NUPP）等。学会成员可以根据兴趣选择加入任何数量的正式子小组。

（2）会员管理

澳大利亚物理学会（AIP）的会员类型包括会员、研究员、荣誉院士和学生助理等。会员是物理学本科毕业生的正常专业等级，任何完成 AIP 认可的本科学位的人都有资格申请。研究员在物理学领域有重大和公认的贡献。荣誉院士是与物理学或与之相关的科学密切相关的杰出人士。学生助理是澳大利亚全日制学习物理的学生，可免费获得在线会员资格，无投票权。会员、研究员和荣誉院士在年度会员大会上拥有投票权（表9-3）。

表 9-3　澳大利亚物理学会会费标准　　　　（单位：澳元）

| 会员类别 | 2021 年 | 2022 年 | |
| --- | --- | --- | --- |
| | | 提早付款 | 正常付款 |
| 研究员 | 281 | 279 | 291 |
| 相似领域研究员 | 255 | 251 | 261 |
| 退休 / 海外研究员 | 135 | 139 | 149 |
| 相似领域的退休 / 海外研究员 | 123 | 123 | 133 |
| 成员 | 221 | 213 | 223 |
| 相似领域成员 | 199 | 191 | 201 |
| 退休 / 海外成员 | 116 | 106 | 116 |
| 相似领域退休 / 海外成员 | 104 | 96 | 106 |
| 全日制学生成员 | 60 | 50 | 60 |
| 相似领域学生 | 56 | 46 | 56 |
| 助理 | 128 | 120 | 130 |
| 相似领域助理 | 116 | 108 | 118 |
| 退休或海外助理 | 68 | 60 | 70 |
| 相似领域退休 / 海外助理 | 62 | 54 | 64 |
| 全日制学生助理 | 60 | 54 | 64 |
| 本科全日制学生 | 免费 | 免费 | 免费 |

资料来源：www.aip.org.au。

3. 主要业务

AIP 的主要业务包括出版期刊、举办学术会议、颁发奖项、促进职业发展等。学会出版的刊物包括 *Australian Physics*、会议论文集等。在学术会议方面，除了两年一届的全国大会（AIP Congress），AIP 还创建了夏季会议（AIP summer meeting）、西澳学生会议（WA student conference）、凝聚态与材料年会（annual condensed matter and materials meeting）等，给物理研究者和学生提供交流平台。在颁发奖项方面，AIP 设有 Harrie Massey 奖章、Ruby Payne-Scott 早期职业研究卓越奖、AIP 教育奖章、Alan Walsh 工业服务奖章和 Walter Boas 奖章。值得一提的是，AIP 参与设立了杨振宁（C.N. Yang）奖，以表彰作出突出贡献的亚太地区物理学家。

## （二）澳大利亚数学学会（AustMS）

澳大利亚数学学会（Australian Mathematical Society，AustMS）成立于1956年。学会拥有推广社区科学、代表数学专业人士的利益、发行出版物、举办研讨会议以及表彰奖励等功能，以促进澳大利亚数学学科的发展。

1. 发展理念

澳大利亚数学学会旨在促进澳大利亚的数学发展。其使命包括：①在澳大利亚推广数学科学及其应用；②面向澳大利亚社会，代表数学相关领域的利益；③致力于在数学领域工作者中实现多样性、可及性和公平性；④为学会会员争取广泛利益。

2. 运行机制

（1）组织机构

理事会是澳大利亚数学学会的领导决策机构，由主席、副主席、前任主席等多名成员组成。理事会下设执行委员会、宣传委员会、广告委员会、学术委员会、教育委员会等（图9-5）。设置了两大分会，分别是澳大利亚与新西兰工业与应用数学会、澳大利亚与新西兰数学物理学会。此外，学会还设有 6 个特别兴趣小组，分别为女性数学特别兴趣小组、应用概率特别兴趣小组、维多利亚代数特别兴趣小组、数学教育特别兴趣小组、计算数学与优化特别兴趣小组、澳大利亚数论特别兴趣小组。

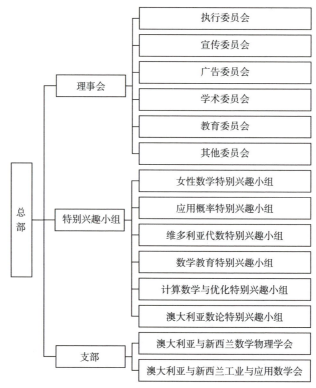

**图9-5 澳大利亚数学学会组织结构**

（2）会员管理

澳大利亚数学学会的会员资格向数学家和有数学兴趣的人开放。个人会员类型包括荣誉会员、普通会员、维持会员、互惠会员、减价会员、退休会员、教育会员、终身会员和学生会员等。其中，普通会员数量最多。减价会员资格面向国际注册学生和非全职工作（如临时、兼职和非有偿工作）的学生开放。学生会员资格是指在澳大利亚机构注册的数学本科生有资格获得长达4年的免费会员资格，但须每年确认资格。互惠会员资格向与澳大利亚数学学会有互惠协议的社团成员开放。维持会员资格提供了一种以更实质性的方式支持协会的方式。维持会员费的一半用于捐赠基金，以资助大型项目。终身会员资格适用于在 55 岁或之后退休的人，只需支付一笔费用。在促进、扩展或应用数学知识方面表现突出的人可由理事会选举为学会荣誉会员。教育会员资格向澳大利亚数学教师协会和澳大拉西亚数学教育研究小组的成员开放。机构、协会和其他组织可以成为机构成员。退休会员资格适用于已退休的人。有资格参加此类别的成员可以选择作为普通会员或维持会员作出贡献。免费会员资格适用于 70 岁及以上且成为 AustMS 会员至少 30 年的会员。有资格参加此类别的成员可以选择作为退休会员、普通会员或维持会员。详细会费标准见表 9-4。

表 9-4　澳大利亚数学学会会费标准　　　　　　（单位：澳元）

| 会员类别 | 订阅 AUSTMS | 外加 ANZIAM | 外加 ANZAMP | 特别兴趣小组（每个） |
|---|---|---|---|---|
| 普通会员 | 156 | 32 | 32 | 15.60 |
| 维持成员 | 311 | 32 | 32 | 15.60 |
| 互惠会员 | 79 | 32 | 16 | 7.90 |
| 教育会员 | 79 | 32 | 16 | 7.90 |
| 早期职业会员 | 79 | 32 | 16 | 7.90 |
| 减价会员 | 40 | 16 | 10 | 4 |
| 退休成员 | 40 | 16 | 10 | 4 |

资料来源：https://austms.org.au/membership/subscription-fees/。

（3）主要业务

AustMS 的主要业务包括出版期刊、举办会议、教育培训、颁发奖项等。在出版期刊方面，AustMS 推出 ANZIAM 期刊，发表应用数学和相关数学领域的文章。期刊每年出版四期，可在网上查阅；澳大利亚数学学会讲座系列是一系列出版物，涵盖数学所有细分领域，同时关注澳大利亚大学课程的需求；《澳大利亚数学学会杂志》刊登以前从未发表过的纯数学和数理统计文章，每年出版六期。AustMS 还设置了十余个奖项。例如，澳大利亚数学学会奖章，每年颁发，表彰作出杰出贡献的数学家；Gavin Brown 最佳论文奖，授予数学领域内原创性文章、专著或书籍。

# 第十章　瑞士科技社团概况①

世界知识产权组织（WIPO）公布的"2022年全球创新指数报告"显示，瑞士的创新指数在全球各国家或地区中最高，第12次蝉联全球冠军。高效而完善的政府管理体系、实力雄厚的科研机构、开放的劳动力市场、完善的基础设施、合理的税收、高质量的生活条件、双轨制的职业教育、稳定的法治与知识产权保护机制共同打造了瑞士优良的创新生态系统。作为科技知识密集型的公共服务提供者，瑞士科技社团通过凝聚专业人才，与企业、政府以及其他相关组织合作等，构建开放的科技创新生态系统，在国家科技发展中发挥重要作用。

瑞士科技社团具有多样化的特点，除各类学会、协会外，还包括行业集群、跨国平台和国际组织等形态，展示出网络化、多元化等特点。完备的法律法规体系和宽松式管理为瑞士科技社团提供了良好发展环境。

## 一、发展历程

瑞士的科技社团发展和瑞士的科技发展密切相关。自18世纪以来，自然科学研究在国际上的成功对塑造瑞士的国际形象起到了举足轻重的作用。瑞士最早的科技社团可以追溯到18世纪中期，至今仍十分活跃的瑞士森林学会（Swiss Forest Society）和瑞士昆虫学会（Swiss Entomological

---

① 本章是在参考和引用《瑞士韩国印度及中国香港特区科技社团研究》等文献基础上编写而成.

Society）分别成立于 1843 年和 1862 年。

进入 20 世纪后，瑞士科技社团开始稳步增长。瑞士的中立思想帮助科学家远离政治，致力于科学发展。第二次世界大战后，科技作为瑞士经济的主要关注领域，得到政府和私营部门的大力推动。特别是 60 年代以后，瑞士科技社团数量大幅增加，仅 1980~2000 年的 20 年时间，新成立科技社团就有 97 家（图 10-1）。瑞士的国家创新体系旨在大学、科研机构和企业间建立一个创新和充满活力的科学网络。医疗、药品、机械、电子科技是瑞士的主要出口产品，最具代表性的是其生物技术集群，瑞士被认为是世界上最具创新性的生物技术中心之一。本地公司在许多领域都处于领先地位，吸引着资本、合作伙伴和人才。成功的关键是由其知名大学、高度专业化的公司和初创公司驱动的创新网络。

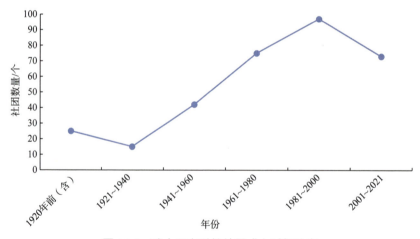

图 10-1　瑞士现有科技社团成立时间分布

因其传统的开放包容和政治中立，瑞士一直是国际组织的理想选址地，包括联合国、世贸组织、世卫组织等 40 多个国际组织在瑞士设立总部或办事处。这使得瑞士的科技社团具有鲜明的国际化特点，在扩展国际市场、汇集国际资源和人才方面都有着无可比拟的优势。同时，瑞士拥有高素质的研究人员、优惠的税收政策、成熟的投融资体系以及独特的地理位置等优势，联邦和各州为各创新主体设置了一系列有利条件，包括打造著名高校、双轨制职业教育、科研机构、开放的劳动力市场和现代化的基础设施等，为科技社团发展营造了良好社会环境。

进入 21 世纪以来，瑞士科技社团的内涵和外延都发生了重大变化，除传统的学会、协会外，还出现了行业集群（cluster）、非营利性基金会、跨国平台机构等多种形态，呈现组织网络化、类型多元化等特点，以适应产业规模不断扩大、产业链不断延长等社会新需求。其中，协会占主体。跨国平台机构是瑞士相较其他国家采用的有自身特色的形式。各类学会、协会、行业集群、跨国平台和国际组织等在瑞士经济社会各领域发挥着越来越大的作用。近年来，瑞士科技社团在生命科学、生物制药、生物技术、医疗技术、无线电通信、区块链、纳米技术、航空航天、大数据与信息产业、电子商务、金融新科技等领域发展迅速。科技社团和各类创新促进机构在研发、知识和技术转移等方面共同搭建信息咨询、融资服务、教育培训等网络平台。

## 二、规模及学科分布

通过对瑞士商业登记处有关数据库进行检索，可以查询到近 300 个和科技相关的非营利组织，鉴于有一定比例未开展商业活动的科技社团未进行登记，瑞士的科技社团的总规模约为 400~600 个。

本书编写组考察了其中 327 个科技社团的相关信息，分为理科、工科、农科、医科和交叉学科五大类（图 10-2）。其中，医科类科技社团最多，占 44.04%，其次为工科类科技社团，占 24.16%，理科类科技社团占 16.82%，交叉学科类科技社团占 11.62%；农科类科技社团占比最小，占 3.36%。

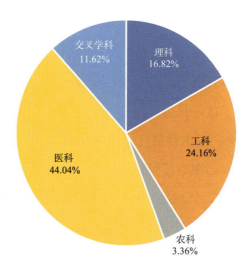

图 10-2　瑞士现有全国性科技社团学科分布图

　　从学科动态变化来看，瑞士各学科科技社团从 1940 年左右开始快速发展。20 世纪 80 年代以来，伴随着全球生命科学领域的快速发展，医科类科技社团数量快速增加，近 40 年来共有近百家医科类科技社团成立，约占新成立科技社团的一半（图 10-3）。这些科技社团中有涉及医学基础领域的，如瑞士医学遗传学会（Swiss Society for Medical Genetics）、瑞士实验药理学会（Swiss Society for Experimental Pharmacology）、瑞士药学学会（Swiss Society for Pharmaceutical Medicine）等，也有涉及生物技术、医疗器械的应用领域的，如瑞士医疗技术协会（Swiss Medtech）、欧洲医学激光器协会（European Medical Laser Association）、国际计算机辅助骨科外科学会（International Society for Computer Assisted Orthopaedic Surgery）等。其中，瑞士生命科学联合会（LS2）是瑞士最大的生命科学联合会，该联合会前身为瑞士实验生物学联合会（USGEB），是瑞士生物化学、解剖学、组织学和胚胎学、生理学、分子生物学和遗传学等学会的伞形学会，至今已有 50 多年的历史。1992 年瑞士联邦政府启动了"生物技术优先发展计划"（SPP），

"国家研究能力中心计划"（NCCRs）、"风险实验室计划"等战略项目，催生出数百家生物技术企业。生物技术领域的科技社团和支持平台也随之成立。比较有代表性的有：1998 年成立的瑞士生物技术协会（ASBC）和瑞士西部生命科学集群（BioAlps）。瑞士西部生命科学集群于 2003 年正式登记注册，其宗旨是支持服务初创企业，通过打造协同创新网络，提供量身定制服务，帮助初创企业提高效率。[①] 由此可见，瑞士各学科科技社团的成立和壮大，一方面顺应其国家战略发展，另一方面又基于其自身特点和优势，快速、高效地融入国家创新体系，成为瑞士创新体系的一大特色。

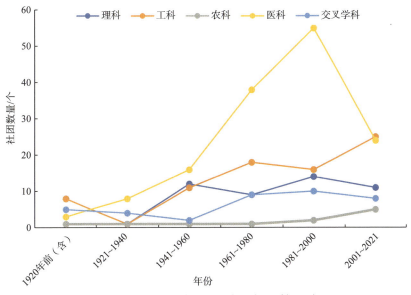

图 10-3　瑞士各学科科技社团成立时间分布

## 三、法律法规及监管机制

### （一）法律法规

　　瑞士社团组织在以《瑞士民法典》为核心的联邦法律制度下运行。同时，

---

① 　瑞士西部生命科学集群 [EB/OL]. https://bioalps.org/about/.

瑞士是联邦国家，州法具有重要的地位，许多州有相应的州法对设立于本州的科技社团制定更为详细的规则。[①] 科技社团作为公益性质的社团组织，也和其他社团组织遵守一致的法律法规。

根据《瑞士民法典》，设立社会团体法人应当依法制定章程。关于法人的规定比较宽松，以政治、宗教、学术、艺术、慈善、社交为目的的及其他非经济性的社团，自表示成立意愿的章程生效时，即取得法人资格（第60条第1款）。因此，章程是科技社团最重要的基础文件，也是建立社团的关键任务。根据《瑞士民法典》，社团章程必须是书面形式，内容包括：社团名称和总部地址、成立目的、宗旨、组织结构、委员名单等。[②] 特别是在资金来源方面，应该说明实现社团宗旨所需资金的具体获取方式（如会费、捐款、活动的收入等）；依据《瑞士民法典》，社团的最高权力机构是会员代表大会，章程中还应明确社团的组织机构，如作为执行机构的理事会等。如果需要商业登记，章程中还必须明确审计员。

此外，章程中还需对其业务范围、分支机构、会员权利和义务、会员退出机制等进行明确规定。瑞士科技社团在资不抵债时，需根据《瑞士民法典》依法解散；同时，社团也可依据会员大会决议解散。当社团的宗旨不合法或违背道德时，主管机关或利害关系人可向法院申请裁定解散，同时通知商业登记官，将其在商业登记中删除。

## （二）登记注册

在瑞士设立一个社团程序相对简单，一般情况下，如果社团追求的是非商业性质的目标，那么只要社团章程明确描述该目标即可获得法人资格，

---

① 佚名. 瑞士民法典 [M]. 戴永盛，译. 北京：中国政法大学出版社，2016.

② 瑞士非政府组织委员会. 非营利和营利公司注册要求 [EB/OL]. https://neo-project.github.io/global-blockchain-compliance-hub//switzerland/switzerland-registry-requirements.html.

无须登记注册。但为了实现社团的目标而从事必要"商业性质的活动"的社团须在总部所在地的商业登记处登记，并且必须保持清楚的账目。除了为追求社团目标而进行商业经营或受到审计要求的社团外，在商业登记处登记不是强制性的。但是成立科技社团必须给社团命名，并确保社团的名称不会产生误导，且能与其他现有社团的名称明确区分。

组建社团的准备工作包括：明确社团宗旨、名称和章程；开立账户（开设该账户必须提供书面记录和书面章程作为证据）；提出理事会理事人选；检查确认社团是否有义务进行商业登记；检查社团是否需要保险，以及选择哪种保险（如责任险、财产险等）；制定预算；了解社团是否因为非营利性质而符合免税要求，并向相关税务机关提交初步申请。

### （三）运行监管

瑞士没有专门的机构负责科技社团的管理和监督，其社团组织具有很强的独立性。科技社团在以《瑞士民法典》为核心的联邦法律制度和各州相关法律制度下确立基本的活动准则，依法制定章程，并按章程进行自我管理。

总体看，瑞士的科技社团管理体制比较宽松，只要有书面签订的章程，即可宣告成立，获得法人资格。如无商业性活动，可不用注册登记。同时，瑞士具有明确的法律规则，如科技社团一旦进行商业活动就必须在商业部门进行注册登记。如果在连续两个营业年度内以下 3 项中有 2 项达到就必须进行外部审计：资产超过 1000 万瑞士法郎、营业额超过 2000 万瑞士法郎或平均每年有 50 名以上全职员工。特别是，社团的运营目的是利润或者为某一特定目标提供大量资金时，按照法律规定应该注册为公司或基金会，科技社团的本质是公益性质的社会组织。[1] "章程＋法律"的管理模式，在

---

[1]　瑞士非政府组织委员会 . 非营利和营利公司注册要求 [EB/OL]. https://neo-project.github.io/global-blockchain-compliance-hub//switzerland/switzerland-registry-requirements.html.

确保瑞士社团运营自主性的同时，明确了不同性质行为的边界，规范了社团组织的运营管理。

### （四）财税优惠

瑞士科技社团按照联邦和州税制度依法纳税，同时享受税收优惠政策。一般情况，瑞士各州规定，凡是出于慈善或公益目的的收入，均可申请税收优惠或是免税。相关税收优惠包括：会费不需要纳税，应税收入相关的费用如果超过了会费，可将其会费在应税收入中进行抵扣。如果利润低于5000瑞士法郎，可不用缴纳联邦税，一般州也有相关利润最低额度的规定。出于慈善和公益目的，普通纳税个人或公司向社团支付的款项可以免税，同时不需要缴纳赠与税，捐赠的现金或资产最多可抵扣应纳税净利润的20%。按照瑞士税法，以公益和慈善为目标的机构可以免除的税种有：①联邦直接税 [ 受 1990 年 12 月 14 日关于联邦直接税（LIFD）的联邦法律管辖。豁免只适用于利润 ]；②州和市税（ 受 1994 年 9 月 23 日关于征税的法律管辖。对利润和资本都是免税的 ）。联邦和州层级的免税可同时申请，但一方申请成功并不能自动豁免另一方。免税申请一般需提供免税申请表、社团章程以及其他必须提供的文件。免税申请程序一般需要 3 个月左右，由财政部最终决定是否符合免税要求，如被拒绝豁免，可提起上诉。[①]

## 四、内部治理及发展概况

### （一）内部治理

章程是瑞士科技社团开展内部治理的纲领性文件，科技社团通过章程实现自主办会和民主办会。章程的各项规定来源于科技社团所有会员的

---

① 瑞士非政府组织委员会 . 非营利和营利公司注册要求 [EB/OL]. https://neo-project.github.io/global-blockchain-compliance-hub//switzerland/switzerland-registry-requirements.html.

共同意志，通过章程实现民主管理。从章程中可以看出，瑞士科技社团一般选出理事会来代表成员行使管理权力。会员大会是科技社团的最高权力机构。会员大会一般由理事会负责召集，按照章程的相关要求召开。会员大会负责会员的资格确认和取消，并任命委员会，对重大事项进行表决；会员大会同时监督理事会的活动。全体会员享有平等的表决权，一般决议需出席会员半数票通过方可生效。会员大会一般根据章程规定委托理事会（council）行使日常管理权，也有一些科技社团通过专业团队等方式来实现社团管理。

实行理事会制的科技社团，一般在理事会下设立多层管理和执行机构，包括秘书处、专家顾问、执行机构、联络机构等，形成多层次的治理结构，进行决策、管理、执行等职能分工。有些科技社团则采用扁平化管理模式，在理事会下直接设置各职能部门以提高管理效率。具体采取哪种治理机制，与科技社团发展规模、所处行业及功能定位密切相关。

以瑞士工程师和建筑师协会（SIA）为例，协会成立于1845年，距今已有170多年的历史。该协会的核心目标是促进瑞士建筑环境的可持续发展和高质量设计，具有高度的专业性和跨学科性质。协会及其会员代表了建筑和建设方面的质量和专业水准，以在标准方面的工作而闻名。协会开发、更新和公布的大量标准、条例、指导、建议和文件，均对瑞士建设行业具有十分重要的作用。协会的治理结构具有多层次的特点，包括指导委员会、总部办公室、专业团队、委员会、分部等。①指导委员会。指导委员会是瑞士工程师和建筑师协会的最高战略管理机构，负责制定和实施协会战略。委员会由协会主席、2名副主席和6~10名成员组成。所有指导委员会成员由代表会议选出，4年一选（连任不能超过2届）。②总部办公室。协会总部位于苏黎世，总部办公室设管理委员会，负责协会的运营管理。管理委员会由常务理事及分布在协会各个部门的约 50 名雇员组成，包括标准和服务业务部、法律和通信部、财务部、人力资源部、信息技术和基础设施支持部。③专业团队。包括建筑、民用工程、技术和环境 4 个专业团队。专业团队的职责是独立处理与特定专业相关的问题，包括草拟专业框架、代表专业利益，制定行业标准等。④委员会。瑞士工程师和建筑师协会有许多运营委员会，其中有近 200 个仅从事标准范畴的工作。⑤分部。包括 18 个区域分部和 1 个国际分部，分部负责与地方政府和教育机构进行联络和对话。⑥专家协会。现有 24 个专家协会，具有自治属性。专家协会通过课程、会议等促进特定领域的发展和交流。

### （二）业务功能

经过长期发展，瑞士科技社团的功能发生了深刻变化，已成为科技知识密集型的公共服务提供者，通过促进学科发展、开展决策咨询和加强各创新主体之间的合作交流等，构建开放的科技创新生态系统，在国家创新体系中发挥着不可或缺的作用。主要业务活动包括开展学术交流和科学普及活动、出版和发行学术刊物、制定行业标准、开展行业服务活动、开展政策建议和咨询活动、开展国际合作交流等。

建设本领域科学家网络，开展学术交流，是瑞士科技社团的重要使命。瑞士科学院（SCNAT）是瑞士教育、研究和创新领域的独立网络和专业组织。2007 年以来，通过建立生物学平台、化学平台、地球科学平台、科学与政策平台、科学和区域平台等特定平台网络，将约 3.5 万名专家联系起来，将各个学科的专业学会以及州和地区学会联合在伞形组织下，建立了高效、扎实的学科体系。①

产学研紧密结合是瑞士科技社团的主要特征。作为创新促进机构，瑞

---

① SCNAT 网站 . 扎实的学科建设 [EB/OL]. https://scnat.ch/en/for_a_solid_science.

士科技社团已成为促进各领域、行业甚至各地区创新发展的平台和纽带，在研发、检验检测、技术转移等各个环节为企业提供全方位服务。例如，瑞士生物技术学会以代表瑞士生物技术行业的利益为使命，通过广泛了解生物技术行业的需求，促成政策制定者制定更利于行业发展的政策法规、倡导有竞争力的税收制度、开展生命科学教育、协助企业进行技术转让和知识产权活动等促进行业发展。

### （三）财务状况

瑞士科技社团的资金来源包括会费、捐款、政府补贴、学术活动收入、技术服务收入等。会费标准一般由会员大会决定，不同会员类型对应不同的会费标准。一些科技社团对名誉会员、学生会员等免除会费。如在章程中没有明确说明，缴纳会费是会员的基本义务。

以数字瑞士协会（Digital Switzerland）为例，经费主要来自会费和赞助费。数字瑞士协会 2020 年 7 月 1 日至 12 月 31 日法定审计报告显示，在此期间，协会总收入为 394.6 万瑞士法郎，包括会员费 275.5 万瑞士法郎（占总收入的 69.8%）、赞助费 119.1 万瑞士法郎（占总收入的 30.2%）。同期协会总支出为 384 万瑞士法郎，包括服务支出 241.6 万瑞士法郎、人事支出 121.8 万瑞士法郎、其他运营支出 20.6 万瑞士法郎。[1]

## 📺 典型案例

### （一）瑞士医疗技术协会（Swiss Medtech）[2]

瑞士医疗技术协会（Swiss Medtech）是瑞士医疗技术领域组织的联合体，

---

[1] https://digitalswitzerland.com/digitalswitzerland-annual-report-2020/.

[2] https://www.swiss-medtech.ch/.

成立于 2017 年，是欧洲伞形协会 MedTech Europe 的一员。该协会共有团体会员 700 多家，会员覆盖范围从初创企业到成熟的大公司，从专注于区域市场的公司到国际化的集团，从顶尖大学、科研机构到制造商、供应商、专业服务提供商和贸易商等。

1. 发展理念

瑞士医疗技术协会致力于营造可以提供最佳性能的医疗技术环境；创造一个促进创新和初创企业并增强企业竞争力的最佳环境；积极将成员的共同利益纳入有关经济和卫生政策决策过程，并促进行业内和相关参与主体的合作。瑞士医疗技术协会与会员密切合作，向他们通报医疗技术行业重要政策、活动及行业进展，并在遇到挑战时为他们提供支持。瑞士医疗技术协会是瑞士医疗技术行业所有事务的第一联系人。

2. 运行机制

瑞士医疗技术协会由理事会全面负责协会管理工作，理事会由会员大会选举产生。理事会下设管理委员会和执行委员会，管理委员会负责协会的运营实施，执行委员会负责监督运行并向理事会报告。协会治理结构比较精简，同时拥有庞大的专家组，将具有共同利益和需求的成员聚集在一起。专家组的重点工作是专家网络组建、经验交流和联合倡议等。管理委员会设立专家组秘书处提供服务支持，并确保专家组之间的对话和协调。

瑞士医疗技术协会实行弹性会费制度，普通会员的年费根据雇员人数而有所不同。最低为 1000 瑞士法郎，最高为 25 000 瑞士法郎。医疗技术行业销售额低于 50% 或 15% 的会员，只需根据员工人数分别支付年费的 50% 或 25%。

瑞士医疗技术协会的收入来源包括会费收入、服务和项目收入等。该会年报显示，2021 年会费收入为 186.02 万瑞士法郎，较 2020 年增长 4%；

服务和项目性收入 74.57 万瑞士法郎，较 2020 年增长 48%；服务和项目性支出 58.74 万瑞士法郎，较 2020 年增长 94%；营业利润 290.69 万瑞士法郎，较 2020 年增长 22%。[①]

3. 主要业务

瑞士医疗技术协会的主要业务活动包括如下几个。

（1）代表医疗技术领域从业人员在政治、行政、媒体和公共领域的利益。积极参与医疗技术相关的政治和立法进程；就监管和立法工作向咨询程序提交声明，就选定的议会咨询业务提出建议，在立场文件中解释自己对卫生政策问题的立场。同时，瑞士医疗技术协会所有会员都必须承诺遵守瑞士医疗技术道德商业行为守则。

（2）促进会员之间的合作交流。每年举行瑞士医疗技术日（Swiss Medtech Day），吸引来自瑞士企业、政府、学界的代表参与。设立瑞士医疗科技奖，表彰医疗技术领域的杰出创新成就，包括 75 000 瑞士法郎的奖金。协会还提供经验丰富的医疗技术展览服务团队，为会员提供营销支持。

（3）提供建议和信息、行动方案以及继续教育研讨会等，帮助会员应对风险挑战，如提供合规问题、合同样本和信息函等方面的支持。协会的专家组为成员提供专业网络和额外的专业知识。

（4）为会员提供每月时事通讯和最新资讯，让会员了解与行业相关的最新动态。每两年与 Helbling AG 一起收集并分析关键行业数据，提供给会员。

（5）提供专业的继续教育课程。举办有关医疗器械法规（MDR）等方面的研讨会和继续教育活动，帮助会员了解医疗器械法规方面的知识等。

---

① 瑞士医疗技术协会 2021 年年报（Swiss Medtech Jahresbericht 2021）.

### （二）瑞士森林学会（SFV）[①]

瑞士森林学会（Swiss Forest Society，SFV）成立于1843年，是世界上最悠久的林学会之一，是瑞士科学院、瑞士森林管理委员会、瑞士森林知识网络、苏黎世联邦理工学院环境系统科学委员会、欧洲林业联盟（UEF）等机构成员。瑞士森林学会致力于森林保护及服务，以维持生物多样性。

1. 运行机制

瑞士森林学会会员包括个人会员和集体会员，个人会员由森林专业人员、森林所有者和森林友好者等组成；集体会员包括市政当局、林业公司及其他林业协会。为了让森林、环境等相关学科的学生更容易与专业人士建立联系，学生可以申请免费加入会员并享受服务，包括订阅瑞士林业杂志等。

瑞士森林学会由理事会负责学会管理工作，理事会由会员大会选举产生。理事会下设执行委员会、监督委员会和期刊编辑委员会。执行委员会负责学会的运营实施，监督委员会负责监督运行，期刊编辑委员会负责瑞士林业杂志（SZF）的编辑出版工作。同时，瑞士森林学会还设立"森林生物多样性"、"森林与野生动物"和"森林规划与管理"等工作组。

2. 主要业务

根据章程，瑞士森林学会主要有以下任务。

（1）通过工作会议和实地考察，用科学的手段处理当前的实际问题。

（2）传播宣传林业相关知识，出版有关著作、刊物等。主办有瑞士林业杂志（SZF），主要发表有关森林开发、利用和保护等方面的文章。

（3）推动职业培训和继续教育，举办各类专业培训活动，促进成员之间的交流合作。

---

① 瑞士森林学会 [EB/OL]. https://www.forstverein.ch/.

（4）提出森林有关意见建议和推进有关立法。

（5）维持与森林相关组织的联系与合作，包括瑞士有关森林组织以及其他国家和地区的森林组织。

（6）向公众宣传森林，发布和维护有关倡议，以及开展其他有利于森林保护的活动等。

# 第十一章　加拿大科技社团概况

20 世纪 60 年代以来，包括科技社团在内的慈善机构和非营利组织在加拿大蓬勃发展，尤其是在医疗健康、教学科研、环境保护等诸多领域，已成为公平分配资源、公众参与治理、创造就业机会、促进科技创新的源泉。因而加拿大科技社团被学者称为加拿大国家创新体系的"第四支柱"[①]。

加拿大科技社团的特点可归纳为三个方面。首先是管理运营的灵活性和便利性。科技社团可以根据学科发展和产业需求灵活成立或调整，更好地满足社会各界的多样性需求。其次，科技社团贴近会员，对会员和公众的关切有深刻的理解，项目组织和工作方式都很有人情味。例如，成立于 1954 年的加拿大全科医学会（CFPC）在加拿大各地拥有 2.6 万多名会员，倡导医疗服务中的人文关怀，积极推动构建良好的医患关系，注重会员终身职业教育，并为有突出贡献的学者和研究人员提供奖励和资助。最后，低成本、高质量的运营导向。无论是注册为慈善组织还是非营利机构，加拿大科技社团都注重其公益目标，通过降低服务成本、提高服务质量来获得政府资助和公众捐赠[②]。

---

① Margaret D. 4th Pillar Organizations in Canada. SSRN Electronic Journal. September 2005.

② 李培林，徐崇温，李林 . 当代西方社会的非营利组织 —— 美国、加拿大非营利组织考察报告 [J]. 河北学刊 , 2006, 26(2): 71-80.

## 一、发展历程

结社自由是《加拿大权利和自由宪章》所保障的公民基本权利。根据"加拿大百科全书"网站的估计，加拿大人平均参与 3 个及以上社团组织的活动，如商业贸易专业协会、工会与劳工组织、健康和福利团体、文化体育及学术团体、社区邻里团体及慈善机构等。加拿大科技社团具有悠久的历史，19 世纪开始陆续成立，如 1863 年成立的加拿大昆虫学会（ESC），1867 年成立的加拿大医学会（CMA），1882 年成立的加拿大皇家学会（RSC）和加拿大皇家地理学会（RCGS），1889 年成立的加拿大电力协会（Canadian Eletricity Association），1890 年成立的加拿大皇家天文学会（RASC）等。

20 世纪以来，加拿大各学科科技社团数量稳步增加（图 11-1），究其原因可归因于三个主要方面：一是随着加拿大经济的繁荣，原隶属于美国或英国科技社团的加拿大分会在会员人数达到一定规模后，加拿大籍会员单独成立科技社团，将总部设在加拿大；二是越来越多的外国科技社团在加拿大设立加拿大分会，典型的如美国电气和电子工程师学会

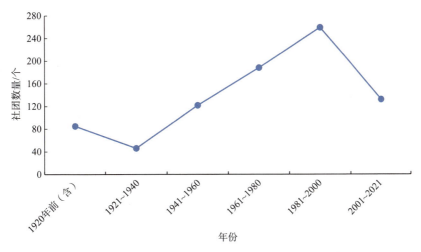

**图 11-1　加拿大现有全国性科技社团成立时间分布**

加拿大分会（IEEE Canada）等；三是在加拿大成立的国际组织，如1945年成立的国际航空运输协会（International Air Transport Association，IATA），总部就设在加拿大的蒙特利尔。

## 二、规模及学科分布

根据加拿大格雷屋出版公司2022年版《加拿大协会名录》（Associations Canada 2022，43rd Edition），加拿大共有涉及1500多个学科门类的各类协会组织20 543个[①]。考虑到加拿大的科技社团中既有慈善机构，也有注册为非营利企业的情况，本书编写组分别在加拿大商业登记处[②]以及加拿大慈善机构名录[③]用科技社团相关关键词筛选，在剔除尚未登记注册或已解散或注销的科技社团，高等院校或科研机构所属院系、研究中心、协作网络、工作组，以及无独立网站的省（市）级科技社团后，共遴选出符合科技社团定义的学术性社团832家。

从学科分类看，加拿大医科类科技社团占比最高，占科技社团总数的60.46%，远高于全球医科类科技社团的平均占比（44.25%）。其次为理科类占21.15%，工科类占8.77%，农科类占8.17%，交叉学科类占1.44%（图11-2）。

从学科发展历程看，早期加拿大科技社团主要涉及医学领域，如1851年成立的阿尔伯塔省医学会（Alberta Medical Association），1855成立的爱德华王子岛医学会（Medical Society of Prince Edward Island），1867年成立的加拿大医学会（Canadian Medical Association）。20世纪

---

① https://greyhouse.ca/assoc.htm（2022-06-04）.

② https://beta.canadasbusinessregistries.ca.

③ https://apps.cra-arc.gc.ca.

60 年代以来，加拿大科技社团蓬勃发展，尤其是在医学和工程技术领域，数量增幅明显（图 11-3）。

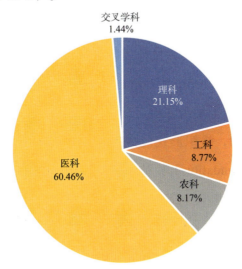

**图 11-2　加拿大现有全国性科技社团学科分布图**

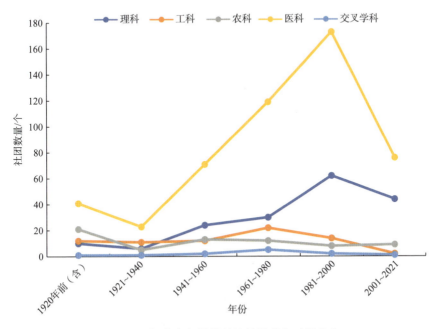

**图 11-3　加拿大各学科科技社团成立时间分布**

## 三、法律法规及监管机制

### （一）法律法规

从法律层面讲，加拿大科技社团基本上可以分为慈善机构（charity）和非营利组织（non-profit organization）两类。按照加拿大税务局给出的解释，慈善机构须在加拿大境内注册运营，且只能将资源用于发展教育或宗教、扶危济困等慈善活动，组织形式包括慈善组织（charitable organization）、公共基金（public foundation）和私人基金（private foundation）等类型。非营利组织是指为社会进步、公众福祉、文化娱乐等非营利目的而组织运营的社团或俱乐部等。加拿大科技社团的设立与运营受《所得税法》（Income Tax Act）和《非营利企业法》（Canada Not-for-profit Corporations Act）等法律的规制，科技社团是否有资格作为非营利组织获得免税地位须经加拿大税务局税务服务办公室审核批准。

### （二）登记注册

注册慈善机构和非营利组织分别由加拿大税务局和加拿大科技创新与经济发展部负责，包括科技社团在内的非政府组织只能选择注册为慈善机构或非营利组织，不能兼而有之。为此加拿大税务局专门对两类机构的使命宗旨及运营要求进行比较①，以便公众参考（表 11-1）。

由于注册非营利组织无需实收资本投入，会员无需承担对机构债务的法定义务，使科技社团存续的连续性和持久性得以保障，并有益于科技社团长期持有股票、债券及房产等优质资产，开展支持科学研究、推动技术进步、促进职业发展等服务公众与社会的专业活动。因此，从数量上看，

---

① https://www.canada.ca/en/services/taxes/charities.html（2022-06-02）.

加拿大科技社团注册为非营利组织的情况较为普遍，约占科技社团总量的五分之四。

表 11-1　加拿大慈善机构与非营利组织的区别

| 涉及内容 | 慈善机构 | 非营利组织 |
|---|---|---|
| 使命宗旨 | 必须围绕特定慈善目标设立和运营 | 为社会进步、公众福祉、体育娱乐等除获取利润外任何目的设立，不得仅出于慈善目的 |
| 登记注册 | 必须向加拿大税务局提交申请，获批后具有慈善机构资格和注册编号 | 设立联邦公司须向加拿大科技创新与经济发展部企业注册处（Corporations Canada）申请；设立省级公司须在当地登记注册 |
| 捐赠收据 | 可开具抵扣所得税的捐赠收据 | 不能开具用以抵扣所得税的捐赠收据 |
| 年报制度 | 须在财政年度结束后六个月内提交年度信息申报表（T3010 报表） | 须在财政年度结束后六个月内提交所得税申报表（T2 报表）或年度信息申报表（T1044） |
| 免税地位 | 免交所得税 | 通常可免交所得税，但可能会涉及财产收入税或资本收益税 |
| 其他税负 | 日常采购通常需要缴纳消费税，对于符合条件的采购事项可享受消费税退税；慈善机构有偿提供的产品或服务通常免征消费税 | 日常采购须缴纳消费税，只有在采购资金为政府拨款或主要来自政府资助时才可抵扣部分消费税；所提供产品或服务通常须缴纳消费税 |
| 支出要求 | 每年用于慈善事业或慈善对象的支出不得低于规定比例 | 无此项要求 |
| 组织形式 | 限慈善组织、公共基金和私人基金三类 | 无此项要求 |
| 会员权益 | 会员不得在慈善机构中获取收益 | 会员不得在非营利组织中获取收益 |

## （三）运行监管

由于法律地位不同，对分别属于慈善机构或非营利组织的科技社团，加拿大政府有不同的监管要求。

对于慈善组织类型的科技社团，法律要求其只能以自行组织或向法定对象捐赠的方式在加拿大境内及海外开展慈善活动，且不得参与商业或政治活动。科技社团内部重要文件及财务资料，如机构章程、获赠记录、捐赠收据副本、总分类账、财务报表以及会员大会、理事会、执委会会议记录等资料须按规定妥善保存以备查验。除直接用于慈善活动或行政管理的慈善支出外，此类科技社团还必须将不少于资产价值的3.5%用于慈善支出。除此以外，注册为慈善机构的科技社团还应在每个财政年度结束后6个月内提交年度信息申报表和相应附件，包括报税表、高管信息、财务报表、资产信息及其变动情况等。对于违反上述规定的情况，加拿大税务局有权进行批评教育、处以罚款、暂停业务乃至撤销注册等处罚。

对于非营利组织类型的科技社团，需要每年提交申报表，内容包括机构的最新信息，除此以外还应及时报告办公地址变更、理事会成员变动等相关信息。对于接受捐赠或政府补贴额度超过1万加元的科技社团，还必须提交财务报表和会计师报告。为便于公众查询，所有在加拿大科技创新与经济发展部登记注册的联邦非营利组织须在线提交机构名称、办公地址、理事会人员构成、机构使命宗旨等信息并及时更新，未按规定及时提交相关材料的社团有可能会被勒令解散。

## （四）财税优惠

加拿大现行个人所得税包括联邦税和地方税两部分，其中联邦税为五级累进制，税率为15%~33%；地方税各省差异较大，如2021年爱德华王子岛省三级累进税率为9.8%~16.7%，不列颠哥伦比亚省七级累进税率为5.6%~20.5%，而2021年在新斯科舍省纳税的个人，其年收入超过22万加元部分的税率高达54%，因此加拿大通常被认为是高福利、高税收的国家。

为鼓励个人或企业向慈善组织捐款，加拿大联邦及地方政府为其提供所得税抵免，各省区抵税减免政策会存在差异。例如，在安大略省，居民可申请的捐赠金额上限为净收入的75%，对经认证的文化财产或土地捐赠则可申请高达净收入100%的税收抵免。假如某居住在安大略省的居民

2021 年度应税净收入为 4 万加元，若该居民年内向注册慈善机构捐款 1000 加元，则前 200 加元的联邦税抵免税率为 15%，其余 800 元的抵免税率为 29%，共计可抵免联邦税 262 加元；类似地，安大略省地方税率前 200 加元的抵免税率为 5.05%，其余 800 加元的抵免税率为 12.16%，共计可抵地方税 107.4 加元，两项相加共可抵税 369.4 加元，而该部分收入的实税金额为 200.5 加元，这部分差额通常被称为"联邦税净收益"，指捐赠者以较低税率纳税而以较高抵税比例抵税，以鼓励个人向慈善机构捐赠[1]（表 11-2）。在上述情形中，捐赠 1000 加元的实际支出仅为 831.1 加元，因而能产生较好的慈善资金增效作用。为鼓励更多个人参与慈善捐赠，加拿大税务局从 2013 年开始实施"首次捐赠者超级信用"，对于在过去五年没有申请慈善捐赠税收抵免、捐赠额度在 1000 加元以内的部分，额外给予 25% 的税收抵免[2]，使得捐赠人在实际支出仅为 581 加元的情况下，能够达到 1000 加元的实际捐赠效果。

表 11-2　加拿大联邦及安大略省 2021 年度所得税率[3]

| 联邦税应税所得 / 加元 | 税率 /% | 安大略省地方税应税所得 / 加元 | 税率 /% |
| --- | --- | --- | --- |
| 1~49 020 | 15 | 1~45 142 | 5.05 |
| 49 020~98 040 | 20.5 | 45 142~90 287 | 9.15 |
| 98 040~151 978 | 26 | 90 287~150 000 | 11.16 |
| 151 978~216 511 | 29 | 150 000~220 000 | 12.16 |
| 超过 216 511 | 33 | 超过 220 000 | 13.16 |

　　类似地，企业向慈善机构捐赠可获得最高 75% 的所得税减免，而且捐赠方式灵活多样。无论是以现金、不动产还是其他形式的捐赠，捐赠者都

---

① 王名，李勇，黄浩明 . 德国非营利组织 [M]. 北京 : 清华大学出版社，2006: 139-140.

② http://www.cra-arc.gc.ca/gncy/bdgt/2013/qa01-eng.html（2022-06-03）.

③ https://www.canada.ca/en/services/taxes/income-tax/personal-income-tax.html（2022-06-04）.

能得到同样的税收优惠。

　　为鼓励企业支持慈善事业，加拿大税法规定：如果企业有大量应计入资本收益的证券，则可以将其捐赠给慈善组织并按证券的公允市场价值全额退税，这些证券包括上市公司股票和债券、共同基金、基金权益、加拿大联邦政府或地方政府债券等。例如，某企业拥有公允市场价值（fair market value，FMV）为 5 万加元、调整成本基础（adjusted cost base，ACB）为 1 万加元的证券，相对于企业出售证券后以现金方式捐赠，采用直接捐赠证券的办法能够减少捐赠成本 1 万加元，为股东带来价值 2 万加元的免税资本红利（表 11-3）。

表 11-3　企业捐赠有价证券收益分析

| 会计科目 | 出售证券后捐赠现金 / 加元 | 直接捐赠证券 / 加元 |
|---|---|---|
| A：公允市场价值 | 50 000 | 50 000 |
| 调整成本基础 | 10 000 | 10 000 |
| 资本收益 | 40 000 | 40 000 |
| 应税资本收益 | 20 000 | 0 |
| B：资本利得税（50%） | 10 000 | 0 |
| C：扣税金额（50%） | 25 000 | 25 000 |
| 资本红利账户变动 | 20 000 | 40 000 |
| 捐赠成本 =A+B–C | 35 000 | 25 000 |
| 股东免税资本红利 | 20 000 | 40 000 |

## 四、内部治理及发展概况

### （一）内部治理

　　加拿大科技社团的日常管理与运营一般由理事会负责。理事会由会员通过年度大会选举产生，依法执行章程和各项管理制度，制定战略和政策以实现社团的宗旨和使命。理事会通常下设执委会，负责执行理事会决议、安排机构日常活动和事务并向理事会报告。执委会成员大多由理事会成员构成，经会员大会选举产生或由理事会直接任命，成员通常包括：理事长、副理事长、财务主管、秘书长等。按照章程设定的宗旨和使命，加拿大科技社团通常会设立若干委员会，职责包括成员资格审核、资金筹措、奖项评选、项目赠款、国际事务、学术出版、外展宣传及政府关系等。

### （二）业务功能

科技社团在加拿大被称为是与产业部门、政府机构、高等院校并重的科技创新"第四支柱"。科技社团与其他非营利组织的区别在于，它致力于通过参与和协调其他三个创新支柱的关系来提高加拿大企业的竞争力和创新性，因而被称为是"研发推动者和创新倍增器"。科技社团在加拿大国家创新体系中的作用主要体现在四个方面：一是为行业领域提供交流互鉴的平台；二是将企业与外部资源有效衔接，如高等院校的创新知识和海外国家的市场机会；三是促进政府机构、高等院校和产业部门协作开发，提升服务或创新产品；四是作为专业机构与产业部门协同实施创新项目[1]。按照职能定位，加拿大科技社团可分为服务会员利益、授予特许称号、认定职业资格和专业监管机构四种类型[2]。

服务会员型科技社团的宗旨是为会员创造价值，主要为会员提供各种服务，代表会员进行宣传，通过举办活动拓展会员合作网络等。例如，安大略省专业工程师协会（The Association for Ontario Engineers，OSPE）旨

---

[1]　Dalziel, Margaret. (2005). 4th Pillar Organizations in Canada. SSRN Electronic Journal. 10.2139/ssrn.1518863.

[2]　https://apsacentral.ca/sites/default/files/2020-05/The-four-types-of-professional-organizations.pdf（2022-06-05）.

在代表该省工程师发声，并通过提供有价值的会员服务、建立协作网络、提供就业机会等提升行业形象。该会目前有个人会员 1 万多人，会员福利包括免费法律咨询和次级赔付保险、专业知识课程辅导、工薪调查数据等[①]。其 2019 年度通过对 210 家企业 9400 多名工程师和新入职学生的调查，从十个学科领域方向的职位需求、必备技能及未来发展等方面为专业学生未来就业给出指导意见。

授予特许称号型科技社团设立的初衷是用以表明会员的专业地位，这类机构的典型代表当属加拿大皇家学会（RSC）。通过严格的评估和审查程序，加拿大皇家学会定期增选院士，目前院士总人数已达 2558 名。发展至今，这类协会面临的最大挑战是"资格"的认定标准——有些人希望提高标准以确保头衔名副其实。但在实际操作中，即便部分专业人士可能并不符合既定标准，但为鼓励个人发展，也会以某种方式授予称号。例如，加拿大皇家学会 2014 年开始实施的"青年会士"计划，授予在科学和艺术领域有卓越造诣、获博士学位或同等学历不超过 15 年的学者以"青年会士"资格，任期七年，目前"青年会士"总数为 400 余名[②]。

认定职业资格型科技社团具有职业资格认定和证书颁发权限，它与普通科技社团的主要区别在于，所有会员均须通过资质认证。这方面的典型例证是安大略省专业工程师协会，按照 1937 修订的安大略《专业工程师法案》（Professional Engineers Act），任何在该省从事专业工程的个人，均须取得专业工程师执照。自 1922 年成立以来，该协会不仅是安大略省专业工程的实施许可和监管机构，也是约 8.5 万名专业工程师的自律机构。涉及的业务范围包括：为满足技术条件、工程标准和道德要求的个人或机构颁

① https://ospe.on.ca/about_us/（2022-06-06）.

② https://rsc-src.ca/en/about（2022-06-06）.

发资格证书；通过举办会议、组织培训或出版论著推动工程实践和工艺改进；通过实施政府联络计划解决与专业工程相关的公共利益问题；对伪造或假冒资格的情形进行处罚等①。

专业监管机构类型科技社团最突出的特点是依法实施监管权力，通常是以地方性法律为依据，科技社团通过对其成员实施有效的监督和管理来维护和增进公共利益。但很多该类科技社团的职能定位并非仅局限于为公共利益实施监管，如安大略建筑师协会（Ontario Association of Architects）的使命还包括促进社会公众对建筑和相关艺术和科学的欣赏，安大略林业专业协会（Ontario Professional Foresters Association）的使命还包括为进入该领域的人士提供职业指导。

所有加拿大科技社团都有各自的道德规范和成员约束机制，上述四种职能定位也并非泾渭分明。随着科技社团的专业化发展，服务会员利益型科技社团也会制定道德准则和职业规范，或以其他方式效仿专业监管机构；专业监管机构在承担监管责任的同时也注重人才培养，关心会员获得认证后的行为和实践。这也正是价值多元性在加拿大科技社团文化中的突出表现。

### （三）财务状况

根据加拿大慈善理事会发布的报告，截至 2019 年年底加拿大共有各类慈善机构 85 838 家，其中慈善组织 74 756 家、私人基金 6118 家、公共基金 4964 家，各类慈善机构年末总资产 5170 亿加元，年度总收入 3120 亿加元，总支出 2840 亿加元。从收入来源看，慈善机构最主要的资金来源为政府拨款，占 63.78%，总额高达 1990 亿加元；其次是产品和服务收入，总额 260 亿加元；

---

① https://www.peo.on.ca/about-peo（2022-06-06）.

此外还有免税收据捐赠 190 亿加元、非免税收据赠款 110 亿加元、其他慈善机构捐款 80 亿加元以及其他收入 260 亿加元。从支出结构看，全年慈善总支出 2030 亿加元，占 71.47%，管理费用支出 710 亿加元，占 25%，另有 100 亿加元为筹资费用，如赠送捐赠者的礼物等①。

注册为慈善机构的科技社团，收入和支出结构因使命宗旨和学科特点而异。例如，加拿大心理健康协会（Canadian Mental Health Association, CMHA）在全国设有 11 个分会、75 个办事处，有志愿者约 1.1 万名②，2021年总收入为 784.53 万加元，总支出为 419.11 万加元。从收入来源看，捐赠收入具有较大的偶然性，不同年份波动较大，除此以外协会还通过为企业提供职业心理健康培训服务、开展慈善活动、举办会议等筹集资金。从支出项目看，工资福利约占总支出的一半，其他支出包括各类物资及服务采购、管理费用及房屋租赁等（表 11-4）。

表 11-4　加拿大心理健康协会收支情况③

| 收入来源 | 2020 年 | 占比 /% | 2021 年 | 占比 /% | 支出项目 | 2020 年 | 占比 /% | 2021 年 | 占比 /% |
|---|---|---|---|---|---|---|---|---|---|
| 捐赠收入 | 114.51 | 17.76 | 308.57 | 39.33 | 工资福利 | 274.77 | 46.39 | 272.06 | 64.91 |
| 遗产捐赠 | 69.85 | 10.83 | 147.43 | 18.79 | 采购服务 | 53.15 | 8.97 | 32.22 | 7.69 |
| 培训服务 | 183.62 | 28.47 | 136.59 | 17.41 | 销售费用 | 62.88 | 10.62 | 30.88 | 7.37 |
| 骑行活动 | 113.51 | 17.60 | 49.52 | 6.31 | 技术服务 | 26.4 | 4.46 | 30.77 | 7.34 |
| 政府补贴 | 0 | 0.00 | 40.25 | 5.13 | 管理费用 | 26.67 | 4.50 | 13.94 | 3.33 |
| 项目赠款 | 41.81 | 6.48 | 27.44 | 3.50 | 房屋租赁 | 12.75 | 2.15 | 10.35 | 2.47 |
| 举办会议 | 47.47 | 7.36 | 9.26 | 1.18 | 创意设计 | 20.56 | 3.47 | 3.34 | 0.80 |
| 其他收入 | 74.13 | 11.49 | 65.47 | 8.35 | 其他费用 | 115.15 | 19.44 | 25.55 | 6.10 |
| 收入合计 | 644.9 | 100 | 784.53 | 100 | 支出合计 | 592.33 | 100 | 419.11 | 100 |

注：货币单位为万加元。

① https://www.canada.ca/en/services/taxes/charities.html（2022-06-04）.

② https://cmha.ca/who-we-are/cmha-national/our-history/（2022-06-05）.

③ https://cmha.ca/financial-statements-2020-21/（2022-06-05）.

注册为非营利企业类型的科技社团可分为两种情况：国有或皇家特许企业、普通非营利企业。加拿大皇家学会（RSC）、加拿大艺术委员会（Canada Council for Arts）属于前者，加拿大化学研究所（Chemical Institute of Canada）、加拿大公共卫生协会（Canadian Public Health Association）等绝大部分科技社团属于后者。以加拿大皇家学会（RSC）为例，该会于1883年获得皇家特许，其宗旨是促进各学科领域研究，向学会成员提供多样化的知识服务，为加拿大国家利益以及社会文化、科技经济等问题提供咨询意见，并通过与其他国家学术机构的交流提升学术地位和影响力。加拿大皇家学会的主要收入来源包括会员会费、慈善捐款、投资收益及加拿大政府为特定项目提供的额外资助（表11-5）。

表 11-5　加拿大皇家学会收支情况[①]

| 收支情况 | 2018 年 | 占比 /% | 2019 年 | 占比 /% | 2020 年 | 占比 /% | 2021 年 | 占比 /% |
|---|---|---|---|---|---|---|---|---|
| 会员会费 | 98.9 | 46.52 | 75.5 | 45.54 | 80.2 | 46.22 | 98.5 | 35.00 |
| 事业活动 | 55.4 | 26.06 | 53.9 | 32.51 | 53.8 | 31.01 | 50.2 | 17.84 |
| 投资收益 | 38.4 | 18.06 | 27.2 | 16.41 | 21.2 | 12.22 | 105.8 | 37.60 |
| 社会捐赠 | 1.49 | 0.70 | 1.95 | 1.18 | 1.73 | 1.00 | 13.2 | 4.69 |
| 其他收入 | 5.01 | 2.36 | 7.24 | 4.37 | 1.62 | 0.93 | 2.32 | 0.82 |
| 收入合计 | 212.6 | 100 | 165.8 | 100 | 173.5 | 100 | 281.4 | 100 |
| 人力资源成本 | 85.0 | 51.80 | 82.4 | 45.65 | 90.1 | 48.31 | 88.4 | 58.12 |
| 事业活动费用 | 5.10 | 3.11 | 2.84 | 1.57 | 4.66 | 2.50 | 8.33 | 5.48 |
| 奖励支出 | 2.70 | 1.65 | 3.07 | 1.70 | 2.87 | 1.54 | 1.46 | 0.96 |
| 投资管理 | 6.67 | 4.06 | 6.21 | 3.44 | 4.01 | 2.15 | 3.84 | 2.52 |
| 管理费用 | 60.8 | 37.05 | 80.0 | 44.32 | 81.63 | 43.77 | 46.29 | 30.43 |
| 其他支出 | 3.86 | 2.35 | 5.97 | 3.31 | 3.23 | 1.73 | 3.78 | 2.49 |
| 支出合计 | 164.1 | 100 | 180.5 | 100 | 186.5 | 100 | 152.1 | 100 |

　　注：货币单位为万加元。

①　https://rsc-src.ca/en/resources（2022-06-05）.

## 典型案例

### （一）加拿大数学会（CMS）

加拿大数学会（Canadian Mathematical Society，CMS）成立于 1945 年，原名为加拿大数学理事会（Canadian Mathematical Congress），为避免与每隔四年召开的加拿大数学大会混淆，1978 年注册为慈善组织并改为现用名。加拿大数学会以促进加拿大数学的发展和应用为宗旨，会员包括企业、学术机构和个人会员三种类型，现有个人会员 1100 多人。

1. 运行机制

加拿大数学会（CMS）由理事会根据章程运营，理事人数一般 3~34 人，理事由会员大会选举产生。理事会下设执委会具体负责各项管理事务，成员由会员以普通信函或电子邮件的方式选出，经会员大会批准后任命，任期两年。执委会成员包括现任主席、侯任主席或前任主席，分别代表大西洋区域、魁北克省、安大略省、西部区域和太平洋区域的五名副主席、财务主管、秘书长等。

2. 财务收支

加拿大数学会（CMS）属于典型的服务会员型科技社团。收入主要来自社会捐赠，学会网站首页设有捐赠链接。除社会捐赠外，加拿大数学会的收入来源还包括会员会费、出版发行、学术会议、赠款（政府拨款）、广告服务以及投资收益等。总体来看，2017~2021 年间，加拿大数学会支出中管理相关费用约占学会总支出的三分之二，而用于组织国家项目、科技奖励等科技活动支出所占比例则不到五分之一（表 11-6）。

表 11-6　加拿大数学会收支情况①

| 收支情况 | 2018 年 | 占比 /% | 2019 年 | 占比 /% | 2020 年 | 占比 /% | 2021 年 | 占比 /% |
|---|---|---|---|---|---|---|---|---|
| 捐赠收入 | 3.54 | 1.95 | 13.57 | 7.03 | 2.40 | 1.46 | 4.37 | 2.63 |
| 会员会费 | 14.58 | 8.03 | 16.37 | 8.47 | 16.67 | 10.13 | 18.45 | 11.09 |
| 出版发行 | 69.08 | 38.07 | 48.50 | 25.11 | 52.11 | 31.65 | 43.77 | 26.31 |
| 学术会议 | 47.67 | 26.27 | 43.78 | 22.67 | 28.90 | 17.55 | 33.61 | 20.20 |
| 赠款 | 43.06 | 23.73 | 27.33 | 14.15 | 17.67 | 10.73 | 14.63 | 8.80 |
| 广告服务 | 2.65 | 1.46 | 1.60 | 0.83 | 0.99 | 0.60 | 1.90 | 1.14 |
| 投资收益 | 0.13 | 0.07 | 29.07 | 15.05 | 15.44 | 9.38 | 17.02 | 10.23 |
| 其他收入 | 0.76 | 0.42 | 12.93 | 6.69 | 30.46 | 18.50 | 32.61 | 19.60 |
| 收入合计 | 181.47 | 100.00 | 193.15 | 100.00 | 164.64 | 100.00 | 166.36 | 100.00 |
| 国家项目 | 26.41 | 13.33 | 21.17 | 16.16 | 8.05 | 8.14 | 11.85 | 11.46 |
| 服务费用 | 4.34 | 2.19 | 1.60 | 1.22 | 1.68 | 1.70 | 1.76 | 1.70 |
| 讲座与奖励 | 15.45 | 7.80 | 4.26 | 3.25 | 2.00 | 2.02 | 4.05 | 3.92 |
| 制作费用 | 9.55 | 4.82 | 1.19 | 0.91 | — | 0.00 | — | 0.00 |
| 材料成本 | 3.27 | 1.65 | 1.17 | 0.89 | — | 0.00 | — | 0.00 |
| 工资薪酬 | 77.41 | 39.07 | 65.46 | 49.98 | 63.56 | 64.28 | 65.22 | 63.08 |
| 理事会与执委会 | 11.55 | 5.83 | 5.83 | 4.45 | 5.10 | 5.16 | 5.02 | 4.85 |
| 法务与审计 | 1.84 | 0.93 | 1.58 | 1.21 | 1.50 | 1.52 | 1.59 | 1.54 |
| 管理费用 | 44.98 | 22.70 | 24.80 | 18.94 | 13.30 | 13.45 | 12.56 | 12.15 |
| 资本摊销 | 3.33 | 1.68 | 3.91 | 2.99 | 3.69 | 3.73 | 1.35 | 1.30 |
| 支出合计 | 198.13 | 100.00 | 130.97 | 100.00 | 98.88 | 100.00 | 103.40 | 100.00 |

注：货币单位为万加元。

3. 主要业务

（1）出版期刊。加拿大数学会出版的期刊包括与剑桥大学出版社联合主办的《加拿大数学杂志》（*Canadian Journal of Mathematics*）和《加拿

---

① https://cms.math.ca/publications/reports/（2022-06-05）.

大数学通报》（*Canadian Mathematical Bulletin*），面向全球开放获取的《疑难数学》（*Crux Mathematicorum*），以及《加拿大数学会通讯》等。加拿大数学会还组织力量与加拿大工业与应用数学会（CAIMS）共同编写系列数学丛书，出版面向中学高年级学生的系列读物《数学的味道》等。

（2）组织会议。加拿大数学会一般每年举办两次年会，冬季年会通常在大城市举办，时间为 12 月初；夏季年会则尽可能在大学校园举行，以便学生参加。年会为期四天左右，活动内容包括学术会议、奖项颁发等。

（3）评选奖项。为鼓励做出杰出贡献的学者，加拿大数学会设有职业奖、教育奖、研究奖和出版奖四种类型奖项。其中杰夫里 - 威廉姆斯奖（Jeffery-Williams Prize）历史最为悠久，该奖项于 1968 年首次颁奖，每年评选一届，每届仅授予一人，旨在表彰对数学研究做出杰出贡献的数学家。克里格 - 纳尔逊奖（Krieger-Nelson Prize）主要表彰杰出女性科学家，布莱尔·斯皮尔曼博士奖（CMS Blair Spearman Doctoral Prize）主要授予优秀博士毕业生。

（4）组织比赛。加拿大数学会还在全国范围内举办多个数学竞赛。例如，加拿大杰伊数学竞赛（Canada Jay Mathematical Competition）、加拿大公开数学挑战赛（Canadian Open Mathematics Challenge）、加拿大数学奥林匹克竞赛等。除此以外，加拿大数学会还负责组织加拿大代表队参加亚太地区奥林匹克数学竞赛、国际奥林匹克数学竞赛以及欧洲女子数学奥林匹克竞赛等赛事活动。

（5）组织教学活动。数学夏令营是加拿大数学会颇有特色的教学活动。自 2008 年以来，加拿大数学会每年夏天都会和全国各地的大学联合举办夏令营，时长 1 天至 1 周不等。该项活动不仅为学生提供丰富的体验，帮助他们掌握复杂数学概念，同时还能培养学生的团队合作精神和协作能力[1]。

---

① https://cms.math.ca/education/math-camps/（2022-06-09）.

## （二）加拿大土木工程学会（CSCE）

加拿大土木工程学会（Canadian Society for Civil Engineering，CSCE）成立于 1887 年，原名为加拿大土木工程师学会，1918 年更名为加拿大工程学会，1972 年改为现用名。

加拿大土木工程学会的使命是"维护和发展高标准土木工程实践，提升公众对土木工程专业的认知"。会员类型包括院士、会员、终身会员、准会员、技术专家、名誉会员、学生会员、附属会员和企业会员等，但只有院士、会员、终身会员、准会员和技术专家 5 类会员拥有投票和在学会任职的权利。截至 2020 年年底，学会共有会员 3700 余人。

1. 运行机制

由会员大会选举产生理事会，理事会下设行政办公室和四个管理委员会。其中，国内管理委员会负责学会的日常管理运营。项目协调委员会由技术部门副总裁及向副总裁报告的委员会负责人和部门主管等构成，负责指导技术部门、技术委员会和项目委员会工作。技术部门包括环境工程部、机械材料部、工程结构部、水利事业部、交通事业部、建筑事业部和寒区事业部等。技术委员会包括创新与信息技术委员会、可持续发展委员会、工程管理委员会等。项目委员会包括工程实践委员会、教育研究委员会、资产管理委员会、国际事务委员会以及技术出版委员会等。管理协调委员会由行政副总裁、名誉财务主管及向行政副总裁汇报的各委员会负责人组成，学会主席、候任主席、资深副主席等作为当然成员在管理协调委员会中有完全投票权，管理协调委员会负责学会财务管理、会员服务、会务组织等由理事会指派的重要事项。区域协调委员会下设国际事务委员会及大西洋区、魁北克省、安大略省、西部区域和草原区域等区域委员会（图 11-4）。

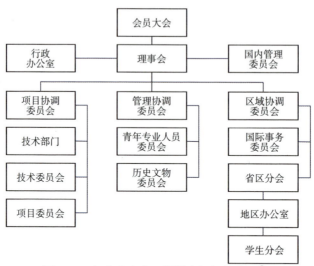

**图 11-4　加拿大土木工程学会组织架构图**[①]

2. 财务收支

加拿大土木工程学会的收入来源主要包括会员会费、出版发行、教育培训和学术会议等。受新冠疫情影响，2020 年度学术会议和教育培训收入呈断崖式下降，虽有政府补贴，但远不足以弥补运营亏空（表 11-7）。

3. 主要业务

加拿大土木工程学会的主要业务包括咨询服务、教育培训和学术出版等。咨询服务和决策建议是加拿大土木工程学会最重要的业务，尤其是在可持续发展和人居工程等方面。早在 1993 年，加拿大土木工程学会就曾发布《关于土木工程实践对可持续发展未来的责任指南》，关注工程师在全球化可持续发展中应承担的社会责任[②]。2012 年，加拿大土木工程学会与加拿大可持续基础设施研究院（Institute for Sustainable Infrastructure，ISI）联合推出名为"愿景加拿大"（Envision Canada）的可持续发展评级

---

① https://csce.ca/en/about-us/organizational-chart/（2022-06-07）.
② 克劳德·詹森，罗伯特·柯罗，阿纶·佩克斯，等.加拿大土木工程学会关于土木工程实践对可持续发展的未来的责任的指南 [J].江苏建筑，1997(1): 44-46.

表 11-7  加拿大土木工程学会收支情况[1]

| 收支情况 | 2017 年 | 占比 /% | 2018 年 | 占比 /% | 2019 年 | 占比 /% | 2020 年 | 占比 /% |
|---|---|---|---|---|---|---|---|---|
| 会员会费 | 30.75 | 29.09 | 30.91 | 19.07 | 29.02 | 30.30 | 25.48 | 69.22 |
| 出版发行 | 8.29 | 7.84 | 6.36 | 3.92 | 2.74 | 2.86 | 0.53 | 1.44 |
| 教育培训 | 2.65 | 2.51 | 10.74 | 6.63 | 16.92 | 17.67 | 0.28 | 0.76 |
| 学术会议 | 60.82 | 57.55 | 112.10 | 69.17 | 46.34 | 48.38 | — | 0.00 |
| 利息收入 | 0.62 | 0.59 | 0.76 | 0.47 | 0.69 | 0.72 | 0.05 | 0.14 |
| 其他收入 | 2.56 | 2.42 | 1.20 | 0.74 | 0.07 | 0.07 | 2.28 | 6.19 |
| 政府补贴 | — | 0.00 | — | 0.00 | — | 0.00 | 8.19 | 22.25 |
| 收入合计 | 105.69 | 100.00 | 162.07 | 100.00 | 95.78 | 100.00 | 36.81 | 100.00 |
| 管理费用 | 48.99 | 37.92 | 47.26 | 29.54 | 44.49 | 35.68 | 42.58 | 81.23 |
| 教育培训 | 7.03 | 5.44 | 9.26 | 5.79 | 12.53 | 10.05 | 1.76 | 3.36 |
| 理事会与委员会 | 5.53 | 4.28 | 8.88 | 5.55 | 8.82 | 7.07 | 2.36 | 4.50 |
| 学术会议 | 51.70 | 40.02 | 80.55 | 50.34 | 45.31 | 36.34 | 0.48 | 0.91 |
| 奖励资助 | 3.61 | 2.79 | 1.15 | 0.72 | — | 0.00 | — | 0.00 |
| 财务成本 | 1.15 | 0.89 | 2.22 | 1.39 | 3.93 | 3.15 | 2.73 | 5.21 |
| 资产折旧 | 1.21 | 0.94 | 1.36 | 0.85 | 2.00 | 1.60 | 2.21 | 4.22 |
| 其他支出 | 9.98 | 7.72 | 9.32 | 5.82 | 7.62 | 6.11 | 0.30 | 0.57 |
| 支出合计 | 129.2 | 100.00 | 160 | 100.00 | 124.7 | 100.00 | 52.42 | 100.00 |

注：货币单位为万加元。

系统，对所有类型基础设施的可持续性进行评估。自该评级系统提出以来，加拿大已有 12 个项目荣获"愿景奖"（Envision Award），这些项目的总投资超过 33 亿加元。2017 年，加拿大土木工程学会专门成立无障碍工作组，旨在促进土木工程师教育和实践中的通用设计原则，目前已发布的技术标

---

[1]  https://csce.ca/about-us/annual-report（2022-06-10）.

准有《无障碍酒店（2018 版）》、《无障碍住房（2020 版）》以及《通用设计指南（2020 版）》等。

加拿大土木工程学会的教育培训活动内容丰富、形式多样，既有会员兴趣导向的各类研讨会，也有以满足社会各界继续教育需求的收费课程，如修完学分并考评合格后可拿到结业证书的继续教育单元（continuing education unit）及职业发展时间（professional development hour）等。这些课程往往由理论基础扎实、实践经验丰富的专业人士讲授，除在线课程外还有全国性的巡回讲座。

加拿大土木工程学会出版发行两本杂志，其中会刊《加拿大土木工程师》为纸质版，每年出版五期，主要刊发土木工程行业研究前沿、高新技术发展等方面的内容。《加拿大土木工程学报》杂志则由加拿大科学出版社（Canadian Science Publishing）在线发行。除此以外，加拿大土木工程学会还将年会论文以论文集的形式出版。

# 第十二章　日本科技社团概况<sup>①</sup>

　　科技社团是日本社会组织的重要组成部分，随着日本对民间社团法人的改革，日本科技社团的组织与管理进一步规范。日本科技社团作为学术振兴政策的重要组成部分，虽然其成立与发展晚于欧美等国家科技社团，但发展迅速，有较强实力，在国家创新体系中发挥知识交流平台、成果转化的技术中介、创新决策的优化等作用。

　　本章从发展历程、制度环境、学科分布等方面对日本科技社团进行了梳理。在制度环境方面，日本科技社团的组织、管理、经营、活动等均受《特定非营利活动促进法》（NPO法）的制约，主要登记为从事非营利活动的公益法人，登记门槛相对较低。在监管方面，日本科技社团从设立到开展活动均受到行政主管部门的监管，并且必须接受公众监督。日本科技社团有完善的财务会计制度、税收优惠制度支撑其持续发展。在总体发展情况方面，日本科技社团业务活动涵盖促进科技交流、推进科学普及、推动科技创新、与政府合作、加强国际化等。资金来源主要由事业性收入、会费、补助金等构成。日本政府通过购买公共服务支持科技社团发展。在学科分布方面，日本科技社团学科分布较为全面，表现出以理科为主、医科快速发展的特色。

## 一、发展历程

　　19世纪60年代，日本为了自立图存，开启了著名的明治维新运动，

---

① 本章是在参考和引用《美英德日科技社团研究》等文献基础上编写而成．

在此期间对外来科技吸收消化，推动了日本现代科技的稳步发展，日本科技社团的筹备与组织体制也逐步确立。1878年，日本动物学会（JES）、日本化学学会（CSJ）等科技社团成立；1879年，日本工程学会（JFES）、东京地学协会（Tokyo Geoscience Society）等科技社团成立。20世纪初期，日本科研奖励制度和学术交流制度确立。随后，1920年日本学术研究会议（后改组为日本学术会议）的创立，成为这一时期的里程碑式事件。第二次世界大战期间，日本进入长期的科学封闭状态。在第二次世界大战后，日本奉行"轻军备重经济"路线，开启学术体制改革，各种学术团体开始活跃起来，日本科技社团进入新的发展时期。

通过统计日本各历史阶段科技社团成立的数量，发现日本科技社团发展与经济发展高度正相关（图12-1）。早期由于人口、教育等资源的不足且相较于西方发达国家科技起步晚，日本科技社团规模小、成立少。日本成立百年及以上（截至2021年）的科技社团有52家，其中22家为医科类科技社团，13家为理科类科技社团。成立数量持续增长的1960~2000年，由于第二次世界大战后经济的复苏，居民个人意识的增强，政府拨款支持以及建设"文明社会"的需求，需要有更多的社会组织来协助社会治理以及公众福利建设[1]，因此该阶段有较多的科技社团成立且呈持续增长。到了持续发展的后期，随着科技社团之间的竞争加剧、人力资源减少、资金紧张[2]等，2001~2021年期间，年均新成立科技社团数量在减少。经过100多年的发展，日本科技社团数量已经具备一定的规模，是日本国家科技创新系统的重要组成部分。

---

[1] https://www.jcie.org/researchpdfs/Role_Nonstate/6_Chapter%205.pdf.

[2] Ito H, Pilot C. Why are nonprofit organizations financially strained in Japan? An analysis of Japanese NPO management and marketing strategies[J]. International Review of Management and Marketing, 2015, 5(1): 1-8.

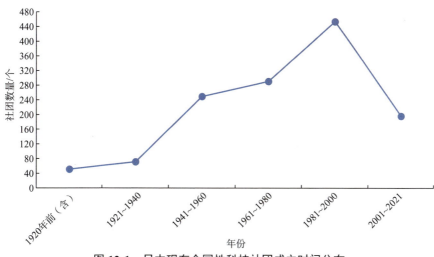

**图 12-1　日本现有全国性科技社团成立时间分布**

## 二、规模及学科分布

日本学术会议下属的社团共 2000 余个，包括全国性和地方区域性质的社团。本书编写组考察了其中 1316 个全国性科技社团的相关信息，按照学科类型分为理科、工科、农科、医科以及交叉学科五大类。从学科类型看，日本医科类科技社团占比最高，约占科技社团总量的 44.30%；其次是理科类科技社团，占 24.16%，工科类科技社团占 15.43%，农科类科技社团占 8.28%。交叉学科类科技社团最少，占 7.83%（图 12-2）。

从学科发展历程看，日本理科类科技社团起步较早，工科、农科、医科类科技社团起步时间接近，交叉学科类科技社团起步相对较晚。本书编写组考察的日本科技社团中，成立最早的理科社团是 1877 年成立的日本数学会（MSJ，原名为东京数学会），最早的工科社团是 1879 年成立的日本工程学会（JFES），最早的农科社团是 1885 年成立的日本兽医协会（JSVS），最早的医科社团是 1880 年成立的日本药学学会（PSJ），最早的交叉学科社团是 1892 年成立的日本图书馆协会（JLA）（图 12-3）。20 世纪 40 年

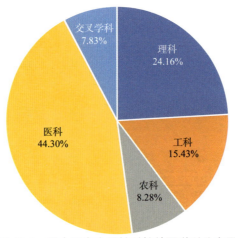

图 12-2　日本现有全国性科技社团学科分布图

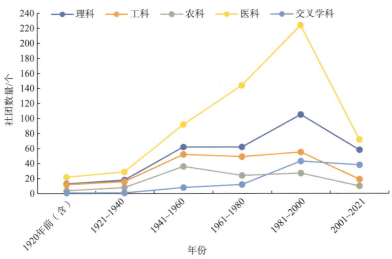

图 12-3　日本各学科现有全国性科技社团成立时间分布

代以来，随着日本战后的经济复苏，社会公众更重视医疗健康，医科类科技社团成立数量始终位列第一，其他学科科技社团成立数量也一直在上升。2001 年以来，由于人口老龄化、人力资源的减少、资金紧张、就业环境[1]等原因，各学科新成立科技社团的数量开始减少。从注册地来看，各学科科

---

[1]　Okada A, Ishida Y, Nakajima T, et al. The state of nonprofit sector research in Japan: A literature review[J]. Voluntaristics Review, 2017, 2(3): 1-68.

技社团注册地主要集中在东京（表 12-1）。

表 12-1　日本各学科领域历史悠久的科技社团

| 序号 | 科技社团名称 | 成立年份 | 总部所在地 |
|:---:|:---:|:---:|:---:|
| 1 | 日本数学会（MSJ） | 1877 | 东京 |
| 2 | 日本化学学会（CSJ） | 1878 | 东京 |
| 3 | 日本工程学会（JFES） | 1879 | 东京 |
| 4 | 日本药学学会（PSJ） | 1880 | 东京 |
| 5 | 日本兽医协会（JSVS） | 1885 | 东京 |
| 6 | 日本陶瓷协会（CERSJ） | 1891 | 东京 |
| 7 | 日本图书馆协会（JLA） | 1892 | 东京 |
| 8 | 日本机械工程师协会（JSME） | 1897 | 东京 |
| 9 | 日本内科协会（JSIM） | 1903 | 东京 |
| 10 | 日本森林学会（JFS） | 1914 | 东京 |

## 三、法律法规及监管机制

### （一）法律法规

关于日本科技社团的法律，主要为民法典中的《一般法人协会和一般法人基金会法》《公益社团法人及公益财团法人授权法》《特定的非营利活动促进法》。其中，《一般法人协会和一般法人基金会法》涉及一般科技社团的成立以及基本章程、员工、大会、会计财税、合并规则、诉讼惩罚、清算破产等方面的规定。《公益社团法人及公益财团法人授权法》涉及公益性科技社团的法人资格认定、法人监督、业务活动、会计披露、合并规则、诉讼处罚等方面的规定。《特定的非营利活动促进法》涉及非营利组织的成立、管理机构、监督、税法、合并规则、诉讼处罚等方面的规定。

## （二）登记注册

日本国会于 2006 年通过了公益法人制度改革的相关法案，按照该法案，日本科技社团的设立登记不再需要主管机关的许可，而只需要其具备法定要件并在行政机关进行登记确认即可。日本科技社团既可以登记为法人也可以选择不登记，成为"任意团体"。符合条件的科技社团可直接登记为一般财团法人和一般社团法人，如需享有税收优惠，须经公益认定委员会认定，从而获得公益财团法人或公益社团法人资格。从事非营利活动的科技社团主要登记为公益法人。改革后的公益法人制度实现了法人设立与公益认定的制度性分离，降低了一般法人及公益法人设立登记的门槛，也使得民间力量参与公益事业变得更为容易和正规。成立科技社团应向其主要事务所所在地相关机关部门提交登记申请，首先登记成为一般法人。提交材料包括登记申请书、法人章程以及理事、监事及代表理事的承诺任职证明文件等。若想获得公益法人资格，则须向政府行政机构申请认定，经过审查合格后方可获得。

## （三）运行监管

在监督管理方面，日本公益法人从设立到业务活动均受到行政主管部门的监管，这也是日本公益法人制度的特色之一。除此之外，公益法人还必须接受公众监督，同时实施内部监督。

### 1. 政府监管

特定非营利活动法人等同于从事非营利活动的公益法人，包含一般公益法人和一般财团法人，须每年一次向政府主管机关提交事业报告书、负责人员名册和章程等文件。当公益法人发生组织变更、章程修订、资产清算、合并重组等事项时，也必须向主管部门报备。

2. 社会公众监管

政府每年度应针对公益法人的实际营运状态及指导监督标准的实施状况，以白皮书的方式向社会大众公开。此外，资产额达到 100 亿日元或负债额达到 50 亿日元或者收支决算额达到 10 亿日元以上的公益法人，应邀请公认会计师进行监管。

3. 内部监管

除了依靠政府、公众或第三方专业机构实施监管外，日本政府在对公益法人监管的制度设计上还引入了内部监管机制，以节约监管成本。例如，根据《公益社团法人及公益财团法人授权法》第十九条规定，公益法人必须将营利部分和慈善部分的会计处理分开，对于营利部分要进行专门的会计核算。此外，根据该法第二十三条规定，公益法人的会计审计师有权随时查阅会计账簿、相关资料和文件，若发现账簿异常，或者是董事有违反法律、章程的行为，需要立刻报告，同时要在审计报告说明。

4. 日本学术会议的发展促进

为更好发挥科技社团在科技发展和科技创新方面的引领作用，日本政府成立了一个由各学科领域的日本科技工作者组成的"特别机构"——日本学术会议（Science Council of Japan，SCJ）。日本学术会议由内阁总理大臣直辖，所需经费开支由国库负担。日本学术会议有两大职能："审议科学相关重要事项，并谋求其付诸实现"；"加强科学相关机构之间的联系，以提高其工作效率"。其主要业务内容包括：向政府提供政策建议，如科学技术振兴和发展方案、科技成果转化方案、科技工作者培养方案等；向公众进行科学普及，每年举办多场学术论坛，针对公众关心的问题进行深入浅出的解读；构建科技工作者之间的联系网络，设立"协力学术研究团体"制度，有意参与日本学术会议活动的学术团体，可通过提交申请获得"日本学术会议协力学术研究团体"称号。日本学术会议作为日本科技社团的管理机构，其职能地位与中国科学技术协会类似。总会是日本学术会议的最高决策机构，通常每年 4 月和 10 月召开两次全体会议，必要时可召开临时总会，讨论紧急事项。日本学术会议通过对科技社团进行管理和指引，引导科技社团健康发展，已成为日本学术振兴政策的重要组成部分。

## （四）财税政策

### 1. 财政制度

日本公益法人的财会应符合以下要求：①原则上应遵从《公益法人会计基准》[①]，开展符合规范的会计业务；②社团法人为达成其设立目的应开展必要的事业活动，为此可有会费收入及财产运用收入等；③财团法人为达成其设立目的应开展必要的事业活动，为此可有成立当初的捐赠财产运营收入及赞助费收入等；④基本财产的管理使用，除捐赠人在捐赠时特别指定管理使用方法外，可获得固定资产带来的使用收益；⑤可用财产的使用管理，除该法人健康运营所需必要资产（现金、建筑物等）外，应采用成本回收可能性高、使用收益高回报的方式；⑥公益法人长期借贷时，应制定切实可行的还贷计划，同时应明确反映在收支预算表内，并获得理事会及总会的许可，同时需向主管官厅报备；⑦除财团法人基本财产、开展公益使用所需基金、法人运营所必不可少的固定资产等，公益法人可预留一部分财产，以确保公益事业的持续健康发展；⑧管理费在总支出额中所占比例不可过大，应控制在一半以下。此外应严控劳务费在管理费中所占比例。

---

① 最新的《公益法人会计基准》于 2006 年 4 月 1 日起正式实施.《公益法人会计基准》的指导思想有三个方面：一是尽可能引进企业会计的做法，公开财务信息、对经营效率做明确的表达；二是在会计账目中明确显示符合捐赠人、会社等资金提供者意志的活动年运营状况，明确受委托责任；三是尊重自我约束的运营，简化对外财务报表（参考：王名等.日本非营利组织.北京：北京大学出版社，2007：93.）

此外，原则上公益法人不可持有股票，但以下情况除外：①为保证公益事业持续发展而进行事业性投资时可购买股票，但必须通过公开市场购买；②当捐赠人捐赠股票作为财团法人基本财产时，可持有股票①。同时还规定，所持有股票不可超过该营利企业全部股票的一半，且所持有股票超过全部股票的 20% 以上时，应在每个事业年度报告书中填报该营利企业的概况。

2. 税收制度

日本科技社团是法人组织之一，针对日本科技社团的税收主要包括法人税和捐赠税。

（1）法人税。公益法人原则上是非课税的，仅对列入《法人税法施行令》第五条的 34 种收益性行业课税。此外，即使是收益事业，若其事业内容被政府认定为公益事业，也在免税范围内。目前，日本公益法人的税率为 19%，低于普通法人适用的税率（23.2%）。

（2）捐赠税。社会捐赠是公益法人特有的收入来源。为了促进公益法人事业的发展，日本在税法上设置捐赠税优惠政策，对向公益法人捐款的法人或个人提供一定程度的减税待遇。在日本，个人向公益法人捐赠，其税收缴纳基数为全年总收入减去全年捐赠额和 2000 日元，但计入税收的全年捐赠额不能超过当年总收入的 40%；个人将继承财产向公益法人进行捐赠时，其捐赠部分不计入继承税或遗产税；个人将股票等有价证券、土地等不动产以及专利等无形财产捐赠给公益法人时，获得国税厅长官许可后，可免交转让所得税。法人向公益组织提供捐赠，其捐赠部分可以在税前扣除，但有一定的额度限制。

---

① "公益法人の設立許可及び指導監督基準"，http://www.pref.niigata.lg.jp/HTML_Simple/690/702/shidoukantokuoyobiitakukijun.pdf.

3. 其他财税政策

（1）视同捐赠制度。若公益法人从其收益事业收入中拿出一部分用于公益事业的支出，这部分支出视为从该公益法人的收益事业部门向非收益事业部门的捐赠，视同捐赠部分也在免税范围内。当然，视同捐赠部分有比例限制，按照最新修订的《法人税法施行令》规定，公益法人用于"视同捐赠制度"的金额最多为"该事业年度收入金额的 50%"。

（2）指定捐款。当向公益法人或从事公益事业的其他法人进行捐赠，而这些捐赠又被用于振兴教育、促进科技、发展文化、提高社会福利或增进其他公益事业时，原则上该笔捐赠会被指定为"指定捐款"，捐款金额可纳入免税范围。

# 四、内部治理及发展概况

## （一）内部治理

日本科技社团大多为公益法人，组织架构一般包括最高权力机构——社员总会，执行机关——理事会，设置理事、监事、副会长、会长等职务。《公益法人设立许可及监督基准》对理事、监事等做出了具体规定。例如公益法人性质的科技社团必须设置监事；公益财团法人性质的科技社团原则上应设置评议员，组成评议员会，负责理事和监事的选举，同时也作为公益财团法人的咨询机构。

以日本化学学会（The Chemical Society of Japan）为例，在总会领导下，理事会下设事务局、运营会议、战略规划委员会、地区支部、专业分会、研究交流部门、学术情报部门、产学合作部门等。其中，运营会议是理事会的预审机构，战略规划委员会负责学会战略规划制定，各业务部门根据具体需要设立相关委员会（图 12-4）。

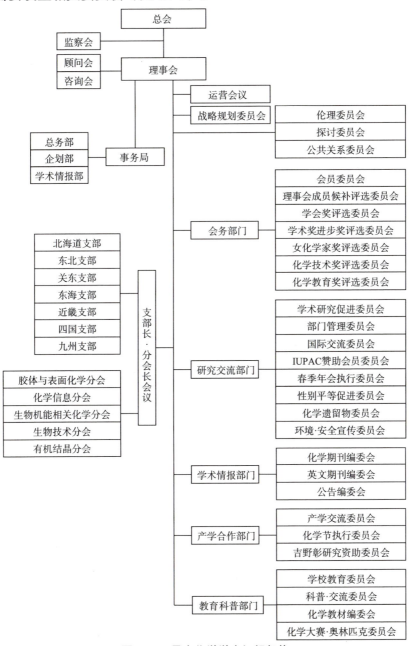

图 12-4　日本化学学会组织架构

### （二）业务功能

（1）促进科技交流。科技社团汇集了来自不同背景的高学历人才，日本科技社团促进科技交流的主要做法有：定期召开学术会议，为会员搭建学术交流平台；出版学术期刊或会议论文集，宣传和推广科技成果；定期开展评奖活动，组织专家对科技工作者的科研成果进行评审等。

（2）推进科学普及。日本科技社团作为政府与产业界、科研机构、教育机构的联系枢纽，组织开展与科学技术发展相关的活动，如开展公开讲座、面向青少年的科技活动周、送科普进课堂进社区等活动，用简易的语言、直观的形式进行科普。

（3）推动技术创新。日本科技社团以项目的形式为技术研发机构与企业在合作研发、技术成果转移转化、知识产权管理方面提供对接服务。例如，日本航空航天科学学会（The Japan Society for Aeronautical and Space Sciences）、日本机械工程师协会（The Japan Society of Mechanical Engineers）等都是具有产学官合作性质的科技社团。通过与政府、学校、产业紧密结合，构建合作网络，从而推动产业协同创新。通过产学研合作实现加速技术创新和推动产业发展，进行技术现状调研、技术开发、技术创新与融合、技术标准制定等。例如，日本护理协会（Japanese Nursing Association）主要活动为护理教育、护士培训、举办研讨会等，同时还是行业中比较权威的技术龙头和标准制定者。

（4）开展国际交流合作。日本科技社团国际化发展的主要做法有：开展国际合作研究，积极参与国际大型科研项目，与其他国家和地区的科技社团、科研组织开展合作；积极向国际组织和机构派驻代表，拓展海外分支机构，加强与当地研究人员、科研机构的沟通和交流；实施国际技术支援，对一些技术相对落后地区实施技术输出，推进日本技术、标准、规格的国际化进程。

### （三）财务状况

日本科技社团主体为特定非营利性活动法人（NPO），其组织、管理、经营、活动等受《特定非营利活动促进法》（NPO 法）的制约，科技社团的资金来源主要由事业性收入、会费、补助金等构成。据日本内阁府 2020 NPO 实况调查，NPO 法人主要收入来源中，36.1% 来自服务收费等营业性收入，26.7% 来自会员会费收入，16.8% 来自政府补助金，10.3% 来自社会捐赠。科技社团的收入结构与 NPO 法人的情况基本一致。

（1）会费收入。会费是日本科技社团稳定的收入来源之一。大部分科技社团均制定会员制度，将缴纳会费作为会员的基本义务，而且会费的使用限制较少，科技社团可以根据实际情况自由支配会费的使用。

（2）社会捐赠收入。社会捐赠主要由对科技社团的理念和活动具有强烈认同感的个人或组织提供。社会捐赠建立在自愿和信任基础上，不以等价回报为目的，资金使用的主导权由科技社团掌握，使用自由度较高。就日本科技社团现状来看，大多数科技社团缺乏社会捐赠收入来源。根据 2020 NPO 实况调查，65.5% 的 NPO 法人所获得的社会捐赠低于 50 万日元，且社会捐赠主要集中在知名 NPO 法人中。

（3）补助金、经费收入。由科技社团向政府机构或者民间企业、财团法人等提出申请，经审查批准后即可获得。日本政府的财政预算中，一般都安排有对科技社团的补助金，据统计，2018 年日本财政预算中安排的 NPO 补助总额为 1532.96 亿日元。

（4）事业性收入。主要包括相关业务收入、委托业务收入以及政府购买服务等。目前来看，日本科技社团委托业务的主体多为政府行政机构，委托内容多为科技调查、科技研究、公共设施运营管理、社会福利相关业务等。由于委托业务的资金数额较大，此项来源往往成为科技社团最大的收入。

对于获得的资金支持，日本的科技社团主要用于以下工作开展。①用于学术期刊的定期发表。在国际学术交流活动中，定期翻印、组版、发行现有学术杂志中的外文版或刊载外文文章的日文版。②用于学术图书的出版。对一般学术图书或特定学术图书（日文图书或论文的外文翻译版）的出版发行进行资助，前者直接支付出版费，后者支付翻译经费和出版费。③用于数据库的建设。对日本学术研究的热门学科、急需的数据库建设和发布提供资助。同时，对学术研究基础资料数据库的摘录版、索引版、文献目录等发行，也给予资助。④用于资助召开会议。对学术研讨会、学术演讲会以及国际会议等提供经费资助。

以日本动物学会为例（表 12-2），2021 年事业活动收入 32 779 507 日元，其中会费收入占 47.13%，社会捐赠收入占 1.94%，补助金收入占 5.80%，事业收入占 43.95%。2021 年事业支出 47 978 365 日元，其中印刷费占 5.73%，图书出版费占 15.31%；学术会议召开费占 7.44%。

表 12-2　日本动物学会 2021 年财务收支情况

| 项目 | 收入金额 / 日元 | 项目 | 支出金额 / 日元 |
| --- | --- | --- | --- |
| 会员收入 | 15 447 660 | 印刷费 | 2 748 836 |
| 事业收入 | 14 408 065 | 图书出版费 | 7 344 787 |
| 补助金收入 | 1 900 011 | 学术会议召开费 | 3 571 105 |
| 社会捐赠收入 | 637 250 | 管理费用 | 18 856 816 |
| 其他 | 386 521 | 其他 | 15 456 821 |
| 合计 | 32 779 507 | 合计 | 47 978 365 |

🔬 **典型案例**

## （一）日本数学会（MSJ）

日本数学会（The Mathematical Society of Japan，MSJ）前身是 1877 年成立的"东京数学会"，2012 年正式注册为一般社团法人。日本数学会的宗旨是"促进数学研究，普及数学知识，开展合作交流，为数学发展做出贡献"。

1. 组织架构

日本数学会（MSJ）是从地方分会中选出地方代表，再从地方代表中选出全国代表 50 余名，从中选举产生理事 8~12 人，会长、副会长及业务执行理事由理事会从理事中选出。监事从正式会员和名誉会员中选举产生，数量为 2~4 人，负责监督理事的日常工作，根据法规要求，撰写监察报告，对学会的业务及财政收支进行监督。监事不得由理事兼任。会长、副会长是学会的代表，执行会章规定的职责，业务执行理事分管其他业务，每年两次向理事会进行业绩汇报，且时间间隔要在 4 个月以上。理事会下设出版委员会、学术委员会、教育委员会、公共关系委员会、促进两性平等社会委员会、信息系统运营委员会等。

2. 会员管理

日本数学会（MSJ）的会员类型包括正式会员、赞助会员和名誉会员等，现有会员约 5000 名。正式会员是具有数学或相关学术知识，同意学会宗旨并自愿加入的个人；赞助会员是支持学会业务的个人或团体；名誉成员是为学会做出杰出贡献的人或经理事会批准的学术专家。

3. 财务收支

根据日本数学会（MSJ）2022 年收支预算表（表 12-3），该会 2022 年预算总额为 104 043 000 日元。预算主要花在学会的事业费和管理费两个方面，包括刊物出版和印刷、各类费用津贴和工作人员福利等。

表 12-3　日本数学会 2022 年度收支预算表

| 项目 | 收入金额 / 日元 | 项目 | 支出金额 / 日元 |
|---|---|---|---|
| 会员管理 | 70 800 000 | 事业费 | 117 565 000 |
| 事业收入 | 18 880 000 | 管理费 | 35 106 000 |
| 指定净资产置换额 | 13 343 000 | | |
| 其他 | 1 020 000 | | |
| 合计 | 104 043 000 | 合计 | 152 671 000 |

4. 主要业务

日本数学会（MSJ）的主要业务包括召开学术会议、出版学术期刊和著作、鼓励数学研究、表彰和培养数学人才、促进数学研究成果传播、开展调查研究、推动国际交流合作等。

在学术会议方面，学会每年 3 月举办年会，9 月举办秋季综合小组委员会会议。此外，每年由小组委员会主办专题讨论会和研究会议。例如，应用数学小组委员会举办数学联合研究会议。在期刊出版方面，定期出版的期刊有《数学》（*Sugaku*）、《数学通信》、*Journal of the Mathematical Society of Japan*（*JMSJ*）和 *Japanese Journal of Mathematics*（*JJM*）等。

在奖项方面，设立了日本数学会春季奖、秋季奖、建部奖、高和关奖、出版奖、亚纳加奖等诸多奖项。其中，春季奖面向 40 岁以下的优秀研究人员；秋季奖颁发给作出杰出贡献的研究人员或研究小组；建部奖颁发给有杰出贡献的年轻数学家；高和关奖颁发给因数学成就以外的成就而为数学发展做出贡献的个人和组织；出版奖面向通过出版和写作在数学研究、教育和传播方面取得成就的个人和组织；亚纳加奖是由马萨约希·卡苏纳加捐赠给年轻研究人员作为基金。

### （二）日本生物工学会（SBJ）

日本生物工学会（The Society for Biotechnology Japan，SBJ）成立于1923年，原名是大阪酿酒协会。主要覆盖领域包括酶学、生物化学工学、生物信息学、环境工学、酵素工学、动植物细胞工学、生物医学工程等。

1. 组织架构

日本生物工学会（SBJ）的组织架构包括理事会、秘书处、区域支部等。从大会中选出代表，再从代表中选出理事候选人评选委员会，从而选举出理事会成员。理事20~30人，监事2人，会长、副会长及业务执行理事从理事会选出。监事不得由理事兼任。会长、副会长是学会的代表，业务执行理事分管其他业务，每年两次向理事会进行行业绩汇报。监事负责监督理事的日常工作，根据法规要求，撰写监察报告，对学会的业务及财务收支进行监督。理事会下设日文杂志编委会、英文杂志编委会、计划委员会、产学研合作委员会、生物工程教育委员会、国际发展委员会、学术/宣传委员会以及事务局和各支部。秘书处设秘书长一名，负责会刊发行、网站维护、信息发布、国际交流与合作、财务等日常事务。支部包括北日本支部、东日本支部、中部支部、关西支部、西日本支部和九州支部。另外还单独设有研究部会和青年会。

2. 会员管理

日本生物工学会（SBJ）的会员类型包括正式会员、学生会员、团体会员、赞助会员、海外会员、名誉会员、功勋会员等。截至2022年3月，约有个人会员2700人。

3. 经费收支

日本生物工学会（SBJ）的经费收支主要包括会员管理、营业活动（期刊、会议等）、投资活动等（表12-4）。截至2021年12月31日，日本生物工学会净资产从2020年12月31日的6289万日元增至1.072亿日元，增幅为70.4%，这主要是由于投资收益和营业活动的增加。此外，日本生物工学会收入从2020年的6436万日元增至2021年的1.324亿日元，增长了约5432万日元，这主要归因捐款的增加和学会一百周年纪念活动的展开。

表 12-4　日本生物工学会 2021 年经费收支情况

| 项目 | 收入金额 / 日元 | 支出金额 / 日元 |
| --- | --- | --- |
| 会员管理 | 37 263 900 | 76 634 583 |
| 营业活动（期刊、会议等） | 42 365 239 | 4 820 702 |
| 投资活动 | 4 580 671 | 32 465 546 |
| 其他（捐赠、杂项） | 48 270 954 | 0 |
| 合计 | 132 480 764 | 113 920 831 |

4. 主要业务

日本生物工学会（SBJ）的业务包括出版学术期刊和著作、举办学术讲座、开展学术会议、鼓励支持学术研究、表彰研究成果、开展产学合作、促进人才培养、开展国际交流合作等。2021年，该会在鼓励研究和表彰研究成果方面，共组织评选第40届生物科技奖等11个奖项；在学术交流方面，共举办第26届生物技术圆桌会议等28场学术会议或讲座；在产学研合作方面，与相关学术团体开展合作64项；在出版学术期刊方面，其主要期刊 *Journal of Bioscience and Bioengineering* 2021年影响因子为3.185，共出版论文179篇，其中64篇论文来自海外。

# 第十三章　韩国科技社团概况[①]

　　韩国是全球最具创新力的国家之一，在强有力的国家投资和科技体制改革的支持下，形成了"自上而下"的创新体系，实现了政府、产业界和学术界之间的密切合作。科技社团是韩国创新发展和现代化治理的重要参与力量，在促进学术繁荣、加速产学融合、扩大学术国际影响力、加强国民科学普及、促进科技人才成长等方面发挥重要作用。

　　总体来看，韩国科技社团呈现覆盖领域广、分工明确、组织结构统一、管理运行规范等特点。近年来，韩国科技社团更加聚焦互联网、信息通信技术等新技术领域，业务发展与能力建设向产学研促进侧重，国际化发展趋势明显。

## 一、发展历程

　　韩国科技社团发端于日本殖民时期。成立之初，作为本国知识分子团体，韩国科技社团具有较强的政治意味。第二次世界大战结束后，韩国国家科技管理体系缺失，科学技术及专业人才落后，科学研究能力严重不足。同时在"韩国民主运动"中科技社团作为学生、知识分子的主要载体广泛参与其中，被韩国政府视为不安定因素。

　　20 世纪 60 年代，随着韩国政治、社会民生趋于稳定，国家科技管理体制日益完善，政府与科技社团的合作也逐渐增加，韩国科技社团逐渐步入

---

① 　本章是在参考和引用《瑞士韩国印度及中国香港特区科技社团研究》等文献基础上编写而成.

正轨。1966 年 5 月，韩国首届 "全国科学技术大会"确立"科技兴国"战略目标，明确在国家科学技术负责部门下成立关于民间科技团体联络专门单位，用于加强科学技术组织与政府间的联系；执行政府系统规划和科学技术促进措施；收集反映民间科技社团、科学技术工作者观点意见。[①] 1966年年底，韩国技术协会、韩国科学技术促进协会、韩美技术协会合并成立了韩国科学技术团体总联合会（KOFST），作为政府与科技工作者间的沟通桥梁，为科技工作者表达诉求、参与决策提供路径。韩国科学技术团体总联合会（KOFST）的主要业务包括：审议和提出促进科学技术的措施及建议；开展国内外学术交流和引进科学技术；促进和支持科学技术社团和组织发展；支持科学技术委员会工作；收集有关科学技术报告及研究数据；出版科学技术相关杂志；为社区发展提供技术支持；为推动科学技术发展提供各种服务项目；建立、运营全国范围的科学技术中心等。韩国科学技术团体总联合会（KOFST）建立后，大韩数学学会（KMS）、大韩化学学会（The Korean Chemical Society）、大韩病理学会（The Korean Society of Pathologists）等科技社团纷纷加入。[②]

1967 年，韩国出台第一部《科学技术基本法》，明确"为体现科学技术政策的透明度及合理性，在科学技术政策形成及执行过程中，应让民间专家和相关团体等广泛参与"；"教育科学技术部为有效的支援科学技术振兴和促进科学技术普及，设立科学技术振兴基金，支援科学技术研究、学术活动和人才培养及国际交流等，支持以振兴、开发、普及科学技术为目的的事业和做出贡献的为宗旨设立的法人和团体"等。[③] 为科技社团发展

① 王达明. 韩国科技与教育发展 [M]. 北京：人民教育出版社，2004: 25-260.
② 韩国科学技术团体总联合会. 联合会介绍 [EB/OL]. https://www.kofst.or.kr/general.bit?sys_type=0000&menu_code=040100.
③ 潘教峰. 韩国科技创新态势分析报告 [M]. 北京：科学出版社，2010.

奠定政策基础。在韩国科学技术团体总联合会（KOFST）的带领下，韩国科技社团自发达成《科学家道德准则》。[①]

20 世纪 80 年代以来，随着互联网、信息产业、生物产业等的兴起，韩国科技发展策略由"工业立国"向"科技立国"转变。政府调整原教育科技部中科技局为科技部（现科学技术信息通信部），主管尖端科学技术创新管理，科技社团管理权转移至科技部。韩国科学技术团体总联合会（KOFST）服务部门也转变为教育部与科学技术信息通信部（一般简称科技部）两个部门。在人才培养方面，韩国政府提出"为提升自主创新能力，加大尖端人才培养力度"，同时加强产学研合作，改革科技管理体制及财政税收政策。在系列政策推动下，韩国科技社团数量快速增加（图 13-1）。1990 年前后，韩国每年新增全国性科技社团 11 家左右。根据韩国科学技术团体总联合会（KOFST）年报，2003 年韩国科学技术团体总联合会有社团会员 141 家，此后快速增长，2021 年有社团会员约 400 家。

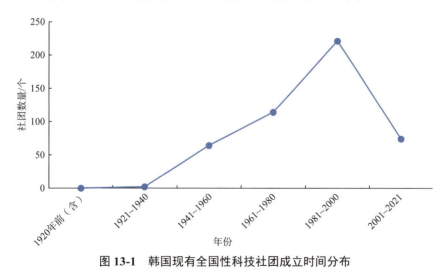

图 13-1　韩国现有全国性科技社团成立时间分布

---

[①] 中华人民共和国科学技术部政策法规司 . 韩国科技法规选编 [M]. 北京 : 中国农业科学技术出版社 , 2010: 9-120.

## 二、规模及学科分布

　　目前，韩国全国与科技相关的社团组织有 1000 多家。经过筛选梳理，本书编写组考察了其中 475 家科技社团，覆盖自然科学、工程技术、农业水产和医药健康等领域。从学科类型看，韩国医科类科技社团占比最高，占科技社团总量的 38.32%；其次是工科类科技社团，占 32.00%，理科类科技社团占 16.00%，交叉学科类科技社团占 8.00%；农科类科技社团占比最小，占 5.68%（图 13-2）。

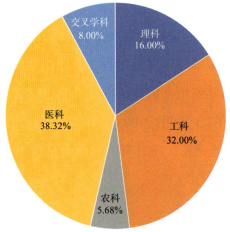

**图 13-2　韩国现有全国性科技社团学科分布图**

　　从学科发展历程来看，韩国医科类科技社团起步相对较早。本书编写组考察的科技社团中，最早的是成立于 1895 年的韩国放射科医师学会（KRTA）和成立于 1899 年的韩国生理学会（KPS）。20 世纪 80 年代，韩国启动了工业通用技术发展计划，为企业提供资金和技术援助，伴随而来的是韩国经济的腾飞，这一段时间韩国工科类科技社团迅速发展起来，每年新成立数量居所有学科之首。21 世纪以来，韩国新成立科技社团数量有所减缓，但也涌现出韩国信息技术学会（The Korea Society of Information Technology）、韩国智能交通协会（The Korea Insititue of Intelligent Transport Systems）、韩国 IT 服务学会

（The Korea Society of Information Technology Service）、韩国可视化信息学会（The Korean Society of Visualization）、韩国机器人学会（The Korea Robotics Society）、韩国生物芯片学会（The Korean Biochip Society）、韩国复合材料学会（The Korean Society for Advanced Composite Structures）等科技社团。2019 年，韩国互联网领域科技社团数量达 190 家（图 13-3），体现了韩国对前沿科技领域的支持和重视。这一时期成立的科技社团功能由传统的"学术促进"向"促进产学合作"转变，业务范围从传统的科学普及、学术交流等向行业标准制定、资格认证、咨询服务、技术援助等方向发展，在其章程中多明确提出"促进产学合作，为相关学术发展创造良好环境"的宗旨任务。

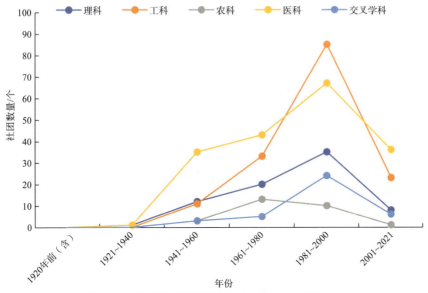

**图 13-3　韩国各学科现有科技社团成立时间分布**

## 三、法律法规及监管机制

### （一）法律法规

韩国科技社团首先需遵循《民法》中关于社团和法人的相关规定，确认其法人身份。其中，以"学术、宗教、慈善、技艺、社交及其他非营利性事业为目的社团或财团，需经有关机构的允许方可确认其法人身份"。[①]按照《民法》规定，任何自然人（年满 20 周岁并有行为能力的人）和法人，都有权利参加社团。社团成员利益受法律保护。

在《民法》基础上，韩国政府同时出台一系列法律和条例，进一步对公益类法人及社团进行规定。针对科技社团，韩国《科学技术基本法》规定，"政府以振兴科学技术发展及支援学术活动为宗旨，成立非营利科技社团""对以振兴科学技术，开发、普及科学技术和增加科学技术人员的福利为宗旨的法人和团体给予支援"。《科学技术基本法实施令》规定："积极开展关于增强科学技术基础，营造创新环境相关举措，如，大力提倡普及科学技术和创新人才培养；优待科学技术人员；培育政府出资的研究机构；培养科学技术非营利法人等促进方案"。非营利社团向主管单位提交申请，主管单位长官核实批准后可定性为科技社团。[②]

《科学技术基本法》对科技社团成立目的、任务及业务内容做出具体规定，并针对科技社团的运营支持进行了表述。《科学技术基本法实施令》进一步明确了科技社团的成立标准、登记制度、业务具体内容、经费支持等。此外，韩国的《专利法》《政府出资支持特殊研究机构条例》《科学馆培养法》等法律法规也包含了规范和促进科技社团发展相关的内容。

## （二）登记注册

按照《民法》规定，非营利社团成立"需经过有关主管机关批准，方视其为有效法人"。[③]成立科技社团需首先明确主管部门。韩国政府根据政

---

① 金玉珍. 韩国民法典 [M]. 北京：北京大学出版社, 2009.

② 中华人民共和国科学技术部政策法规司. 韩国科技法规选编 [M]. 北京：中国农业科学技术出版社, 2010.

③ 金玉珍. 韩国民法典 [M]. 北京：北京大学出版社, 2009.

府公共部门所涉及的事业或学科领域进行主管部门的划分。20世纪80年代以前，韩国科技社团的主管部门一般为教育科技部，80年代以后，韩国教育科技部分为教育部和科技部（今韩国科学技术信息通讯部前身），科技社团的主管单位按照其行业领域分别归口在教育部和科学技术信息通讯部。归口在科学技术信息通讯部的科技社团主要是互联网、信息通信、电子、大数据等领域，归口在教育部的科技社团主要是基础科学领域。

确定主管部门后，根据《公益法人设立与运营管理条例》，主管部门对社团（财团）进行法人调查，内容包括：成立目的、名称、办事处所在地、业务范围、有关资产、运营制度、理事任免规定等。调查通过后，方可确定其非营利社团性质[①]。

确定非营利社团性质后，根据《科学技术基本法》《韩国科学技术基本法实施令》相关规定，以促进科学技术发展、推动科学知识普及为主旨，以学术交流、期刊出版等为主要业务，具备专职人员等条件，向本领域主管单位提交申请，经批准后可承认为科技社团。

### （三）运行监管

韩国对科技社团的管理采用"监督管理、运营资助、发展促进"三大管理板块分治的管理机制。

1. 政府监督管理

不同领域科技社团的政府登记注册部门作为主管部门，负责科技社团的注册登记、业务指导和运营监督等。例如，韩国科技社团会长及副会长等重要职务需报备主管单位批准后方可任职；科技社团每年需向主管部门提交上一年度工作总结、财务决算及当年工作计划、财务预算等资料，主

---

① 　法务部. 公益法人设立及运营管理条例（2017年改）[M]. 법무부법무심의관실: 동광문화사, 2016.

管部门确认后方可开展工作并获得政府资助。

2. 财团运营资助

根据韩国《科学技术基本法》，韩国研究财团作为"韩国国家研究基金"的托管单位，负责科技社团运营经费审查与划拨、科普活动经费资助等[①]。

3. 促进发展

根据《韩国科学技术基本法实施令》，KOFST 受政府委托，辅助政府与科技社团沟通，建设完善科技社团运营环境，为科技社团开展科普等业务活动提供便利，其重要目标之一就是助力科技社团成长。KOFST 通过韩国科学技术学术活动支持系统（eNEST）对科技社团举办学术活动和期刊出版进行支持。其中，2020 年科技社团受 KOFST 资助举办的国内学术会议 200 余场次，国际会议 60 余场次；其支持的国内期刊达 300 多种，国际期刊接近 120 种。

## （四）财税优惠

财税减免和健全的知识产权制度是韩国政府促进科技社团发展的重要举措，具体体现在韩国多个科技促进法案当中。韩国《技术转让促进法》规定"依靠国家、地方自治团体或政府投资、促进或资助产生的成果，依据总统令规定，附加有关应用条件后，可以归属于公共研究机构或其他参与企业（属于国家、公立研究单位或专门组织），且应当以专利等知识产权形式努力保护"。《公益法人设立与运营管理条例》规定："作为非营利社团运营所得相关收益，政府将采取免税或减税措施，且收益所得由团体自行支配"等[②]。

---

① 韩国国家研究基金 [EB/OL]. https://www.nrf.re.kr/index.
② 김남수, 김선영, 박상문, 等. 韩国科学技术 30 年 [M]. 科学技术政策研究院 : 경성문화사, 2017.

## 四、内部治理及发展概况

### (一) 内部治理

韩国科技社团的内部治理结构相对统一，主要根据《民法》《公益法人设立与运营管理条例》等设置。韩国《民法》对社团的法人、总会、理事、监事等作出具体规定。例如，规定："社团法人应设立理事，理事就法人事务，各自代表法人。法人不得违反章程的宗旨，尤其是社团法人，应服从社团法人大会的决议"。[①] 在《民法》基础上，《公益法人设立与运营管理条例》主要对公益法人、公益法人社团代表、理事、监事等的人数比例、责任义务等做出规定。同时，作为非营利学术团体，其发展目标、组织结构、责任义务等还应遵循《科学技术基本法》的规定。《科学技术基本法》从"自治团体"角度建议各类非营利法人或团体设立评议会。评议员由会员代表大会从普通会员中提名、投票选举，一般任期不能超过两年，且原则上不建议评议员担任社团其他管理职务。

以大韩产业工学会（Korean Institute of Industrial Engineers）为例，该会成立于 1974 年，由韩国产业通商资源部发起并成立。大韩产业工学会以振兴产业技术、促进学术提升为宗旨。现有个人会员 2.2 万余名，是韩国产业工学领域最大的科技社团组织之一。[②] 以会员为代表的"总会"为学会最高权力机构，每年定期召开 2 次大韩产业工学会大会，表决学会发展、人事任命等相关事宜。学会设立监事 2 人，负责学会财务监督等事务。评议会成员由总会提名，从正式会员及名誉会员中选举产生，该机构在学会的地位高于会长，负责会长及学会重要职务的提名、任免以及学会发展及运营评价、科研项目审议评价等关键事宜。会长由评议会提名、总会表决产生，

① 金玉珍. 韩国民法典 [M]. 北京：北京大学出版社, 2009.
② 大韩产业工学会 [EB/OL]. http://kiie.org/.

会长作为学会法人全面负责学会发展运行（会长兼任评议会会长）。副会长按照职能设置为总管副会长、学术副会长、教育副会长、新闻副会长、对外合作副会长、事业经营副会长等。设置理事会、委员会、产业管理部、地区事业管理等部门，作为学会事业运行的直接推动者（图13-4）。

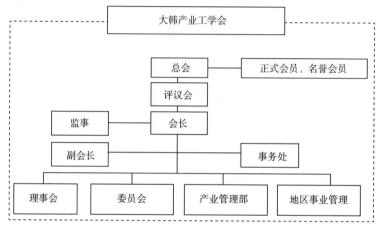

**图13-4　大韩产业工学会治理结构**

### （二）业务功能

韩国科技社团大多专精于所在专业领域，在促进国家科技发展与国民科学普及中发挥重要作用，主要业务如下。

（1）学术交流。学术会议是学术交流的主要形式，韩国科学技术团体总联合会（KOFST）鼓励所属学会举办、承办国内外学术交流活动，促进国内外学者学术交流，提升科技社团活跃度。

（2）期刊出版。期刊出版是科技社团促进学术交流和传播专业知识的重要途径，基本上每个韩国科技社团都创办了本领域的期刊。目前，韩国科技社团韩语、英语期刊数量已经达到上千种。[①]

---

① 김태현, 김종윤, 김종범. 非营利科学技术法人·团体及研究机关培养方案 [M]. 진명인쇄공사 : 韩国科学科学技术翰林院出版委员会 .

（3）科学普及。科学普及是韩国科技社团的重要传统职能之一，主要形式包括组织科普论坛、开展国民科学知识教育和社区科普宣传等。

（4）社会服务。社会服务是科技社团履行公益责任及义务的重要方式，韩国科技社团主要通过教育培训、行业标准认定等开展社会服务。

（5）国际交流合作。韩国科技社团以加入国际科技组织、举办专业领域国际会议、推动科技人才国际交流等多种方式开展国际交流合作。例如韩国医学磁共振学会（KSMRM）每年举办一次国际核磁共振成像大会，平均每年有来自 30 多个国家的千余名代表出席。

### （三）财务状况

根据《科学技术基本法》规定："政府对促进科学发展及科学普及的相关事业可提供部分或全部经费"。韩国科技社团的运营经费以政府资助为主，此外，科技社团的经费来源还包括会费、事业性收入和社会捐赠。会费是科技社团稳定的收入来源之一，韩国科技社团会费的使用限制相对较少，科技社团可以根据实际情况自由支配会费。事业性收入主要来自出版物发行、科技服务、行业培训等。社会捐赠主要以企业捐赠和个人捐赠为主。

以大韩产业工学会（Korean Institute of Industrial Engineers）为例，该会经费来源主要以政府资助、社会捐赠和学会运营收入为主。作为与产业紧密相关的科技社团，大韩产业工学会成立了大韩产业工学会会议基金、白岩奖基金、政宪财团出版基金、国际学术活动基金、权泰成基金、米兰尼基金等多个基金，主要用于表彰和资助优秀人才等。其中国际学术活动基金，由该会第 11 届会长赵圭甲教授创立，主要用于支持学会会员参加国际学术大会和邀请外国学者参会。社会捐赠作为学会重要的经费来源，不仅是学会运营的保障，同时也是上述基金的重要补充。为回馈社会捐赠，学会捐赠细则规定，捐赠 100 万韩元以上者将获得终身会员待遇；捐赠 500 万韩元以上者享受终身会员待遇的同时，可获得学会主管局职务；捐赠 1000 万韩元以上者，可获得学会基金管理委员会委员任命；捐赠 5000 万韩元以上者可担任学会顾问职务。

## 典型案例

### （一）韩国食品科学与技术学会（KoSFoST）

韩国食品科学与技术学会（KoSFoST）[①]成立于 1968 年，是韩国食品领域第一个科技社团。KoSFoST 致力于促进食品科学技术发展和传播，通过向食品行业和公众提供咨询、教育、培训等服务，为韩国食品工业发展作出积极贡献，是韩国最活跃和最大的科技社团之一。

1.会员发展

KoSFoST 的会员资格面向食品科学与技术领域专业人士或感兴趣的人开放。会员包括个人会员和团体会员，个人会员分为正式会员、学生会员、特别会员和荣誉会员等类型，会员权益包括选举和被选举、参加学术会议、订阅期刊和杂志优惠、参与学会研究项目及活动等。正式会员会费每年 5 万韩元，学生会员每年 2 万韩元，团体会员每年 50 万韩元。

2.运行机制

KoSFoST 内部治理结构包括学会大会、理事会、指导委员会、专业委员会和秘书处。学会大会由正式成员组成，分为常会和特别会议。常会每年举行一次，临时大会应在主席认为有必要或有三分之一以上正式成员要求时

---

① 韩国食品科学与技术学会 [EB/OL]. https://www.kosfost.or.kr/.

召开；主席在大会召开前两周通知正式成员会议议程，常会审议和表决学会预算、业务计划、高管选举、章程修改等事项。理事会由不超过 13 位成员组成，包括主席 1 名、副主席若干名、运营主席 1 名。主席全面负责学会事务，副主席协助主席处理工作。运营主席负责主持指导运营委员会等工作。

KoSFoST 有 19 个事业部门，分别是：脂质科学事业部、食品工程事业部、食品安全事业部、感官与消费者科学部、食品分析科学事业部、食品配料事业部、食品包装事业部、碳水化合物事业部、保健功能食品事业部、水产食品事业部、产品开发事业部、大豆加工与利用事业部、食品法律法规事业部、食品微生物事业部、食品服务产业事业部、动物源性食品事业部、酿造科学事业部、食品生物技术与生物工程事业部、传统发酵食品事业部等；3 个区域分会：汉南道分会、忠清道分会、北美分会；13 个常设委员会：《韩国食品科学与技术杂志》编委会、《食品科学与生物技术》编委会、《食品科学与工业》编委会、筹款及营运委员会、食品科学课程委员会、食品科学术语委员会、食品工业发展委员会、科学事务委员会、奖项管理委员会、国际合作委员会、妇女委员会等。

3. 主要业务

KoSFoST 业务范围涉及食品科学和技术的所有领域，包括微生物学、生物技术、生物化学以及加工、安全、包装等领域。KoSFoST 的主要活动包括：组织国内和国际会议；出版学术期刊、专著、技术公报等；提供各类继续教育机会；与国内外食品机构交流信息与技术；通过技术咨询等促进产学研合作；表彰为食品科学技术进步做出重大贡献的个人和团体等。

学会主办三种学术期刊。一是英文期刊《食品科学与生物技术》（FSB），该刊于 1992 年首次出版，每年出版 6 次，被公认为是韩国优秀的学术期刊之一。二是《韩国食品科学与技术杂志》，该刊于 1996 年首次出版，每年出版 6 次，被 Scopus 列为韩国 5600 多份学术期刊中排名前 10% 的优秀学术期刊。三是《食品科学与工业》，该刊成立于 1968 年，每年出版 4 次，出版内容涵盖食品科学技术评论、研究趋势、KoSFoST 新闻等。

KoSFoST 以其具有国际影响力的年会和活跃的研讨会著称，在过去的半个世纪里，在学术活动规模和会员数量方面，KoSFoST 在韩国研究基金会资助的学会中名列前茅。该会 2022 年学术年会于 7 月 6 日至 8 日在釜山举行，会议主题是"开创食品科学和生物技术的新时代"，2894 位来自世界各地的代表出席会议，发布年会海报 1000 张，同期还举办了食品行业展览会。韩国食品研究院等单位为举办大会提供财政支持。

## （二）韩国电子信息工程师学会（IEIE）①

韩国电子信息工程师学会成立于 1946 年，是韩国电子信息和通信领域历史最悠久、最具代表性的学术组织。学会以"为电子、信息通信和相关领域的技术进步和促进成员的全球学术活动做出贡献"为发展目标。

1. 会员发展

截至 2022 年 1 月，韩国电子信息工程师学会拥有个人会员 3.7 万余名，团体会员 80 余个，是韩国电子信息和通信领域最大的学会。会员类型包括正式会员、学生会员、终身会员等（表 13-1）。

2. 治理结构

学会治理结构包括理事会、21 个委员会、12 个地区分部、6 个分会和 39 个专业委员会。理事会是学会的主要运行机构，负责选举主席团成员（1 名主席、1 名高级副主席和 3 名当选副主席）和管理人员，处理学术、期刊、会员管理等主要工作。

---

① 韩国电子信息工程师学会 [EB/OL]. https://www.theieie.org/.

表 13-1　韩国电子信息工程师学会会员收费模式

| 序号 | 会员类型 | 入场费 | 年费 | 备注 |
|---|---|---|---|---|
| 1 | 正式会员 | 10 000 韩元 | 7 万韩元 | 8 万韩元（首次入会） |
| 2 | 学生会员 | 无 | 30 000 韩元（1 年） | 3 万韩元 |
| | | | 60 000（2 年）~10 000 韩元（折扣） | 50 000 韩元（一次性支付） |
| | | | 90 000（3 年）~20 000 韩元（折扣） | 70 000 韩元（一次性支付） |
| | | | 120 000（4 年）~30 000 韩元（折扣） | 90 000 韩元（一次性支付） |
| | | | 150 000（5 年）~40 000 韩元（折扣） | 110 000 韩元（一次性付款） |
| 3 | 终身会员 | 700 000 韩元（新会员另加 10 000 韩元） | | |

分会及所属专业委员会覆盖领域广泛。①通讯分会下属通讯、智能网络、微波和无线电波、ITS、军事电子、放送通信融合技、无线 PAN/BAN、未来网络等 8 个专业委员会；②半导体分会下属半导体器件和材料、光波和量子电子学、SoC 设计、射频收集回路、PCB&Package、信息安全系统、内辐射半导体设计和器件、内存计算等 9 个专业委员会；③计算机分会下属多媒体、人类 ICT、融合计算、人工智能和安全性、人工智能应用研究会等 8 个专业委员会；④人工智能信号处理分会下属声学和语音信号处理、图像处理、视频解说、生物影像信号处理、深度学习研究会等 5 个专业委员会；⑤系统和控制分会下属电力电子、控制测量、医学电子和生物技术、智能机器人、电路和系统、国防信息和控制、汽车电子、医疗影像系统、智能工厂、智能仪表等 10 个专业委员会；⑥工业电子分会每年举办研讨会、竞赛等工作。

3. 主要业务

学会的主要业务包括学术交流、科技奖励、国际交流，以及与企业、科研院所、政府机构等开展合作交流共同促进产学研融合等。

（1）学术交流。比较有代表性的学术会议是夏季综合学术大会、

ICEIC 和 ICCE-Asia 国际学术会议。同时，韩国电子信息工程师学会通过与外国相关学会签订战略协议，促进相互合作，共同举办学术大会。

（2）学术期刊。主办期刊包括 1963 年创刊的《电子工程杂志》、2001 年创刊的英文期刊《半导体技术与科学杂志》（*Journal of Semiconductor Technology and Science*，*JSTS*）等。学会持续提升投稿数量和刊文质量，推动期刊进入 Scopus 和 SCI-E 索引。

（3）科技奖励。学会奖励包括电信大奖、技术创新奖、IEIE 研究皮内尔奖、论文奖、成就奖等。电信大奖授予为电信产业发展作出突出贡献的知名人士。技术创新奖颁发给在电子、信息、通信及相关领域技术进步方面作出显著成就的人士。IEIE 研究皮内尔奖授予 50 岁以下开创或扩大通信相关新领域的会员。功勋奖授予为学会发展作出贡献的成员。

（4）国际交流。学会与美国电气和电子工程师学会（IEEE）每三年签订一次相互业务协议，自 2006 年起共同设立 IT 工程师奖。与中国电子学会签署工作协议，开展两会互访活动。与英国工程技术学会（IET）签署工作协议，在国际学术大会、出版等方面开展合作。与泰国电子计算机通信信息学会（ECTI）联合举办国际学术大会等。

# 展望篇

# 第十四章　全球科技社团发展机遇

## 一、百年未有之大变局促成科技社团新发展格局

　　21 世纪以来，世界政治版图和政治格局改变，朝向多极化趋势发展，全球一体化进程随之加速。在解决全球性问题、参与全球治理方面，非国家行为主体尤其是社会组织，通过建立跨国网络、参与国际会议和全球问题谈判、研究解决全球问题、倡议国际社会共同接受之规则等途径，全面、深入、广泛地参与全球治理实践，并推动全球治理理念逐步形成和推广。人类的命运通过工业和技术的全球扩散，更加紧密联系在一起。社会组织（也称非政府组织、非营利组织、志愿组织、第三部门等）的组织属性、组织形态和国际认可度，决定了其在全球治理体系和国家软实力建设等事务中具有不可替代性。社会组织正在国际关系中成为政府与市场之外的重要参与者，积极参加全球环境保护、人道主义救助、无核化运动，并将影响扩展到全球安全、和平、裁军、外交等传统上由主权国家主导的国际政治、经济、文化领域。科技社团作为社会组织，在全球科技治理中正发挥越来越突出的作用。我国《"十四五"社会组织发展规划》首次提出，增强我国社会组织参与全球治理能力，提高中华文化影响力和中国"软实力"，这是对中国社会组织发展能力和进一步扩大作用范围提出的新目标新要求。

　　科学技术成为驱动社会发展的关键力量。21 世纪以来，科学技术正成

为驱动经济社会发展的第一推动力，同时成为影响国家竞争力的核心力量。习近平总书记指出："科技创新是人类社会发展的重要引擎，是应对许多全球性挑战的有力武器，也是中国构建新发展格局、实现高质量发展的必由之路。"① 创新是人类社会的永恒话题，也是经济社会发展的不熄引擎。随着人类社会进步，科技创新日益成为引领发展的核心动力，成为国家和地区综合实力的决定性因素，正从根本上改变着全球竞争格局和国民财富的获取方式。"科技创新及其所引发的科技革命和产业变革，通过生产方式更新，导致国家实力消长、力量对比改变和规则调整，最终引发国际格局转型甚至重塑。"② 正在孕育兴起的新一轮科技革命将会深刻改变人类社会的生产方式，深刻影响着国家的前途命运和人民生活福祉。科技活动正逐步成为一种新的产业形态，一种全新的社会——"科业社会"正在到来③。许多国家和地区都把科技创新置于极为重要的战略地位，纷纷加强在未来科学和工程前沿、变革性原创探索、颠覆性技术创新等方面的战略布局。例如，2022 年 2 月，美国发布新版《关键和新兴技术（CET）清单》，批准 1600 亿美元用于量子、人工智能、纳米等前沿技术研究。2022 年 4 月，日本发布《AI 战略 2022》和《量子未来社会愿景（草案）》，前者为推进 AI 发展设置新目标，后者将量子技术纳入社会经济体系，政府投资建设研究中心，并承诺通过政府类基金，扶持开发量子技术的初创企业。科技创新在各国发展战略部署中的地位得到提升，为科技社团发挥更大作用创造了难得的机遇，作为跨越边界的科技组织，科技社团在人类社会发展中的独特作用必将持续凸显。

① 习近平. 让多边主义的火炬照亮人类前行之路 [N]. 人民日报, 2021-01-26(002).

② 王存刚. 科技创新与国际格局重塑 [J]. 当代世界, 2023(5): 18-24.

③ 刘吉: 中国未来 30 年的 3 种前景. http://www.chinadaily.com.cn/zgzx/60nian/2009-08/20/content_8594792.htm.

## 二、全球化创造科技社团发展新舞台

通过科技创新更好地解决人类面临的问题、促进社会的发展，日益成为重要而且紧迫的时代议题。当前，人类社会发展正面临前所未有的挑战，全球气候变化、能源资源短缺、粮食和食品安全、网络信息安全等生态环境污染、重大自然灾害、传染性疾病疫情和贫困等一系列重要问题事关人类共同安危，这些问题涉及多学科知识领域，需要多国、多主体和多部门协同解决，携手合作应对挑战将成为世界各国的共同选择。特别是新冠疫情的暴发及其全球范围内的蔓延，携手同心共同抗击疫情、维护全球公共卫生安全成为国际社会为实现共同目标而开展合作的突破口。通过合作与交流来促进不同国家和文明之间科技界的有效沟通和合作，是全球科技社团共同努力的方向。科学技术具有世界性、时代性，是人类共同的财富。世界各国携手解决人类共同面临的全球性重大问题，将为科技社团国际化发展创造更多机遇、搭建更多平台、拓展更大空间。

全球化时代推动了科技全球化的进程，国际科技合作大势所趋，"科技全球化是指科技活动的主题、领域和目的在全球范围得到认同，科技活动要素在全球范围内自由流动和合理配置，科技活动成果实现全球共享，以及科技动规则与制度在全球范围内渐趋一致的发展过程"[①]。但是，某些西方国家大搞单边主义、保护主义，人为拉起国家间的"技术铁幕"，导致现有的全球创新链和产业链分工合作难以持续，国际政治经济发展动荡、国际规则碎片化，科技开放合作的不稳定性加剧。在此背景下，科技社团跨越国家的边界，有效推动全球科技治理成为发展的新契机。科技社团作为具备专业性基础的民间公共服务组织，在世界科技舞台上越来越活跃，

---

① 苏竣，董新宇 . 科学技术的全球治理初探 [J]. 科学学与科学技术管理，2004(12): 21-26.

发挥着在官方关系之外促进合作与交流等重要作用。全球科技社团应当行动起来，发挥好民间科技外交作用，努力减少狭隘的国家主义和民族主义思想对科技进步的影响，不断深化全球科技治理，打破人为设置的藩篱，有效提供全球公共产品和解决方案，让科技更好造福全人类。全球科技治理是科技社团的新使命，从英国皇家学会（The Royal Society）、美国科学促进会（AAAS）、美国机械工程师学会（ASME）等知名科技社团来看，科技社团作为非政府组织，通常能够为其所在国家和地区的科技对外开放、国际合作交流以及参与全球科技治理等发挥积极作用。20世纪80年代末，美国等西方国家对我国实行所谓"制裁"，停止了许多科技领域的官方合作；但从1989年下半年至1990年的一年半时间内，中国科协及所属全国学会举办了13个国际会议，接待了2000多名国外科技人员，以民间科技合作与学术交流的形式，加速了我国同国外科技合作关系的恢复[①]。

全球人才流动是科技社团跨境发展新机遇。人才是第一资源，高层次创新人才是决定科技创新成败的核心要素。以人才竞合和人才流动为主要表征的人才国际化为科技社团开放发展提供了新机遇。一方面，科技人才国际"争夺战"愈演愈烈，科技社团成为一些国家和地区延揽海外人才的重要"猎头"。例如，韩国教育部在美国、欧洲、日本、加拿大、中国和俄罗斯成立了韩国科学家和工程师专业协会，广泛吸引海外韩裔科技人才归国服务。德国在美国成立"德国学者协会"，为优秀科技人才回国牵线搭桥。另一方面，科技人才的全球流动与合作交流日趋频繁，各国政府通过国际协议、倡议和协商，促进相关领域的国际交流与合作，有效推动科学的汇聚融通，也促使和推动科技人才在全球相互竞争、交流与合作。人

---

① 张仁开. 新时代学会高质量发展思路和举措研究 —— 以上海市级学会为例 [J]. 今日科苑，2022(6): 68-79.

才的流动与合作是科技社团国际化的天然动力。世界一流科技社团都广泛吸纳外籍会员，有些科技社团则进一步扩展和延伸出新的国际组织，如美国机械工程师学会（ASME）牵头成立了国际燃气轮机学会、国际石油技术学会。美国数学会牵头成立了由 16 个国家数学会组成的数学科学联合委员会（CBMS）。

## 三、科技革命开辟科技社团发展新领域

科技革命带动新学科、新产业及新科技社团的诞生和发展。过去 500 年里，世界上先后发生五次科技革命，包括两次科学革命和三次技术革命。目前，第六次科技革命正蓄势待发，一些前沿科技领域出现革命性突破的先兆，物质结构、宇宙演化、生命起源、意识本质等基础科学领域正在或有望取得重大突破性进展。科学探索不断向精细化、精确化方向发展，科技发展呈现多点突破、交叉汇聚的态势，不断催生新的学科生长点；互联网、超级计算、环境科学、生物医药研究等产生海量数据，催生大数据科学；人类可持续发展问题成为学科研究的热点；量子计算、脑科学与人工智能、基因编辑等领域成果不断涌现；人的生命和健康方面还有很多关键问题需要探索，新的理论亟待建立。这些新问题、新理论将催生新的学科，带动新的科技社团乃至新的产业诞生和发展。利用科技创新培育新的经济增长点成为各国政府的关注点。可以预见，一些科技社团将脱颖而出，成为科技创新的引领者。

科技革命催生学科交叉融合态势与科技社团的网络化发展相契合。科学研究逐步由传统学科向前沿、交叉、细分的学科方向转变，自然学科和社会学科日渐深层次融合，各种学科技术领域相互渗透、交叉和融合。学科交叉必将引发科技社团业务活动日益多元化、业务范围不断拓展。随着

科技革命和产业变革不断向纵深演进，催生新的科学范式。科学研究向宏观、微观和极端条件拓展，宇宙演化、量子科学、生命起源、脑科学等领域的原创突破正在开辟前沿新方向，深海、深空、深地以及网络空间正成为人类拓展生存空间和维护国家安全的竞争焦点，人工智能、大数据、云计算、区块链、量子通信等新兴技术快速迭代，与生物、能源、制造、材料等前沿技术交叉融合，正在发生多技术群多点突破、相互支撑、齐头并进的链式变革。不同学科之间、科学和技术之间、不同技术之间、自然科学和人文社会科学之间日益呈现交叉融合趋势。打破组织、学科边界，以需求为导向、问题为导向和实践为导向的科研组织模式日益受到重视。学科交叉融合刚好契合科技社团的网络化特色和优势，从而有利于科技社团开拓新领域、拓展新业务。随着科技创新复杂性和学科专业融合度的提升，科技社团作为跨界开放组织，与现代社会中其他组织的联系必将越来越紧密，其业务活动的广度和深度将持续提升。

科技革命正在改变学术交流的形式，科技社团迎来数字化转型契机。数字化转型本质上是数字化思维和数字化认知的转型，具有极强的引领性、整体性和撬动性，是引领组织治理模式和发展方式变革的关键变量。数字技术为科技社团更好地服务科技工作者提供了新的工具和手段，有利于提升科技社团的学术引领能力，也为科技社团持续发展奠定基础。对科技社团而言，学术交流是一切活动的基础，是主业和立会之本，是"生命线"和"营养源"。数字化转型是在其信息数字化、业务数字化的基础上的整合，既是思想观念的变革，也是业务活动的重组升级和拓展。数字技术的广泛应用和数字化转型的时代趋势也是科技社团提升精准化服务能力、创造社会新需求的重要契机。数字化的资源整合、数字化的工作模式，为科技工作者提供更大更便捷的交流平台带来广阔空间和无限可能。与一般的组织机构相比，科技社团因其本身所具有的科技属性而必将在数字化转型中大有作为。面对数字化转型的时代趋势，科技社团需要以信息化技术为手段、以数据内容为核心，通过不断优化和重构流程，提高用户体验和优化服务内容；坚持数字智能和平台赋能，建立敏捷灵变的组织机制，通过柔性化、模块化、以会员为中心的组织模式，为会员提供更流畅的服务体验。学术会议的数字化、学术发表的预印本和开放评论、科学传播的去中心化趋势，不仅推动学术思想和知识的交流、融汇和争论，也使得更多科技工作者能够通过更多渠道获得新思想、新知识、新信息。全球科技社团高度重视数字化转型，中国科技社团也进行了相应探索。例如，中国林学会打造了以会员发展与服务为核心的数字化服务系统；中国计算机学会坚持以数字化赋能组织，构建了与国际接轨的治理架构，未来还将构建以数字化资源为核心的数字底座。

## 四、产业革命拓展科技社团发展新赛道

科学、技术、生产关系密切，带来新的服务对象。"工业经济的发展历史表明，每一次产业革命都会带来技术、生产组织形式和市场需求等的深刻变化，由此引发产业组织的根本性变革。……以可再生能源、互联网通信、智能化和数字化制造为主要内容的新产业革命的到来，将引发产业组织的新一轮深刻变革，促使产业组织进一步趋于结构扁平化和网络化，企业将呈现边界模糊化、规模两极化和合作全面化的特征。"[1] 从世界范围内看，随着科学技术的日新月异，科技与经济日趋融合，每一个原始创新都催生了新的产业方向和新的经济增长点，科学、技术与产业的关系日益

---

① 杜传忠，王飞. 产业革命与产业组织变革——兼论新产业革命条件下的产业组织创新 [J]. 天津社会科学，2015, 201(2): 90-95, 99.

紧密。20 世纪以来，科学技术的重要突破导致人类经济和社会发生翻天覆地的变化，并不断催生新的产业。量子理论促进了集成电路发展，相对论促成核技术发展和原子能的应用，DNA 双螺旋结构奠定了现代生命与科学产业的基石。作为科学共同体组织，科技社团因其柔性和无边界组织特性，以及人才荟萃、技术聚集的独特优势，能够有效协同各类创新主体，聚集优势资源突破关键核心技术，融通产学研，完善成果转化链条，是推动科技经济深度融合的重要力量。科技社团跨越科技和产业边界，在促进科技成果产业化、提升产业技术水平、加强产业要素与创新要素供需匹配、强化企业需求和技术成果精准对接等方面具有其他创新主体不可替代的独特优势。因此，在科技经济融合大趋势下，一些科技社团正以一种前所未有的姿态融入经济建设和社会发展新场域，技术中介组织、高新技术企业成为科技社团新的服务对象。

新理论应用带动新产业成长，衍生新的服务内容。科学革命带来科学理论、方法、知识等方面的快速发展，科学的理论、概念、规范出现范式突破，如相对论、量子论、系统论、控制论等的诞生就导致了科学革命。科学革命带来了技术革命并催生产业变革，如 DNA 和基因理论推动生物医学工程和基因工程的发展，进而促成现代生物和医药产业的变革。新理论不仅可能衍生一系列发明与新产品乃至新的行业，与传统产业的结合也会带来更多变化，如计算机技术、纳米技术、生物技术、医药技术等学科的高度交叉与整合，带来材料、能源、信息产业的全面升级。传统产业采用现代信息技术形成的新产业，如数字技术与土地、劳动力、资本等传统要素相结合，构建形成基于数据和应用场景驱动的数字发展新范式和数字产业新业态。对于科技社团来说，新产业带来了新的服务内容。在促进数字化、智能化等技术与制造业、服务业的深度融合，助推新产业的成长、成熟和壮大等方面，科技社团将发挥更大作用。

## 五、政府再造与"结社革命"激活科技社团发展新空间

20世纪80年代以来，西方新公共管理运动提倡放松管制，引入市场机制，推动"划桨型"政府向"掌舵型"政府转变。政府不再直接提供公共服务，让私营部门或社会组织承接公共服务事项，政府对其进行监管。美国学者戴维·奥斯本、特德·盖布勒提出，用企业家精神再造政府，主张建立起催化作用的政府、社区拥有的政府、竞争性政府、有使命感的政府、讲究效果的政府、受顾客驱使的政府、有事业心的政府、有预见的政府、分权的政府、以市场为导向的政府等。[①] 新公共管理运动转化的典型代表就是英国撒切尔政府推动的一系列民营化、财务管理改革、"续阶计划"等，以及美国克林顿政府推动的政府再造运动。尽管新公共管理招致很多批评，但新公共管理有关放松管制、还权于市场和社会、还权于民的理念深入人心，并体现在实践之中。

几乎与此同步，随着经济和社会的快速发展、公共服务创新的需要，社会组织在全球社会广泛兴起，越来越受到关注，成为政府与市场之外的第三种力量。美国学者莱斯特·萨拉蒙认为，"有组织的志愿性活动在全球范围内的开展和民间的、非营利的或非政府组织在世界各地的建立，正在如火如荼地进行之中"，"我们正置身于一场全球性的'结社革命'之中"。历史将证明，这场革命对20世纪后期世界的重要性丝毫不亚于民族国家的兴起对于19世纪后期世界的重要性。其结果是，出现了一种全球性的第三部门，即数量众多的自我管理的组织，它们不是致力于分配利润给股东或董

---

① 戴维·奥斯本，特德·盖布勒.改革政府：企业家精神如何改革着公共部门[M].周敦仁，译.上海：上海译文出版社，2006.

事，而是在正式的国家机关之外追求公共目标。这些团体的激增可能永久地改变了国家和公民的关系，它们的影响已经远远地超过了它们所提供的物质服务"。[①]

在政府放权与社会力量成长的大趋势之下，科技社团发展出现新空间。科技社团作为一种公益性或互益性社会组织，是科技工作者的共同体，具有一定的"志愿"性质，而且专业化程度高，能够为社会公众提供优质公共服务。科技社团向社会提供科技类公共服务，而政府向科技社团支付经费，购买优质公共产品。在"政府－企业－社会"的分工框架下，在一定程度上规避"政府失灵""市场失灵""志愿失灵"困境的情况下，科技社团可以在科技交流、科学研究、科学普及、科技咨询等领域发挥更大作用，是科技治理的重要主体之一。

---

① 莱斯特·萨拉蒙. 非营利部门的崛起 [J]. 谭静，编译. 马克思主义与现实，2002(3): 57-63.

# 第十五章　全球科技社团发展挑战

## 一、国际政治形势动荡的牵制

近年来，全球科技发展日益受到国际政治因素的影响，国际关系恶化、国际格局变动，民族利益优先、本国利益至上的情绪进一步在全球蔓延，科技问题意识形态化的趋势明显增强，对国际科技合作和人才交流造成障碍，无形之中将原本中立的科技社团打上了政治烙印。发达国家从国家安全利益的角度试图在科学研究、技术研发、科技人员交流、技术转移等方面加强管制，以保持本国技术领先，同时限制国外发展先进技术。在国际政治形势动荡影响下，全球科技治理受到多方面挑战，国际合作受到大量限制。

2018 年以来，美国以维护"国家安全"为由，推行以对华"脱钩"为主要特征的科技竞争战略，试图阻断中美两国之间的科技交流合作。对美国科研人员与中国开展合作的申报要求不断趋严，美国科学家参与中国科研项目和人才项目评审等均须向所在学校或机构报告。许多美国科学家因此对参加中方合作项目产生顾虑，特别是华人科学家。在基础研究领域，美国选择通过筛选和分类的方式加强敏感信息保护。2019 年 5 月，美国电气和电子工程师学会（IEEE）对华为员工及华为资助的个人参与审稿作出无理限制。这一"审稿门"事件是学术交流发展中的严重倒退，未来仍有可能发生类似情况。2020 年，美国国家科学院出版报告《无尽的前沿：未来 75 年的科学》（The Endless Frontier: The Next 75 Years in Science）指出，美国需要平衡好严格保护敏感信息的责任，特别是涉及国家安全研究的实验室，这为两国在基础研究领域的合作带来更大阻碍。2022 年 2 月，俄乌冲突爆发，科技创新受政治裹挟的现象更加普遍，制裁引起的科研封闭趋势持续酝酿和传播，科学研究在未来受政治胁迫可能会成为一种新的世界现象。同时，"政治正确"更大范围地波及科技发展，包括高科技企业、技术垄断型企业甚至科技社团在内的各类科技组织都将成为战时国家军事力量的重要组成部分并发挥战略性作用，未来只要有需要，这些机构都会成为战略遏制的工具。2022 年 8 月，美国总统签署《芯片和科学法案》，通过限制在科学研究、技术研发、人员交流、市场应用等方面的合作，对本国领先技术进行保护，同时达到遏制他国科技发展的目标。此外，在新冠疫情的冲击下，很多国家采取封闭、进入紧急状态等策略，国际科技交流合作及人才往来等受到阻碍，一些国家甚至民族主义情绪上升，宁愿以损失一定的"效率"为代价，保障"安全"。这些都对科技社团的国际化运营与活动带来负面冲击。

## 二、全球经济发展低迷的制约

近些年来，全球大变局加速发展，特别是新冠疫情暴发后，世界主要国家经济增长陷入停滞，全球步入"存量博弈"时代，全球产业链供应链受到严重干扰，全球产业分工格局发生重大变化，世界经济复苏的不确定性上升，下行压力和通胀风险并存。目前，美国、西欧的通货膨胀持续存在，大宗商品价格持续处于高位。世界经济低迷，发达经济体经济增长普遍放缓，新兴市场和发展中经济体复苏也遭遇挫折。根据国际货币基金组织（IMF）

2022 年 10 月发布的《世界经济展望报告》，2022 年全球经济增长放缓至 3.2%，2023 年将进一步缩水至 2.7%。科技社团的收入主要来自会费、业务经营、政府资助以及社会捐赠等，受外部政治环境和经济发展水平影响较大。经济不景气将极大影响各国对科技创新和社会公益事业的投入，科技社团来自政府支持和社会捐赠的收入将随之减少。受疫情以及国家之间科技竞争的影响，科技社团正常的学术交流受到层层阻碍，同时学术出版、人才培训等科学研究的衍生活动受到负面冲击，一定程度上导致会员流失乃至收入的减少，对科技社团发展带来不利影响。

例如，美国心脏学会 2020 年收入比 2019 年下降 45%，美国化学学会 2020 年收入比 2019 年下降 40%。尽管形势极为严峻，但这些知名科技社团历经时代的考验，具有极强韧性，在 2021 年、2022 年及时调整发展策略后收入又有所回升。虽未达到以往的巅峰时期，但也在一定程度上减缓了下降趋势。然而还有大量科技社团实力不够雄厚，近年来一直面临收入减少等风险，亟待扭转颓势。

## 三、学科分化与调整的影响

在传统的学科认知上，学科分化代表学科发展程度的高低。但随着科学技术的发展、传统学科知识饱和度和深度的提高，学科交叉越来越成为发展趋势。越来越多的问题产生于学科的边缘地带，传统单一学科无法解决的问题，往往在学科交叉融合中找到突破点，并使人们获得更为广阔的视野。新学科不断从传统学科中分化，如我们熟知的中国计算机学会，就 1962 年从中国电子学会电子计算机专业委员会独立演变而成。伴随着学科的动态演进，科技社团的发展无法回避这样的分化过程。与此同时，如果传统学科的分支领域为了独立而争相成立新的科技社团，可能会导致知识划分简单化、学者领域归属狭隘化等问题。学科组织分化一方面促成了更为精细的学科产生，有利于学科内部知识系统的深化；另一方面，也可能因过于独立而不利于各门科学之间相互联系。这对依托学科和专业而生的科技社团提出了挑战。

伯顿·克拉克指出，知识的发展和随之而来的学科数量急剧增多，学科又发展成为学科分支，越来越多不具备"学科"要求的专业追求"独立学科"的冲动和诉求。人们通过分化学科知识，一大批更为精细的学科得以产生，知识的分类更加细化，促使新的学科组织不断诞生，并将无法避免地与旧系统产生竞争和冲突。在新兴科技社团诞生的过程中，旧系统将首先遭遇成员分流问题。新领域的学者们将拥有围绕相同知识领域并拥有组织建制的新平台，以新的身份与原组织内部的人们进行"跨学科交往"，这一过程可能并不是团结而有序的。当科技革命的步伐加快时，在高速发展的学科领域，学科知识结构的调整对于科技社团组织架构有重要的影响。正如涂尔干提到的，不同团体为了保护自身利益而承认对方的利益是分化最重要的原因之一，科技社团通过分支机构的细化和专业化来避免学科知识结构变化可能产生的冲突。因此，科技社团在面临学科组织分化时，更需要谨慎考虑，尽量平衡学科组织分化的速度和学科组织的社群数量，避免简单学科知识构成的学科组织的出现，以及由此带来的组织变革冲击。

## 四、市场与技术力量的冲击

科技社团的发展同样受到市场与技术力量的冲击。在市场层面，至少表现为学术期刊的商业垄断及商业介入科技领域两个方面；在技术层面，新技术的出现冲击了科技社团的组织形式及活动。

市场层面的冲击主要表现在科技期刊、科技奖励等方面。一是学术期刊的商业垄断。学术期刊是科技社团的主营业务，也是科学研究最重要的交流工具之一。传统的学术期刊一般是纸质印刷形式，以内容为本，不追求商业目标。科学研究事业的发展，使得学术期刊不断壮大并拥有大量稿源，为学术出版的商业化提供了资源保障。科学技术和电子产业的发展，使学术期刊的表现形式和发行渠道日趋多元化，为其商业化提供了技术保障。高额的垄断利润是促成学术期刊商业化的直接动力。经过多年的发展，学术出版界形成由少数商业巨头控制的市场格局，如 Elsevier、Springer Nature、Wiley、Taylor & Francis 等，学术出版业的垄断性日益加剧。商业化给学术期刊带来利润的同时，也对其发展造成了难以摆脱的困境。出版商的市场垄断造成了学术期刊价格上涨，而价格上涨的同时却不一定伴随着质量的提高，这可能会阻碍学术交流。2019 年，*Journal of Informetrics*（*JOI*）编委会成员辞职，辞职的编辑在国际科学计量学和信息计量学会（Society of Scientometrics and Informetrics-ISSI）的支持下，重新创建了一本新的开放获取期刊，该期刊与 Elsevier 的 JOI 竞争。当一个科技社团参与期刊时，他们不仅为期刊背书，并且可能将其视为科技社团的一部分，因此在某种程度上期刊由科技社团所拥有，但科技社团和商业出版集团的目标并不总是一致。二是商业介入科技奖励领域。科技奖励是科技社团的主要业务之一，科技奖项的影响力来自其评审的权威性、历史积淀和社会信誉。面向全球的科技大奖，不仅需要主办方的公信力和影响力，还需要足够的资金支持，能够组织动员足够的全球顶尖科学家进行评选。随着经济发展水平的不断提高，企业主导的公益性科技奖励正在不断增多，对科技社团的传统奖励形成较大挑战。例如，2015 年，"未来论坛"在北京创立并设立"未来科学大奖"，奖金为 100 万美元。2018 年，由腾讯公司董事会主席兼首席执行官、腾讯基金会发起人马化腾与 14 位科学家联合发起的"科学探索奖"，面向基础科学和前沿技术领域，支持在中国大陆全职工作的、45 周岁及以下青年科技工作者的公益奖项，奖励金额达到 300 万元。2018 年，阿里巴巴达摩院设置"达摩院青橙奖"，专为发掘 35 岁及以下中国青年学者，奖励金额 100 万元。2021 年，由世界顶尖科学家协会发起、上海世界顶尖科学家发展基金会承办、面向全球科学家评选的"世界顶尖科学家协会奖"，单项奖金金额为 1000 万元人民币，跻身全球奖励金额最高的科学奖项之列。相比之下，中国科技社团设立科技奖项奖金相对较少，且受到较多的制度约束，未来成长空间受限。

在技术层面，新技术、新交流方式如何与传统科技社团模式相衔接，这似乎是一个难题。近代科学产生之初，由科技社团举办的学术会议和学术期刊开始出现，并成为至今为止最为重要的正式学术交流方式。随着互联网及数字技术的发展，新的学术交流方式相继呈现，出现了大量的不同类型学术出版物，如开放获取期刊。科技工作者可以通过互联网进行便捷的讨论和分享，越来越多的学者开始在互联网上搜寻信息、查找文献，并发布作品、开展交流。同时，科技工作者的各类需求呈现出个性化、多样化的发展趋势。传统学术交流方式的重要性在下降，科技社团的吸引力在减弱，科技社团的运行机制和模式面临调整，其学术交流、科学普及等传统业务面临挑战。如何提升服务的精准性、更好满足服务对象的需求，成为摆在科技社团面前的"难题"。美籍华裔数学家、加州大学圣塔芭芭拉分校教授张益唐关于郎道 – 西格尔零点猜想（The Landau-Siegel Zeros Conjecture）的最新论文在预印本网站 arXiv 上，而非通过传统学术期刊正式对外公开。2008 年，由三位科学家创建的 ResearchGate 被誉为"科学界的 Facebook"，科学家可以在 ResearchGate 上分享科研成果和著作，并随时查看相关评论、下载和引用数据，为科技工作者提供了远超传统学术发表的互动交流渠道。目前，这个网站已有超过 1500 万的全球科研人员加入。

## 五、科技与社会风险的考验

当前，全球经济社会的复杂性、不确定性和不稳定性显著增强，"新类型的风险既是本土的又是全球的或者说是'全球本土'的。……为了说明世界风险'社会'有必要行动起来促进形成应对全球危险的'国际制度'"[①]。习近平总书记指出，"科技是发展的利器，也可能成为风险的源头。要前瞻研判科技发展带来的规则冲突、社会风险、伦理挑战，完善相关法律法规、伦理审查规则及监管框架"。[②]

近几年，新冠疫情对包括科技社团在内的各类组织造成了不良影响，对科技社团举办各类学术交流和科普活动造成阻碍，海外留学、人才交流、联合研究、合作办学等方面影响较大，以人员流动为核心的国际合作与交流受到的冲击尤为突出。许多线下学术活动不能开展，线上开展的效果和互动程度大打折扣。诸如非典、甲型 H1N1 流感、埃博拉病毒疫情和新冠疫情等突发公共卫生事件，需要科技社团科学应对、积极介入，提升公众对科学的信心。例如，英国医学会旗下的《英国医学杂志》（*British Medical Journal*，*BMJ*）在公共安全事件中发挥着期刊科普优势，为医疗救治和卫生防疫提供专业的及时指导建议。在新冠疫情暴发后，英国医学会组织专家与来自全球的专业编辑、临床专家通力合作，权威发布相关信息，引导社会公众科学认识病毒。

此外，科技伦理风险越来越影响社会对突破性科技创新的信任和支持。

---

① 乌尔里希·贝克. 风险社会再思考 [J]. 郗卫东，译. 马克思主义与现实，2002(4): 46-51.

② 习近平. 在中国科学院第二十次院士大会、中国工程院第十五次院士大会、中国科协第十次全国代表大会上的讲话 [N]. 人民日报，2021-05-29(002).

如果不重视科技伦理风险防范，科技突破很容易因伦理问题而成为社会焦点，引发各方对潜在风险的焦虑。科研诚信、科学伦理领域的突发事件，将科技社团置于"风口浪尖"，影响社会公信力。科技社团通过共享的集体信念、职能使命、科学规范等，要求会员的科研行为符合公共理性和社会伦理预期。这需要科技社团加强科研诚信制度建设，增强科学伦理事件审查和处置能力。例如，美国医学会伦理分会、美国化学会伦理分会等主动搜集科技工作者在临床试验、技术研发过程中遇到的相关伦理问题，定期向行政机关反映，从而达到维护科学共同体伦理规范的目的。相比之下，中国科技社团的科技伦理工作建制和治理手段仍亟待加强。面对基因编辑、脑机接口、人工智能、大数据等新兴技术对生命权、隐私权和传统伦理的挑战，作为科技工作者必须遵守的价值准则，科技伦理事关科技事业的健康发展，需要科技社团和高校、科研机构、企业和全社会共同参与、协同共治。

# 第十六章　全球科技社团管理者展望未来

## 一、IET 的国际化与可持续发展议程
### —— 英国工程技术学会原主席 朱利安•杨（Julian Young）

社团组织若想在工程、技术和科学领域的快速发展中紧随潮流，国际视野是必不可少的。国际视野不仅能保证工程师的成果在全世界范围内得到广泛认可，也让我们能联合起来，寻求新颖的解决方案来面对困扰我们的社会难题。

一些具有深度和广度的社团组织在推进全球视野方面有独特优势。对于全世界的工程和技术从业人员来说 —— 无论是初来乍到的行业新人还是精益求精的资深专家，英国工程技术学会（IET）都是个多元化、兼容并蓄的大家庭。此外，它是一个多学科交叉与交融的机构，无论是学习工程专业，还是从事工程行业，或是对工程感兴趣的人都可以加入。目前 IET 在 148 个国家拥有超过 15.5 万名会员。我们将自己定位为一个值得信赖的工程监理机构，为可持续发展和气候变化等重要的国际问题提供宝贵见解。

通过多区域协作，我们将世界各地的专家聚集在一起，分享不同领域的专业知识，提高思想领导力，制定良好的政策。为了取得好的成果，我们也很注重与其他专业机构的合作。

## （一）学术团体

IET 是一个权威性的国际学会，为工程学研究提供丰富的、高质量的知识储备和信息化的解决方案。

我们有 44 种开放获取期刊，刊载国际上最好的科学及学术成果。这些期刊是与世界各地的合作伙伴共同创办的，其中包括来自中国的优秀大学、研究机构和专业机构。

我们还为研究人员提供平台，帮助他们通过统一的平台获取全球科研情报。我们的研究数据库"Inspec"拥有超过 2100 万条记录，50 多年来一直是全球众多著名机构的重要信息来源。这个平台使英国、中国以及众多国家的工程师和科学家的成果真正实现了国际化。

## （二）国际焦点

作为工程师和技术人员的专业平台，我们帮助世界各地的会员在职业生涯中获得成长与进步。

我们有多种措施、方法及服务方式来支持这项工作，包括但不限于使用我们的全球社区平台"EngX"和"事业管理"（career manager）来记录持续专业发展（CPD）和为职业登记注册导航。

在全球范围内，我们有 4200 名活跃的志愿者，在全球的各个地方参与社区工作。最近，在新冠疫情的影响下，我们采取数字化发展方式，IET 的影响力迅速增长，可以为世界各地的工程师提供服务。例如，我们的技术网络已经完全实现了数字化，全世界都可以使用这个网络，随之而来的是更多人的参与和更广泛的影响力。

我们的"校园（OnCampus）团队"活动也取得了不错的成果，这些团队小组遍布全球，将世界各地工程专业的学生团结在一起，帮助他们自信地走上职业道路。大学生们在活动中积累经验、加强联系，获得学以致用的能力。"校园团队"活动正在世界各地蓬勃兴起，包括中东和非洲地区，举办"十分钟演讲"等国际竞赛，让学生在学习技术知识的同时也培养软技能。

IET 还致力于发展未来的人才输送通道，支持当前和未来的行业技能需求。我们都知道多元化的团队更擅长解决问题，IET 自始至终都在行业范畴内捍卫平等，兼具多样性和包容性，我们引以为豪。

### （三）全球公认标准

除了提升世界各地的工程师和技术人员的技能和专业知识外，提高工程师的职业地位也是我们工作的核心。这项工作需要 IET 与其他团体合作开展，其中最重要的就是建立和维持国际公认的评价标准。

要想建立和维持国际公认的评价标准，一种途径是开展工程师培训项目，为通过者颁发证书，还可以为具有专业资格的工程师和技术人员注册备案。"特许工程师"（CEng）认证意味着世界最高水平的专业能力，拥有该认证的工程师可以在世界范围内施展才能。

各种组织可以通过 IET 的认证计划来帮助他们的工程师经过专业流程获得注册资格，从而从事高技术含量的工作。扩大该认证的国际认可度，是我们与中国合作伙伴（如中国科学技术协会）合作的重点。过去几年，我们一直在紧锣密鼓地推进这项工作。

在市场全球化的背景下，展示专业能力和建立国际公认的工程师认证标准变得越来越重要。我们的一个重要目标是实现国际互认，即一国工程师的能力可以在另一国得到认可。例如，如果一名中国工程师成为"特许工程师"，那么他的能力将在 20 多个国家得到认可。

已有超过 450 名工程师参加了我们的注册培训。其中 373 名工程师已进入面试阶段，295 名工程师已成功获得"特许工程师"或注册工程师（IEng）资格。

### （四）中文专业认证试点

英国工程委员会（Engineering Council）是英国工程师职业的监管机构，于 2020 年批准了 IET 以英语和威尔士语以外的语言进行专业认证的申请。

在与中国科学技术协会（CAST）保持良好联系的基础上，我们首先启动了基于中文的专业认证。2021 年 10 月，首次启动试点项目，令人欣慰的是，最初的 30 个申请人都已取得了"特许工程师"（CEng）认证。

这是中国工程师首次完全使用中文通过申请程序和专业面试，在英国工程委员会成功注册。这个创新项目将使更多中国以及非英语国家的工程师以专业能力和对行业的贡献获得国际认可。如果这个项目在中国获得成功，我们将考虑在其他国家也开展类似项目。我们希望工程师将来可以不受语言限制，只以专业能力为评估标准。我们相信，该项目将加速中英两国的相互认可，并促进具有专业资格的工程师在全球流动。

### （五）全球挑战

为工程师建立全球公认的标准是 IET 战略的一个关键部分，目的是确保无论我们在哪，都能站在第一线，去面对和解决困扰我们的社会难题。

IET 制定了 2030 年战略，重点关注如何继续提供五个全球问题的解决方案，分别是：可持续发展和气候变化、数字化的未来、健康生活、以人为本的基础设施以及生产制造业。

可持续发展和气候变化可以说是有史以来面临的重大挑战，急需明确和果断的引导。但解决这个问题不是任何一个国家、职业或团体的单独责任，而是需要多方面的联合行动，其中工程业是核心。正如我们所知，工程师善于解决问题和创新，能从独特的视角看待世界。IET 相信工程师有解决气候变化的技术、能力、远见和智慧，他们有能力提供最有效、最经济、最安全的可靠性方案。

我们身体力行，已经在实施 2030 年战略上迈出了重要一步。同时也因地制宜地设定了具体目标 —— 加快转变发展方式，支持零碳技术的发展，从而解决气候变化对社会和自然环境的影响。

我们相信，这是行业中每一个人都能做出贡献并带来巨大改变的事业。工程师的技能和能力可以在全球范围内被认可就是一个重要成果。例如，在 2021 年，我们邀请了英中两国的专家来讨论海上风电、核电等技术。来自世界各地的 6800 多名代表参加会议，该活动取得圆满成功。最近，我们有幸与中国电机工程学会（CSEE）共同组织了另一个联合研讨会，主题是"电网数字化和零碳技术"。

### （六）结语

IET 将继续鼓励全球工程界的知识共享，紧跟时代步伐，用工程学和科技来应对社会问题，对社会产生积极的影响。

IET 相信，只要我们齐心协力，工程界可以为全人类创造可持续、更智能、更光明的未来。

IET 秉持长远目光与国际视角，努力创新，负责任地使用所有资源，在政府间、行业间，乃至全社会促成应对气候变化的项目。IET 的事业是促成真正的改变，让社会取得实实在在的进步。

我们非常重视与其他专业机构的合作，来加快建立国际化工程专业标准，鼓励工程师的国际流动。

同心协力，我们将建造出更美好的世界。

## 二、合作驱动创新，科技引领未来
—— 英国皇家化学会首席执行官 彭海伦（Helen Pain）

### （一）强强联手，相得益彰

无论是气候变化还是清洁水资源，地球此刻所遭受的种种挑战，任何一个学科、行业和国家都无法单独给出完满的答案。

未来，全球繁荣依赖的是跨行业与国别的创新与合作。随着联合国可持续发展目标的颁布与全球挑战带来的影响日渐深远，对创新与合作的迫切要求从未如此明晰。

放眼全球化学科学群体及其合作伙伴们，我们对团结协作的必要性理解深刻，对创建更美好世界的自我潜力深信不疑。为此，我们感到十分幸运。

英国皇家化学会（RSC）是全球性社团，目前有超过5万名会员。成立180多年来，英国皇家化学会（RSC）不遗余力地通过会员、作者、读者、审稿人、编辑以及合作伙伴分享知识与最佳实践。与此同时，我们与全球专家群体共同努力，传递最优质的化学知识给每一个人，鼓励创新思想，启迪未来科学人才。我们努力触达到世界的每一个角落，与先进跨国企业、政府部门、专业团体、资助机构、科学与教育倡导者、慈善基金等不同性质的机构建立广泛伙伴关系。正是与化学与其他群体的团结协作，赋予了我们工作真正的影响力。

我们无比重视与全球化学社团之间的合作。我们与多家全球领先的化学学会都签订了战略协议，其中包括中国化学会（CCS）。自2006年首次签订合作协议至今，中英两国化学会的伙伴关系已进入第17个年头。国际化学学会之间的紧密联系至关重要，为化学在全球提供了强有力的发声平台。

近期，我们还加入了英联邦化学会联盟（Commonwealth Chemistry, the Federation of Chemical Science Societies）。这是新成立的一个专业联盟，目前成员来自 24 个国家，旨在通过平等、包容的参与促进共同发声，已经初具影响力。联盟发布的《可持续化学人才储备建设可持续未来》报告，探讨了职业化学家所面临的巨大困境，指出雇主应负有解决问题的责任。

与世界各地其他科技社团和学术机构之间的紧密联结，也是化学科学群体的重要支撑。在英国，我们联合物理、生物、数学等兄弟学会以及国家科学院，持续推动英国与欧盟委员会（European Commission）的科研创新资助项目"欧洲地平线"（Horizon Europe）之间的挂靠进程。多方合作的科学研究是英国科技创新持续领先与增长、促进国际合作开放化、吸引全球优秀人才的关键驱动力。

## （二）科技创新，各显神通

化学主导的科技创新从可承担的清洁能源、应对重大疾病、可持续发展农业到回收与再利用技术等多个领域，为保障人类未来经济发展、为创建更健康的可持续发展世界作出了重大贡献。

可持续发展面临的挑战远不止科技难题——公众认知和对绿色生活的广泛要求更需推动政策和社会层面的改变。英国皇家化学会（RSC）一直在讲述有关化学在可持续发展中的角色的重要故事，在媒体上和在由英国主办的第 26 届联合国气候变化大会（COP26）上都吸引了大量关注。

科技社团在大众科普上能够扮演关键角色，与公众对话，为他们分享信息，从而推动地方、地区、国家乃至国际层面的政策形成。

中小型企业，尤其是化学领域的科技中小型企业在英国的创新生态体系中扮演重要角色。然而，对这些企业来说，从创业走到商业化之路却极具挑战。无论是公共资金还是私人投资环境，都很不适应化学的基础学科性质和实验室技术开发的不确定性。对初创企业来说，新产品的开发与商业化不仅需要多方合作，更需要对知识产权的明确，对技术能力、管理能力和领导能力的综合要求也很高。英国政府在其创新战略中表明，针对科技板块中小型企业正在进行的研发，政府能提供的支持还有很多。

为了更好地支持化学领域的科技创业公司，英国皇家化学会（RSC）起草了一份名为《点燃创新》（Igniting innovation）的行动计划。该行动计划明确列举了我们为推动改革进行的一系列行动步骤。

在英国格拉斯哥召开的 COP26 大会上，英国皇家化学会（RSC）成功与包括政策制定者、政府官员、科学家在内的全球富有影响力的专业人士建立了联系。在各个活动和会议中，我们分享了对气候变化的立场、政策主张以及行动宣言，重点强调了为最大化发挥化学在缓和气候变化中的作用应作出的措施变化。我们在大会上组织了 20 场线上活动，把有化学参与的一系列领域都做了重点推介，如风轮机防护漆的研发、中低收入国家空气质量的改善、塑料与水泥的可持续生产研究等。我们还展示了创新型中小型企业正在开发的未来关键技术，包括改良的碳捕获技术、更快速充电电池、更高效的太阳能以及更高效的绿色制氢等。

在英国皇家化学会（RSC）的战略中，有一个明确的核心，那就是如何确保科学技术的进步能够造福全人类。也就是说，我们如何让世界更加开放、平等与可持续。

### （三）多元融合，惺惺相惜

全球共同体中的人来自迥异的文化背景，有着不同的人生经历。对全球共同体中所有成员一视同仁的重要性，我们认为毋庸置疑。我们也坚信，只有吸引、发展和保有一支多元化的人才队伍才能够让化学科学繁荣兴旺。

我们都知道，人们只有在充满归属感的环境下才能茁壮成长。为此，英国皇家化学会（RSC）首创发起了针对化学科学家在化学科学领域归属感的调研。

成为某个命运共同体的一部分，贴上同一个身份标签，能够为该共同体发挥作用，从个人和职业层面被某个群体接受，以及有资格参与某个命运共同体的认知，所有这些都是加强归属感的重要条件。英国皇家化学会（RSC）承诺为化学群体去创造和实现这一切。

我们在英国进行的调研发现，有志于学术事业的女性多在达到事业顶峰前就因各种原因提前离开。留在学术界的优秀女性科学家，能够晋升到高级职位的比例也低于男性同行。在黑人化学家中，则不分性别，本科毕业后在各个职业阶段都有人陆续离场。在英国的企业和学术界的高层中，缺乏足够的黑人和其他少数民族代表。

英联邦化学会联盟在可持续化学人才储备的调研中发现，这不是英国独有的现象。调研涉及 38 个国家，揭示了一系列的问题，包括升职机会有限、指导和支持不足、设备和消耗品欠缺等。此外，调研还发现获取科研、社交和差旅经费困难也是一大挑战。同时，基金申请文书的撰写和科研论文的发表也是急需支持的领域。所幸，调研也指出多元化的团队构成是繁荣发展的积极因素。

获取知识、数据、见解、社交和合作的机会是科学运作中关键的组成部分。对这些资源的获取越容易，科学发展得越好。如今，各个科学领域的开放获取期刊越来越多，多种多样的线上线下会议和活动吸引成千上万的人参与。英国皇家化学会（RSC）的第六届线上墙报大赛也许是世界上最开放的学术墙报会议，自活动创办以来获得了破纪录的成功。推动化学向开放获取的未来前进，我们的承诺与行动从未如此明晰。

让我们携手进步。纵观全球，科技社团与我们的广大合作伙伴对倡导多元、融合与可及的未来负有不可推卸的责任。科学属于全人类，我们必须团结协作实现这一伟大使命。

# 三、对一流科技社团的认识和思考
## —— 中国机械工程学会理事长 林忠钦

在新时代的背景下，中国科技社团如何面向建设世界科技强国和实现科技高水平自立自强的战略需求，既要放眼世界、互学互鉴，也要立足国情、科学务实，在持续全面深化改革的过程中，趟出一条有中国特色的一流学会发展之路。作为一名长期从事科研工作和长期参与学会工作的科技工作者，简单谈谈我对一流科技社团的认识和思考。

## （一）对世界一流科技社团的认识

现代意义上的科技社团始于西方工业革命时期，伴随着历次新技术革命不断发展壮大。世界一流科技社团主要集中在欧美以及亚太地区的经济发达国家。这些世界一流科技社团在组织定位、业务活动、治理机制、国际影响等方面具有以下共性特征。

一是内部治理有序高效。世界一流科技社团普遍建立了以会员为核心，由会员（代表）大会、理事会、监事会、秘书处等机构组成的权责分明、制衡有效的组织架构，并通过持续迭代的制度建设，形成了一套相对完善的运行体系。其决策机构理事会规模适中，利于高效和快速决策；其执行机构秘书处职业化程度高，日常工作执行力强；其主要活动开展主要依靠一大批具有深厚专业背景和强烈志愿精神的志愿者进行组织。这种"两头小中间大"的治理模式，有利于科技社团更好的集聚智力资源和更多的调动社会资源，为长期高效可持续发展奠定了基础。

二是核心产品竞争力强。世界一流科技社团除做好科技共同体的基本职责外，往往根据组织宗旨、发展理念和优势条件打造核心业务，塑造核心品牌。以美国机械工程师学会（ASME）为例，该组织自1880年成立以来，在140多年发展过程中，始终坚持以标准为主线，目前已形成了由70个一致性委员会、6个监管委员会、700余个标准委员会（含国际工作组）、4700多名志愿专家、30多名专职人员所组成的庞大标准工作体系，制定了近600项标准，广泛受到业界认可，被全世界100多个国家和地区所采纳和使用。

三是会员服务精准多样。世界一流科技社团通常根据年龄、职业等细分会员类别和层次，实行不同的会费标准。在设计会员服务内容时，更关注多样性、公平性和包容性，力争在各种规划、学术交流、表彰奖励、教育培训等活动中最大程度为各种人群和个人分享各自的关注，研讨对应的解决方案，创造安全可信赖的空间。在会员服务产品供给上，一方面能够根据运用新技术手段，不断调整会员服务项目和形式，确保会员需求得到及时响应，另一方面体现会员优先原则，不仅保证会员优先或优惠参加科技社团活动，而且尽可能对学生或者刚进入职业生涯的青年群体给予特别照顾，对长期为本组织做出贡献的会员给予特别认可。

四是国际合作积极主动。世界一流科技社团往往基于其使命和愿景在全球范围内广泛开展活动和发展会员，国际化程度相对较高。以英国工程技术学会（IET）为例，其使命定位为"与全球的工程界互联互动，激励新生力量，支持技术创新，推动业界进步，满足社会需求"，在全球153个国家拥有 15.8 万名会员，每年在全球各地举办大量国际会议和其他国际交流活动，出版 700 多种出版物。通过这种以 IET 及 IET 会员构建的全球范围知识网络，极大提升了其国际科技治理能力和影响力。

### （二）对中国特色一流科技社团建设的思考

中国科技社团主要兴起于清末民初，当时一批留学归来的仁人志士，以科技报国为己任，发起成立学会组织，以联络同志、研究学术、发展事业为宗旨，为中国与国际的科技交流做出了贡献。新中国成立以来，在党和政府的坚强领导下，在中国科协的指导支持下，涌现出一批具有现代科技社团特点、主责主业比较突出、内部治理相对规范的全国学会，成为推动中国科技创新的重要社会力量。当前，世界正经历百年未有之大变局，新一轮科技革命和产业变革深入发展，中国已开启全面建设社会主义现代化国家新征程。在这一时代宏观背景下，坚持中国特色科技社团发展方向是学会走向世界一流的必由之路。要建成中国特色一流科技社团，需要坚持做到以下四点：

一是坚持党的领导。中国共产党领导是中国特色社会主义最本质的特征。中国特色一流科技社团一定要把党的建设放在首位，实现党的组织和党的工作在科技社团工作的"双覆盖"，以高质量的党建引领高质量发展。

二是把稳使命之舵。党中央赋予科协组织的使命定位是党和政府联系科技工作者的桥梁和纽带，科技社团要牢记这一使命，坚持做到"四个服务"，紧密团结广大科技工作者，面向世界科技前沿、面向经济主战场、面向国家重大需求、面向人民生命健康，汇聚起科技创新的磅礴力量，不断向科学技术广度和深度进军。

三是筑牢发展之基。中国特色一流科技社团应以实现治理体系和治理能力现代化为目标，按照民主决策、自治自律的组织特点，把制度建设贯彻始终，理顺会员代表大会、理事会、监事会、办事机构、分支机构等治理主体间的关系，形成权责分明、制衡有效、运转协调的治理机制，将制度优势转化成治理效能。

四是扩大开放合作。中国特色一流学会要在全球科技界共同关注的问题和挑战方面形成学术引领，在此基础上，积极参与全球科技治理，建立有效协商与沟通机制，构建开放、包容、互信的交流平台，共建团结、平等、均衡、普惠的全球发展伙伴关系。

## 四、构建开放合作平台，深度参与全球科技治理
### —— 中国电机工程学会理事长　舒印彪

习近平总书记在两院院士大会、中国科协第十次全国代表大会的重要讲话指出，要坚持把科技自立自强作为国家发展的战略支撑，深入实施科教兴国战略、人才强国战略、创新驱动发展战略，完善国家创新体系，加快建设科技强国，实现高水平科技自立自强。当前，世界百年未有之大变局加速演进，新一轮科技革命和产业变革深入推进，科技创新已成为中国实现高质量发展的关键支撑与主动应对内外部风险挑战的重要手段。中国电机工程学会作为党领导下能源电力领域的科技社团，面对新形势、新任务、新要求，应当聚焦电力科技创新，加快构建开放合作平台，深度参与全球科技治理，努力为全面建设社会主义现代化国家、推动构建人类命运共同体贡献力量。

### （一）深耕细作，聚焦前沿，引领科技创新发展

一是大力推动电力领域科技创新，强化能源技术引领能力。围绕碳达峰碳中和、构建新型电力系统、特高压输电、新能源消纳等重大主题，打

造学术年会、新能源发展与消纳论坛等一批高端学术交流平台，不断提升学术交流质量；开展"重大科学问题、工程技术难题、产业技术问题"征集，编制学科发展报告、专业发展报告和专题技术报告，不断强化学术引领能力；组织开展电力行业碳达峰碳中和实施路径、新能源电力系统装备、人工智能、氢能、储能等重大科技项目研究，持续为党和政府科学决策提供支撑。

二是积极搭建国际科技交流合作平台，凝聚全球科技发展共识。连续多年举办国际高压直流会议、可持续电力与能源国际会议、能源互联网与能源系统集成会议、中美绿色能源论坛等国际学术活动，为国内外科技工作者搭建高水平能源电力科技交流平台。组织国内专家在线参加国际大电网委员会百年庆典、中国国际供电会议等大型国际学术会议活动。

三是深度参与全球科技治理，实现国内外科技创新协调发展。持续加强与国际电工委员会（IEC）、美国电气和电子工程师学会（IEEE）、国际大电网委员会（CIGRE）等国际组织的交流，积极推动中国专家在国际组织担任重要职务，全面支撑 IEC、CIGRE 机构治理体系变革，推动 IEC 启动未来十年战略规划。推动 IEC 联合国际标准化组织（ISO）将重症监护呼吸机等电子医疗设备 33 项国际标准向社会免费公开，以标准化工具应对全球新冠疫情共同挑战。推动 IEC 与 ISO 在第 26 届联合国气候变化大会上发布应对气候变化联合声明。以改善全球"环境、社会和公司治理"（ESG）为目标，推动建立 IEC 全球影响力基金会。在 IEC 发起成立极端环境下电气设备标准化评估组等国际技术机构，积极推进 IEC 战略白皮书编写、国际标准制定及合格评定工作。

### （二）与时俱进，把握科技变革趋势，融入全球创新网络

科学技术是推动世界经济发展和社会转型变革的强大动力，能源科技

创新是人类可持续发展的动力之源。纵观历次工业革命，能源科技创新都发挥了关键引领作用。新一轮能源科技创新以新能源开发利用为主要特征，建立在化石能源基础上的技术体系与产业体系正在发生深刻变化，数字技术与能源技术深度融合，新一轮能源科技创新展现出跨越性、变革性、颠覆性的巨大能量，能源技术与产业的深刻变革成为引领第四次工业革命的重要驱动力。能源电力技术多维多点突破，新能源、新技术、新产业变革方兴未艾，创新主体从个体性向团体性发展，能源电力科技创新正在向多学科交叉融合、多产业相互协同、多技术集成方向转变。

### （三）多措并举，抢抓时代发展机遇，积极贡献中国智慧

中国电机工程学会将抓住新一轮能源科技革命和产业变革的历史性机遇，积极参与国际科技交流与合作，为解决全球重大课题和应对科技挑战积极贡献中国智慧、提供中国方案。

一是积极组织中国科学家参与重大国际科学项目计划。与世界各国加强创新合作，在碳中和、新能源、人工智能等方面，加快突破关键核心技术，为全球绿色低碳转型提供科技支撑。

二是大力支持中国科学家参与重大国际科技规则、标准制定。以国际标准促进科技创新和产业发展，加快推动低碳技术国际标准体系建设，推动能源基础设施、装备制造、节能环保等领域标准化建设。

三是着重培养具有国际视野的复合型科技领军人才。针对绿色转型发展面临的共性问题，建立国际联合研究机制，推进科研机构、高校、企业间各层次的学术交流、人员培训，培养一批既有精湛专业知识、又深谙国际规则的高端科技人才。

四是推动构建"开放、信任、合作、共赢"的全球科技治理生态。持

续拓展多元化对外交流渠道、加强多维度组织平台建设，营造和谐包容的科技创新氛围、优化全球科技治理体系。

中国电机工程学会将在中国科协指导下，以建设中国特色一流学会为目标，不断提升学会的组织凝聚力、学术引领力、社会公信力和国际影响力，强化科技创新引领，大力促进开放合作，深度参与国际科技治理，努力为全面建设社会主义现代化国家、推动构建人类命运共同体作出新的更大贡献！

## 五、蹄疾步稳，迈向计算领域一流学会
—— 中国计算机学会理事长 梅宏

2012 年起，中国科协连续实施多期学会能力提升专项，旨在推动所属学会向中国特色一流学会目标迈进。中国计算机学会（CCF）也有幸参与了这个专项，开展了系列探索和实践。

学会是科学活动的伴生产物。纵观世界各个时代的一流学会，无不和当时的科学活动中心紧密关联。世界科学活动中心已经经历了从意大利到英国、法国、德国和美国的多次转移，学会也经历了从最早在罗马创立的"猞猁学社"到英国皇家学会、法国皇家科学院，再到后来各国各类地域性、学科性学会的繁荣。世界一流学会的建成均经历了影响力从量变到质变、从国内走向国际的过程，最终都呈现出相似的特征，即世界对"国际一流"标准的共识，通常涉及如下 4 个方面。一是足够的会员规模。一方面表征为专业会员的数量，另一方面表征为会员专业领域的覆盖面和多样性，通常呈现为分支机构。二是丰富的学术活动。在学会旗帜下，出版了系列学术刊物，每年举办大量的学术会议和其他多种形式的学术交流活动，构成了本领域最高水平的国际交流平台。三是高质的学术声誉。CCF 评审颁发多个层级的学术奖励，本领域的杰出学者基本都是学会的付费会员。四是

广泛的国际影响。会员来自全世界各个国家，也在很多国家设有本地机构。在计算领域，美国计算机学会（ACM）是公认的一流学会，该学会目前会员来自130多个国家和地区；下设的专业委员会覆盖了计算的各个子领域，在很多国家均设立了本地机构；旗下众多学术期刊和大量学术会议被视为计算领域学术交流和论文发表的最高平台；图灵奖被誉为计算领域的诺贝尔奖，还有众多其他享有盛誉的各类奖项。

考察世界一流学会的发展，我以为，除了其所处的外部环境即所在国的科技发展水平外，至少应该具有3个方面的"内因"。一是治理架构为基。学会作为某领域的学术共同体，一个开放的、民主的、稳定的、多主体协商共治的治理架构尤为重要，唯如此才能充分吸引更多同行加入并发挥个体和群体力量。二是运营能力为体。学会运行需要经济基础的支撑，需要一个强大的秘书处，因此，必须遵循规律，建立市场化运行机制，确保高效的运营能力。三是服务能力为用。学会的主旨是为会员提供有价值的服务，秘书处的服务提供能力就非常重要，但仅此还远不够，需要引入众多的志愿者参与服务，形成会员服务会员的氛围和格局。运营能力和服务能力相辅相成、互为促进。仍以ACM为例，其有一个强大的秘书处负责学会日常运行，具有较强的市场化运营能力。学会领导层和各分支机构负责人均从全球志愿者中民主选举产生，学术活动由各学科的专业会员自行组织。2021年度，ACM的收入为7813万美元，盈余3130万美元，收入主要来自会费（约占9.3%）、出版物（约占31%）、会议（约占15%）、利息及投资回报（约占29.2%），以及捐款（约占12.2%）。

CCF约20年前开启了学会的改革进程。2006年，在中国科协和民政部推动下，CCF进入全面系统性的、凤凰涅槃式的改革阶段，脱离挂靠，从一个事业单位型的社团转型成长为一个具有很强内在活力、服务能力以及巨大影响力的现代社团。CCF 积极探索并构建了中国特色国际接轨的现代学术社团治理架构，学会工作坚持党的全面领导，构建了稳定的治理架构，制定了各类规章制度和条例；实行了全面开放式理事会选举，理事长副理事长理事等职务公开差额选举，设立了监事会监督学会运行；学会的"会员构成、会员治理及为会员服务"的 3M 理念得到广大会员的认同；学会的志愿者文化吸引了上万名有责任和激情的志愿者。CCF 秉承"责任、创新、奉献"的理念，在发展和完善自身的同时，为推动中国科技发展和社会进步做出了应有的积极贡献。

当前，CCF 个人缴费会员维持在 8 万人以上，峰值曾突破 10 万人，就规模而言，在国际同类科技社团中名列前茅。一年一度的中国计算机大会、每年 1200 多场有品质的学术活动以及青年科技论坛等 10 多项旗舰活动品牌，搭建了产学研交流的平台，推进了计算机领域的学术繁荣；终身成就奖、王选奖和优秀博士学位论文奖等系列奖励的设立构建了会员的荣誉及贡献认可体系；CCF 业务总部暨学术交流中心落户苏州，拓展了学会发展空间；计算机博物馆选址浙江横店，开启了学会科普工作的新篇章；面向数字化转型时代趋势和数字中国国家战略，组建跨领域学者构成的 CCF 中国数字经济 50 人论坛，推行"计算＋行业"战略，助力数字经济发展和行业数字化转型；与美国、欧洲、日本、韩国的多个国外知名社团的战略合作伙伴关系，产生了良好的国际影响。CCF 已经拥有 50 余人的秘书处，具备了初步的运营能力和服务能力。过去几年，实现了业务收入年均约 30% 的增长，2022 年业务收入超过了 1.7 亿元，打下了初步的经济基础。

然而，我们也清醒地认识到，无论从会员规模、结构和多样性，还是学会的运营能力、服务能力和国际影响力，我们与国际同领域一流学会相比均还存在很大的差距！当然，我们也处于信息化带来的历史机遇期，伴随着中国 21 世纪中叶实现中华民族伟大复兴"中国梦"的历史进程，伴随着科技强国建设的伟大征程，我们必须抓住这个最好的发展机遇，面对并克服一系列新的挑战，努力打造计算领域具有国际品牌的学术共同体，让计算领域从业人员更好地施展才能、服务国家、服务社会。这，是 CCF 的使命。

对 CCF 而言，世界一流学会建设之路绝非坦途，需要"志存高远"，更要"行积跬步"。"一流"是目标，更是过程；"一流"是任务，更是追求；"一流"是指标，更是品位；"一流"是科技强国的表征，更是科技强国的必然！"一流"是我们的远期目标，更可能是几代人的接续努力！

## 六、努力建设具有中国特色的现代科技社团
### —— 中国公路学会理事长 翁孟勇

建设具有中国特色的现代科技社团，既是学会自身高质量发展的需要，也是服务国家重大战略、建设科技强国和构建人类命运共同体的需要。我会在建设具有中国特色的现代科技社团实践中，主要把握以下三个方面。

### （一）对标世界一流科技社团的"硬指标"

中国科技社团近年来发展迅速，但欧美、日本等发达国家的科技社团综合实力优势依然明显，特别是在国际化运作、社团治理体制机制、运营专业化、社会影响力等方面，我们的差距还相对明显。我们必须正视这方面差距，对标世界一流科技社团发奋努力、迎头赶上。

近年来，得益于中国公路交通事业飞速发展，我会在组织行业科技交流、技术咨询、人才培训和成果转化等方面受到国内外同行们的高度认可。但我们清醒认识到，想成为世界一流科技社团，不能满足单个或者某几个

方面取得的成绩，而是应该立足于"全方位、深层次、多渠道"都要达到一流水平。至少要做到"三个一流"。

一是具有一流的学术引领力。这是一流科技社团最主要、最核心的评价指标。学术能力建设是科技社团的生命，学术水平的提升、专家作用发挥及智库产品的价值以及科技期刊质量等，均与之密切相关。

二是要有一流的会员凝聚力。人才的竞争已经成为 21 世纪最重要的竞争。科技社团存在的价值和发展根基均来自于会员。会员的数量、结构和层次，会员的荣誉感、归属感、体验感，是极为重要的"风向标"，这与科技社团在行业中的学术地位、学术水平密切相关，也与科技社团服务会员的能力、水平及治理体系建设密切相关。

三是要有一流的社会影响力。这包括在国内、国外各相关科技领域及从业者中的地位，集中体现在话语权的强弱、在行业各领域学术地位等方面。具体一点，反映在学术活动质量、科普团队建设、科技奖励和行业标准认可度等方面。

以上三者相辅相成、互为因果，缺一不可，体现的是"硬实力"、硬指标，但都要以治理水平、服务能力、对会员的吸附力及服务力等"软实力"为内核支撑。

### （二）坚持党的领导的"根本特色"

中国科技社团的最重要、最根本的特色，我们认为，就是必须坚持党的领导，这是中国特色科技社团发展的根本遵循。

中国科技社团从诞生之初，其宗旨与使命就与美英等西方国家的科技社团有本质的区别。中国科技社团在各历史时期，先后谱写了科学救国、科技报国、科教兴国、科技强国的奋斗篇章，走出了一条具有中国特色的科技社团发展之路。

新的发展时期，中国科技社团要切实保持和增强政治性。政治性是科技社团的灵魂，要旗帜鲜明地讲政治，要强化政治理论武装，坚持把矢志不移维护核心作为第一标准，把贯彻落实党中央决策部署作为首要政治责任、时刻把"国之大者"放在心上、抓在手上、扛在肩上；深刻领悟"两个确立"的决定性意义，进一步增强"四个意识"、坚定"四个自信"、做到"两个维护"，团结引领会员和行业科技工作者听党话、跟党走，充分发挥好"桥梁""纽带"作用。

### （三）修炼内功，久久为功

建设具有中国特色科技社团，实际上也是中国科技软实力建设的重要方面。俗话说"罗马城不是一天建成的"，软实力建设不能毕其功于一役。我们遵照习近平总书记要求，坚持一张蓝图绘到底，加强顶层设计，强化战略引领。注意问题导向，从眼前事抓起，强弱项、补短板，久久为功。

一是坚持规划统领。我会八届理事会、九届理事会分别制定了《中国公路学会"十三五"发展规划纲要》《中国公路学会"十四五"发展规划纲要》。2018年，为了有效推进世界一流学会建设，制定了《中国公路学会世界一流学会建设行动方案》，提出了学会事业发展的阶段性和中长期目标、重点建设任务。

二是深化内部治理体制机制改革，推进学会高质量发展。我们以建设世界一流学会为目标，在学会组织建设、治理机制、平台建设以及秘书处职业化建设、绩效管理等方面进行了改革创新，学会的服务能力和水平得到了显著提升。

三是坚持目标和问题导向，一步一个脚印、持之以恒抓下去。争取两三年一个台阶，五年迈一大步，再用十年时间全面实现我们的既定目标。近期，我们正在实施"两个转变"，即坚持"服务型向服务研究型转变""传统服务方式向数字化转变"，有效促进学会的转型发展。

新的发展时期，我们将按照中国科协和交通运输部要求，结合学会发展的战略布局，努力把中国公路学会打造成为具有中国特色的世界一流科技社团，团结引领广大会员和行业科技工作者，为推动中国和世界科技进步与繁荣贡献智慧力量。

## 七、凝心聚力，勇当服务科技创新"排头兵"

—— 中国农学会副会长兼秘书长 胡义萍

科技社团是国家科技创新体系的重要组成部分，具有独特的优势和活力，发挥着无可替代的桥梁纽带、科技中介作用。面对新一轮科技革命和产业变革突飞猛进，科学研究范式正在发生深刻变革，科学技术和经济社会发展加速渗透融合新形势，科技社团应顺应需求，繁荣学术交流，开展科技评估，推动产学融合，培养创新人才，培育创新文化，营造服务科技创新良好生态，为助力高水平科技自立自强作出应有贡献。

### （一）繁荣学术交流，激发原始创新

学术交流是科技创新的源泉之一，是提高自主创新能力的重要手段，在科技创新体系中发挥着重要作用。科技社团要聚焦"国之大者"，集聚各方面人才，搭建各具特色、功能各异的学术交流平台，打造大型综合、小型高端、特色专业相衔接学术活动精品，打破学科、地域、部门的界限与壁垒，用丰富的学术交流平台和多种组织形式增进科技交流与合作，传播科技信息，启迪科学思维，激发创新灵感。

### （二）开展科技评估，提升转化能力

科技评估在科技创新过程中发挥着至关重要的指挥棒作用。科技社团具有联系广泛、智力汇聚、独立客观的优势，在科技评估中发挥着第三方评价的独特作用。科技社团应根据行业科技发展需求，建设专业覆盖面广、学术水平精湛、具有战略思维的高层次科技专家库，构建科技政策、科技计划、科技项目、科技成果、科技机构、科技人员等多维度第三方评价工作体系，按照质量、绩效、贡献为核心导向不断完善评价指标体系，预判学科发展方向和产业应用前景，助推创新科技成果更快转移转化。

### （三）推动产学融合，促进协同创新

实现不同创新机构之间的协同创新是科技创新的重要途径与方式。科技社团要发挥联系广泛的优势，整合各类科技资源，把企业、高校和科研机构等创新主体有效地联接起来，创新工作模式，着力推动组织、机制、服务"三融合"，围绕产业发展急需打造产业科技服务团、组建科技志愿服务队、建设专家服务站等平台载体，探索以科技经济融合带动资源共享、以资源共享破解产业发展难题、以产业发展促进经济发展之路，实现创新链、产业链协同创新。

### （四）强化选育贯通，培养创新人才

人才是科技创新的最关键因素。科技社团应广泛搭建平台舞台、注重培养扶持，把发现、培养、举荐人才贯穿在人才评价、专家举荐、决策咨询和组织建设等各个方面。强化人才成长规律研究，形成精准化培育、系统化实施的人才工作格局，努力构建具有科技社团特色的创新型科技人才培养体系，有效促进各类优秀科技人才特别是青年人才脱颖而出，为科技

创新提供有力智力支撑。

### （五）培育创新文化，营造浓厚氛围

科技社团在创新文化的营造中发挥着重要作用。作为科技工作者之家的科技社团应强化思想政治引领，大力弘扬科学家精神，宣讲优秀科学家先进事迹，引导会员和广大科技工作者坚持"四个面向"，赓续创新奋斗精神血脉。引导各类创新主体自觉践行社会主义核心价值观，弘扬爱国、创新、求实、奉献、协作、育人的新时代科学家精神，营造宽松包容、奋发向上的学术氛围。

习近平总书记在 2016 年 5 月召开的"科技三会"上的重要讲话，为科技社团发展指明前进方向。科技社团应始终牢记使命担当，坚持"四个面向"，聚焦"国之大者"，当好"桥梁纽带"，努力在服务高水平科技自立自强，推进中华民族伟大复兴的历史征程上谱写新篇章。

## 八、推动国际交流合作，服务全球科技治理
### —— 中华医学会会长 赵玉沛

当今世界百年未有之大变局加速演进，依靠科技创新推动解决重要全球性问题已成为国际共识。下面结合学会在当前国际政治经济科技形势下通过"走出去"和"请进来"开展医学交流与合作的工作实践，探讨关于科技社团推动国际交流合作、服务全球科技治理的几点思考与体会。

### （一）大胆"走出去"

1. 全面融入全球医学科技治理体系，发挥专家资源与专业优势，通过推荐专家到国际组织任职、参与制定国际诊疗指南等形式积极参与全球卫

生治理。

2.完善全球医学科技伙伴关系网络，巩固与主要国家医学会的交往，推进多层次对美交流合作，发挥中俄友好和平发展委员会医学理事会中方主席单位作用，构建多维度对俄医学交流体系，深化与欧亚医学联合会成员机构的交流合作，扩大与欧亚医学界利益交汇点。

3.开展"一带一路"医学科技人文交流，以"定规划、搭平台、聚资源、建机制、拓项目、树品牌、广宣传、积人脉、汇民心"为主线，以项目为依托，推动与共建"一带一路"国家的双边交流合作不断走深走实。

4.与海峡两岸及港澳医学团体高层和专科分会保持密切交往，开展学术交流活动，发挥桥梁纽带作用，团结港澳台医学界力量。

5.在国际会议上积极发言，在国际学术期刊、境外社交媒体等平台和渠道主动发声，提高宣传频次和对外传播力度，发出中国声音、分享中国经验、讲好中国故事，为"走出去"营造良好的国际舆论基础。

### （二）主动"请进来"

1.引进优秀国际人才参与培育精品医学期刊，学会系列杂志现拥有1000多名国际编委参与国际出版学术交流活动。

2.打造自主学术会议品牌并积极申承办国际会议。2016~2021年期间，学会组织了31场国际组织会议，吸引众多对口国际组织和国外高层专家参会，学会国际化水平不断提升。

3.开展国际组织人才队伍和高端医学科技智库建设。建设国际交流人才库，吸纳通晓国际规则的海内外高素质专业人才，向国际组织输送优秀人才，为提升中国医学科技的国际影响力打造跨专业、跨领域的专家智库并储备人才梯队。

4.探索培育以我为主的多边国际医学组织，吸收境内外科研机构、医学团体等成为会员，建设产学研用协作共赢的学术共同体、价值共同体和命运共同体，促进协同合作、资源共享、推动医疗科技创新、学术交流，完善诊疗标准与共识，构建医学科技治理新型话语体系与新发展格局。

### （三）思考与体会

1.顶层设计是方向。科技社团国际交流应服务国家大局，坚持系统谋划、整体推进、因国施策，做好国际交流工作规划与布局，有的放矢推进工作。

2.组织领导是前提。科技社团对外交流工作应发挥党建引领作用，加强组织领导，提高政治站位，严格执行各项外事政策和规定，防范化解外事工作风险。

3.服务保障是基础。科技社团应配备专职外事队伍、配套的外事经费、健全的外事管理制度，才能为开展国际交流合作提供相应的服务保障。

4.专家队伍是根本。科技社团国际化发展离不开科学家的积极推动。发挥专家资源优势，加强国际化人才梯队培养，是促进学科发展、提升国际化水平的根本。

5.团结合作是关键。科技社团应根据工作实际，明晰外方需求，找准着力点，以项目为依托，创新交流方式与方法，持续开展多双边学术交流与合作，与外方伙伴结成互利共赢的价值共同体和学术共同体，是深化务实合作的关键。

6.资源整合是重点。科技社团应加强资源统筹，鼓励各方参与。充分调动社会资源是成功开展国际交流与合作的重要因素。

7.民间外交是要务。科技社团应发挥专家优势，广交朋友，团结和争取大多数，不断扩大知华友华的专家朋友圈，为重大问题争取有利条件和资源，营造良好的民意基础。

8.舆论宣传是助力。科技社团应发挥高层次专家作用，利用重要国际会议论坛、外国社交媒体等平台和渠道发声，讲好中国故事、分享中国经验、发出中国声音，展示丰富多彩、生动立体的中国形象。

展望未来，中国科技社团应按照新时代科技外交和群团改革的总体要求，贯彻落实习近平新时代中国特色社会主义思想，在中国科协及各有关单位的指导下主动作为，不断创新对外交流与合作的方式和手段，努力成为全球科技治理的贡献者、科技交流合作的推动者和科学文化的传播者，为建设创新型国家和世界科技强国、实现中华民族伟大复兴的中国梦作出新的更大贡献！

# 主要参考文献

[1]  中国科学技术协会 . 中国科协全国学会发展报告（2017）[M]. 北京：中国科学技术出版社 , 2018.

[2]  中国科学技术协会 . 中国科协全国学会先进典型案例 [M]. 北京：中国科学技术出版社 , 2022.

[3]  中国科协学会学术部 . 世界一流科技社团研究 [M]. 北京：中国科学技术出版社 , 2020: 15-25.

[4]  中国科学学与科技政策研究会 . 2022 年全球科技社团发展指数报告 , 2022.

[5]  中国科协科学技术创新部 , 中国科学学与科技政策研究会 . 国外科技社团名录（中卷）[M]. 北京：中国科学技术出版社 , 2023.

[6]  中国科协科学技术创新部 , 中国科学学与科技政策研究会 . 国外科技社团名录（上卷）[M]. 北京：中国科学技术出版社 , 2022.

[7]  中国科协学会服务中心 . 法意澳新科技社团研究 [M]. 北京：中国科学技术出版社 , 2020.

[8]  中国科协学会服务中心 . 美英德日科技社团研究 [M]. 北京：中国科学技术出版社 , 2020.

[9]  中国科协学会服务中心 . 学会工作百问 [M]. 北京：科学出版社 , 2018.

[10] 托马斯 • 库恩 . 科学革命的结构 [M]. 金吾伦 , 胡新和 , 译 [M]. 北京：北京大学出版社 , 2003.

[11] 默顿 R K. 科学社会学 —— 理论与经验研究（下册）[M]. 鲁旭东，林聚任，译.
北京：商务印书馆，2010.

[12] 穆荣平，陈凯华. 2020 国家创新发展报告 [M]. 北京：科学出版社，2021.

[13] 劳伦斯·普林西比. 科学革命 [M]. 南京：译林出版社，2013.

[14] 贝尔纳 J D. 科学的社会功能 [M]. 陈体芳，译. 北京：商务印书馆，1982.

[15] 杜鹏. 21 世纪的中国学会与科学共同体的重构 [M]. 北京：科学出版社，2017.

[16] 理查德·惠特利. 科学的智力组织和社会组织（第二版）[M]. 赵万里，陈玉林，
薛晓斌，译. 北京：北京大学出版社，2011.

[17] 冯瑄. 澳大利亚科学技术概况 [M]. 北京：科学出版社，2012.

[18] 王名，李勇，黄浩明. 德国非营利组织 [M]. 北京：清华大学出版社，2006.

[19] 王名，李勇，廖鸿，等. 日本非营利组织 [M]. 北京：北京大学出版社，2007.

[20] 中华人民共和国科学技术部政策法规司. 韩国科技法规选编 [M]. 北京：中国农
业科学技术出版社，2010.

[21] 弗里曼. 技术政策与经济绩效：日本国家创新系统的经验 [M]. 南京：东南大学
出版社，2008.

[22] 中国科协学会服务中心. 中国科协全国学会发展蓝皮书 [M]. 北京：中国科学技
术出版社，2019.

[23] 玛丽恩·R. 弗莱蒙特-史密斯. 非营利组织的治理：联邦与州的法律与法规 [M].
金锦萍，译. 北京：社会科学文献出版社，2016.

[24] 中国科协学会服务中心. 瑞士韩国印度及中国特区科技社团研究 [M]. 北京：中
国科学技术出版社，2021.

[25] 中国科学技术协会. 中国科技期刊发展蓝皮书（2021）[M]. 北京：科学出版社，
2021.

[26] 中国科学技术协会, 国际科学、技术与医学出版商协会. 中国开放获取出版发展报告 2022, 2022.

[27] 中国科学技术协会. 中国科协全国学会发展报告（2020）[M]. 北京 : 科学出版社 , 2021.

[28] 黄晓勇, 徐明, 郭磊, 等. 社会组织蓝皮书: 中国社会组织报告( 2021 )[M]. 北京 : 社会科学文献出版社 , 2021.